超级资管

中国资管业的十倍路径

乔永远　孔祥◎著

中信出版集团｜北京

图书在版编目（CIP）数据

超级资管：中国资管业的十倍路径 / 乔永远，孔祥著. -- 北京：中信出版社，2021.6
ISBN 978-7-5217-2876-7

Ⅰ.①超… Ⅱ.①乔… ②孔… Ⅲ.①资产管理—研究—中国 Ⅳ.① F832

中国版本图书馆 CIP 数据核字（2021）第 037839 号

超级资管——中国资管业的十倍路径

著　者：乔永远　孔祥
出版发行：中信出版集团股份有限公司
　　　　（北京市朝阳区惠新东街甲 4 号富盛大厦 2 座　邮编　100029）
承 印 者：北京楠萍印刷有限公司

开　本：880mm×1230mm　1/32　印　张：12.25　字　数：333 千字
版　次：2021 年 6 月第 1 版　　印　次：2021 年 6 月第 1 次印刷
书　号：ISBN 978-7-5217-2876-7
定　价：59.00 元

版权所有·侵权必究
如有印刷、装订问题，本公司负责调换。
服务热线：400-600-8099
投稿邮箱：author@citicpub.com

推荐序

水大鱼大,全面拥抱超级资管

赵天旸 首钢基金总经理

何为资管?基于金融市场,资管业通过产品和配置有效连接了资产端和资金端。如何成为超级资管机构?有三个前提条件:一是多元化、市场化的高效金融市场,二是有足够的多元资金与财富,三是有足够的基础资产。

这个认识和理解来源于我本人从业十余年的经验和体会。作为有产业背景的私募股权基金行业从业人员,我亲历了这个行业的成长、繁华、喧嚣、沉寂、分化,也深感经济转型和产业升级、发展的压力和迫切性。

基于此,我所带领的首钢基金从5年前果断转型,开展围绕聚焦行业赛道的"精准投资+精益运营",致力于打造中国最具价值创造能力的一流产业基金及资管机构。行百里者半九十。截至目前,我们依然还是一个"精品"资管机构。一方面在努力进行资产端的整理、投资,一方面在资金端争取投资人的信任、支持。

我们的实践是中国资管业的一个缩影。行业的转型、进化仍在快速进行，这表现在以下几个方面。第一，公募基金规模快速放大，2015年年末至2020年年末总规模由8.3万亿元增长至近20万亿元，年复合增速近20%。第二，银行理财子公司进入资管市场，其中不乏资管规模万亿元以上的大型机构。第三，机构在收益上跑赢散户，机构投资者价值进一步体现。第四，境内外联通加快，2021年2月，外汇管理局表示未来或将允许境内个人在年度5万美元便利化限额内开展境外证券、保险等投资。

我们相信未来一定有更大的成长空间，这是对中国大资管时代的坚定预期。近年来，多元化、市场化的资本市场改革开始推动金融资源的有效配置，在国民经济新动能行业的崛起中开始发挥更为前瞻、主动的作用。随着创业板注册制、科创板开板、公募REITs（房地产信托投资基金）上市在即、H股全流通在路上，企业将会更快、更好地与资产市场实现全方位对接，我们所期待的大资管时代已经来临。

乔永远博士一直关注并积极帮助我们的成长和发展，是我们坚定的支持者和重要的研究者。作为良师益友，我们有过很多深度的交流。我在认真研读完《超级资管》之后发现，全书观点鲜明、论证翔实、旁征博引，读来收获颇丰。这本书的亮点体现在以下几个方面。

第一，体系化、系统化的梳理：对资管业的前世今生、未来演进以及成长路径进行了翔实的分析、整理、归纳，这可以帮助我们快速建立一个基本的认知体系。

第二，充分参考借鉴他山之石：对于全球经验，尤其是美国资管业的现状，进行了系统深入分析，参照中国的国情特色、路径模式选择、可能的风险和结果，带来更多外部视角的对比认知。

第三，提出解决方案和路线图：超级资管的十倍路径。结合现实情况和行业特点，对公募基金、信托、银行理财等机构的转型和多元牌照整合等提出非常务实的建设性意见。

水大鱼大，我坚信中国已经迎来了大资管时代，更坚信在这个时代的巨浪上会有相当数量的弄潮儿，其中除了会有若干家中国自己的如贝莱德、黑石这样的超级资管机构，也会涌现出众多类似桥水、大奖章的精品特色型资管机构，形成属于大资管时代的产业生态圈，通过高水平的产融互动，金融资本可以更好地助力产业的繁荣和国家的发展。

超级资管时代正在来临！我们将努力成为其中的一员，不负时代给予我们的使命和机遇，也不负乔永远博士的作品带给我们的信心和启发。

目 录

引言　什么是超级资管 // ii

第一篇　人口结构

第一章　增长模式转变是超级资管产生的本质 // 003

第二章　中国居民财富累积的三大趋势 // 007
  趋势之一：变富 // 007
  趋势之二：变老 // 017
  趋势之三：储蓄搬家 // 020

第三章　居民养老体系完善是超级资管新增资金来源 // 023
  以储蓄和房地产为主的当下居民资产配置特征 // 023
  配置改变的驱动力 // 026
  专题　美国和日本的居民养老体系 // 037

第二篇 产业转型

第四章 巨轮转向：从高速度增长到高质量增长 // 059

增速换挡与供给侧结构性改革 // 059

供给侧改革与社会生产水平提升 // 065

从人口红利到资本红利 // 071

未来的企业是什么样的 // 072

走向超级企业：寻求融资与企业发展的匹配 // 073

建设多层次资本市场的战略意义 // 077

资本市场与创新 // 087

第五章 超级资管形成：改革红利开启 // 093

转型的方向 // 093

科技的力量 // 098

金融的角色 // 102

资本市场与科技创新 // 106

改革红利与高质量发展 // 111

专题 改革红利开启 // 114

第六章 从狭义资管到超级资管：资管业的演进路径 // 131

中国资管机构模式变迁（2003—2018年）// 132

中国资管机构现阶段发展模式总结 // 146

商业银行与投资银行的融合 // 163

专题 大类资产特征复盘（2002—2018年）// 168

第三篇 全球经验

第七章 全球资管发展前沿快速突破 // 197

第八章 美国资管：高度竞争，快速迭代 // 207
    刚性兑付的打破是长期过程 // 207
    资金端仍很重要 // 209
    被动与另类投资风头正劲 // 212
    哑铃型的机构格局逐步形成 // 217
    科技手段创新有待观察 // 219

第九章 资管业发展的中国思考 // 221
    美国资管机构的收入来源 // 221
    资管新规后中国资管产业格局将调整 // 224

第十章 迈向超级资管：未来中国可能的5条路径 // 231
    全能型 // 232
    精品型 // 243
    投行型 // 255
    销售型 // 264
    科技型 // 267

第四篇　资管展望

第十一章　超级资管的未来 // 273

不止"资产荒"：为何商业银行理财要调整配置模式 // 274

配置新范式：选择与执行 // 281

第十二章　资管子机构转型之路 // 295

银行理财 // 300

公募基金 // 316

信托 // 330

第十三章　再造销售渠道 // 339

评价渠道价值的四维模型 // 340

四维评价模型的验证 // 341

现有渠道评价总结 // 357

第十四章　资管牌照的长期整合 // 365

银行理财子公司 // 372

信托 // 373

公募基金 // 375

券商资管及其他投资平台 // 377

引言

什么是超级资管

金融学视角下，资管专门指受托投资行为，即委托人将自己的财产交给受托人，由受托人为委托人提供投资管理与服务的行为。资管业务连接了投资者的资金和资产，具有"资金—产品—资产"的业务特征。

中国当前的资管业务与海外有显著差异。从具体业务实践看，成熟市场资管业务表现为投资者将自身财产委托给公募基金等资管机构等独立法人进行管理，实现资产的保值增值。中国的资管业务与海外的实践差异具体体现在两个方面。一是从事资管业务的机构多，监管标准不统一。当前，多种金融机构从事资管业务，并设计各自的资管产品。虽然产品性质相同，但由不同监管机构监管，适用的法律法规和监管标准并不一致。由此导致的监管套利，是资管市场乱象丛生的一个重要原因。二是过去通过资金池操作的"影子银行"业务可能对资管业产生巨大影响，尤其会对与海外资管实践最相近的公募基金行业形成不公平竞争。综合以上两方面，中国资管业"大而不强"，体现为通道业务占比高、刚性兑付惯性强、行业发展模式粗放、金融机构系统风险大等一系列特点，资金和资产形成了显著错配。

超级资管的本质是资金和资产从"错配"到"正配"的过程。这是资金调配资源由计划性向市场性转变的过程。在经济从高速度增长到高质量成长的转轨过程中，居民财富增长和人口老龄化提供了长期资金，产业结构转型提供了权益、债券等融资需求，超级资管的时代正在到来。

具体而言，超级资管的时代有如下特征：在资管新规以及配套细则的指引下，各资管机构坚决打破刚性兑付，回归代客理财本源；规范非标准类资产配置，禁止资金池操作；消除多重嵌套，降低产品复杂程度；加强投资者教育，提升投资者风险偏好与投资资产的风险收益匹配程度。超级资管体系下，风险可分散，资产可配置，风险与收益逐步匹配，资管业可以长期发展。

第一篇

人口结构

中国居民的三个变化，即变富（财富积累）、变老（老龄化程度提升）和更爱花钱（储蓄率下降），是中国超级资管形成的驱动力。传统上，中国居民的资产配置集中于房地产和定期存款，对金融资产和资管产品的配置显著不足。

随着相关资产流动性日益下降，增加金融资产配置，实现财富增值保值成为中国居民的核心诉求，这是中国超级资管形成的现实基础。成熟市场经验表明，以养老金、保险、共同基金为代表的长期资金是金融市场最主要的机构投资者，加上银行理财资金，未来它们将成为中国超级资管的主力军。

第一章
增长模式转变是超级资管产生的本质

与全球经历同样增长路径的国家相比，中国除了长期维持较高增速外，还有不少独特性，其中之一就是人口老龄化的提前出现。

与其他经济体相比，中国经济的高速发展与劳动年龄人口占比的上升是重合的，这就是俗称的"人口红利"。这个指标一般由劳动年龄人口与非劳动年龄人口的比来表示（其倒数被称为总人口抚养比）。比例越高，经济中的劳动力供应越充足。

数据显示，中国的人口红利在 2010 年达到最高点，其后一路下行。这主要是由低生育率造成的。

在政策和经济的双重影响下，中国总和生育率不断下行。20世纪 60 年代是生育高峰期，80 年代中期开始，生育政策进一步收紧，总和生育率继续下降。近几年生育政策逐步放松，但并未扭转生育率低迷的现象。国际经验也表明，生育率随着经济发展而呈现下降趋势，且难以扭转。

人口流动的制度性壁垒和计划生育政策的共同结果就是"未富

先老",人口结构提前老龄化。相比其他亚洲国家,如日本、韩国等,中国在老龄化来临之际,还处在中等收入水平。从2010年进入老龄化社会算起,到2023年进入高收入国家行列,中国可能要花13年,而日本和韩国等国家在进入老龄化社会之前,就已经完成了向高收入国家的转型。同样,在城市化方面,中国也远远落后。

2010年之后,中国的人口红利开始快速消退,其下降的速度是最明显的。相比较而言,印度将在2040年,菲律宾将在2050年达到人口红利的峰值。而与日本、韩国、新加坡等国相比,在人口红利出现拐点的时候,中国的人均GDP(国内生产总值)却相对较低。这就是所谓的"未富先老"的问题。

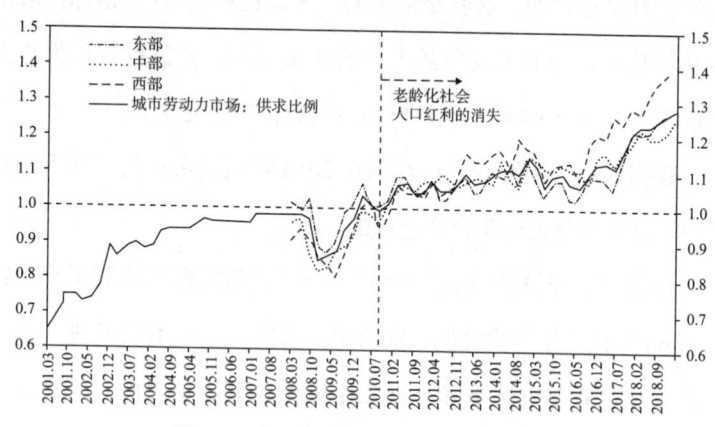

图1-1 劳动力市场供求关系的变化

资料来源:CEIC数据库。

第一篇
人口结构

近年来，我们对人口老龄化的关注有所提升，但忽略了人口政策潜在的红利机会。政策红利体现在中国人口教育程度不断提升，人口红利从"数量"转向"质量"。1999年开始，中国高校进入扩招期，普通高等学校毕业生人数出现井喷式增长。随着高校毕业生人数的快速增加，以及海外高层次人才的引进和留学人员的回归，中国高等学历人数在全部劳动人口中的占比持续攀升，本科及以上学历人口占比从2000年的1.37%（第五次全国人口普查数据）上升至2018年的6.64%（中国统计年鉴抽样数据）。从趋势上看，中国专科及以上学历人口在劳动人口中的占比预计每年将有1个百分点左右的增长。

在教育、研发、创业创新大潮的驱动下，高校毕业生积极投入制造业的升级换代中，促进了中国向高端制造等产业的转型。招聘网站的数据显示，美国刚通过职业证书考试的消防工程师、工料测量师和工程造价师的年收入在12万~15万美元，而中国相关职业从业人员的年收入约20万元。在同等劳动质量的前提下，中国高素质员工要求的薪酬回报更低。中国有更多相对低成本、高素质的工程师，这一方面有利于中国企业将更多研发费用投入产品创新过程，实现企业更高质量的成长；另一方面保证了中国制造业相对于东南亚、南亚地区，有更好的劳动力素质和产品质量的优势。

第二章
中国居民财富累积的三大趋势

趋势之一：变富

中国居民财富积累已取得了显著扩张。瑞士信贷研究院发布的2020年度《全球财富报告》显示，2000—2019年，中国家庭财富总额增长了20倍（从3.7万亿美元升至78.08万亿美元）；2019年年末，中国成年人人均财产约为7.10万美元，人均财富增速为12.8%，远高于GDP增速（7.4%）。

计划经济时代资管的空白

改革开放前，中国经济中全民所有制经济的占比在90%以上。除了公私合营的原私营企业主、居民储蓄存款获取定息之外，工业企业一律按八级工资制度确定收入，农村公社则按出工情况厘定工分，居民收入差距不大。由于从1953年起长期实行重工业优先发展的战略，人均收入长期处于较低水平，人民生活水平提升缓慢。这一时期，居民基本没有财富积累，资管更无从谈起。

1978年，中国经济体制改革率先在农村拉开序幕，以家庭联产承包责任制为核心的改革为人口红利释放和加快工业化进程创造了条件。1981年，国有企业改革在山东省试行，贯彻以税代利、盈亏包干、按劳分配的原则，划分国家与企业之间、企业同职工之间的权责利关系，之后迅速在全国推广。1984年10月，中共十二届三中全会明确提出有计划的商品经济理论，从1985年开始，以放为主、调放结合的全面性价格改革在全国推进，主要包括放开绝大多数农产品购销价格、放开轻工业品消费价格、放开计划外生产资料价格（双轨制）。这一时期，国内经济高速增长，居民工资收入持续改善；国家发展重心转至轻工业，居民消费持续释放，各地纷纷上马或转型消费品制造业，造成投资过热和生产资料缺口加大。

在价格双轨制下，计划外生产资料的价格数倍于计划内，拥有一定资源的"倒爷"赚得了第一桶金。这一阶段社会通胀水平比较高，老百姓资管主要是靠存款储蓄和实物积累，少部分人会持有国库券。

居民财富积累依靠的改革红利

1992年10月，党的十四大明确中国经济体制改革的目标是建立社会主义市场经济，改革从微观领域进入宏观领域。1993年，社会主义市场经济体制基本框架得以确立。1994年，五项财税、金融、投资、外贸等配套改革取得突破性进展；产业结构持续调整,城镇化持续推进,以"三来一补"为代表的加工型制造业迅速崛起,工业和服务业占比大幅上升。这一时期,私营经济的地位被正式认可,不少体制内人士纷纷"下海"。在"先富带后富"的政策红利下,居民财富在总量上积累加速,贫富差距亦不断加大;从财富构成来看,以储蓄存款、耐用消费品为主,先富起来的一批企业家开始接触资本市场,但可投资的金融产品(储蓄存款、股票、债券)种类仍不够丰富。

1997年亚洲金融危机爆发后,中国经济增速放缓,甚至出现阶段性通货紧缩。1998年7月,国务院发布《关于进一步深化城镇住房制度改革加快住房建设的通知》。从1998年下半年开始,全面停止住房实物分配,实行住房分配货币化,为房地产行业的发展扫清了政策阻碍。2001年成功加入WTO(世界贸易组织)后,中国对经济体制和管理制度进行了比较全面的调整,进一步提高开放程度,融入全球生产体系,成为"世界工厂"。这一时期,出口、房地产、国有企业成为国内经济连续多年快速增长的"三驾马车"。居民财富继续快速增长,财富构成上仍以储蓄存款为主导,但由于房价进入快速上升通道,不动产在财富中的占比持续上升。自1998年3月国内第一家公募基金管理公司——国泰基金管理有限公司成立,资管业开始逐渐进入国人的视野。

那是在1994年,一封来自美国的信函被送进中南海,放到了时任国务院副总理朱镕基的桌子上,这封信是著名的外交家基辛格所写,他建议中国用基金的方式筹集资金,支援国家建设。

朱镕基随即做出批示,并将此信批转到相关的部委,要求相关方牵头研究。在这封信和领导批示的推动下,"野蛮生长"的投资基金行业在几年后迎来了划时代的顶层设计和浴火重生。

……

1997年11月14日,就在当年的全国金融工作会议召开前几天,经国务院批准,以国务院证券管理委员会的名义发布了《证券投资基金管理暂行办法》,结束了之前无法可依的局面,宣告了规范化新基金时代的到来。

……

1997年12月,广东省东莞市长安镇莲花山庄,中国证监会组织的第一期基金从业人员培训正式开班。若干年后,有人评论,此次培训相当于基金的"黄埔一期",培养了中国第一批公募基金从业人员。

……

1998年2月5日,证监会发出《中国证券监督委员会关于同意筹建国泰基金管理有限公司的批复》(证监基字[1998]1号文),批复同意由国泰证券、中国电力信托、上海爱建信托、浙江省国际信托四家机构，联合发起筹建国泰基金管理有限公司。

同日发出的2号文件，批复同意南方证券等发起筹建南方基金。

时任国泰证券总经理助理的陈勇胜被要求带队筹建国泰基金。

……

国泰基金是业内第一家使用门禁系统的，在交易室内启用从国外引进的电话语音、视频监控和交易行为自动记录等功能。

"基金金泰刚成立的时候，涉及投资组合的问题，中国证监会组织的基金行业的第一次飞行检查就来到了国泰基金。检查队一部分人去查了国泰证券的投资组合，另一部分人查了国泰基金的投资组合，看看两者有没有关联。检查的结果是，国泰证券和国泰基金都是合法合规运作的，是经得起考验的。"陈勇胜回忆说。

——《基金》（中国证券投资基金业协会编著）

1998年3月23日，经中国证监会批准，由南方基金公司、国泰基金公司分别发起设立的两只封闭式基金——基金开元和基金金泰正式公募发行。3月27日，基金开元与基金金泰同时宣告成立，设立规模均为 20 亿份。这标志着中国首批"新基金"（封闭式证券投资基金）的诞生，这也是中国首部基金法颁布后推出的首批公募基金，至今整整 20 周年。

——《中国公募基金 20 年》（财新网）

居民配置转向房地产的动因

2008 年美国次贷危机后，全球经济增速相对放缓。由于劳动力成本上升，原先在中国占据主导地位的加工型制造业的竞争优势大幅减弱，经济增速换挡，传统产业投资收益持续下滑，产业资本流向房地产、金融等领域。随着 2009 年创业板的启动，以及一线和二线城市房价进入快速上行通道，居民财富出现放量式增长。

据《胡润富豪榜》统计，2019 年个人财富 20 亿元以上的企业家达 1 819 人，人均财富 98 亿元，其中身家百亿以上的企业家超过 400 人，一个高净值群体正在迅速壮大。2012 年以来的监管放松，以及金融机构和互联网企业的金融创新，推动了资管业的规模激增。在刚性兑付文化下，居民又将一部分储蓄搬家至银行理财。

改革开放 40 年来，中国的人均可支配收入增长了约 80 倍，同期的美国约为 5 倍，日本约为 7 倍。与长期以来依赖投资和出口拉动的经济增长模式相匹配的，是银行主导的金融体系下高居世界前列的储蓄率水平。在民间投资渠道较少、社会保障覆盖度相对有限的环境下,以预防性为主的储蓄成为推动广大居民财富不断增长的驱动力。另一方面,从20世纪80年代"下海"经商浪潮初起、90年代制造业崛起,到21世纪初房地产与矿产业蓬勃发展,制造业、房地产、互联网等各个行业的周期性轮动,亦造就了一批批高净值,甚至超高净值居民。瑞士信贷银行2018年度的《全球财富报告》显示,截至2018年6月末,中国以51.9万亿美元的国家净财富仅次于美国(98.2万亿美元),位居第二。

中国居民的财富积累在经济实现一定体量后已经达到了百万亿元的级别。《2018中国城市家庭财富健康报告》[1]显示,中国大陆家庭(不包括港澳台地区)户均总资产规模从2011年的97万元,增长到2017年的150.3万元,年均复合增长率为7.6%;户均净资产规模从2011年的90.7万元,增长到2017年的142.9万元,年均复合增长率为7.9%;户均可投资产规模从2011年的28.9万元,增长到2017年的50.7万元,年均复合增长率9.8%。根据波士顿咨询的测算,中国个人可投资金融资产将保持11%的复合增长率,2023年规模将达到243万亿元。

---

[1] 由广发银行和西南财经大学联合发布,结论基于内地华北、华东、华中、华南、西南、东北、西北七大区域、23个城市的近万个样本。

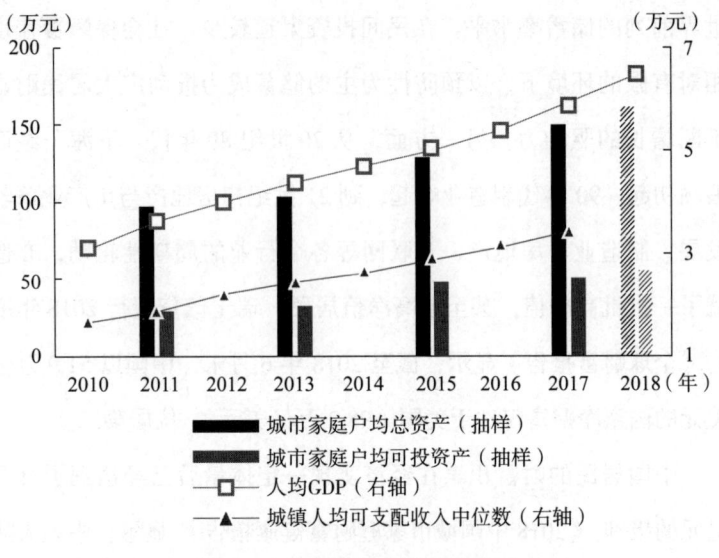

图 2-1 中国居民财富持续攀升

资料来源：国家统计局、《2018 中国城市家庭财富健康报告》。

注：2018 年户均总资产和可投资产为预测值。

中国居民的财富分层

财富管理客群的分层也在加剧，高净值客户的财富积累速度更高。2018 年度的《全球财富报告》显示，中国大陆人均财富以 4.78 万美元排在全球第 39 位。作为对比，中国香港和中国台湾分别以 24.46 万美元和 21.23 万美元排在第 14 位和第 20 位。2017 年 6 月—2018 年 6 月，中国人均财富增速 4%，落后于中国总财富 4.6% 的增速，2018 年 6 月末净财富中位数只有 1.6 万美元，是人均净财富的 1/3。

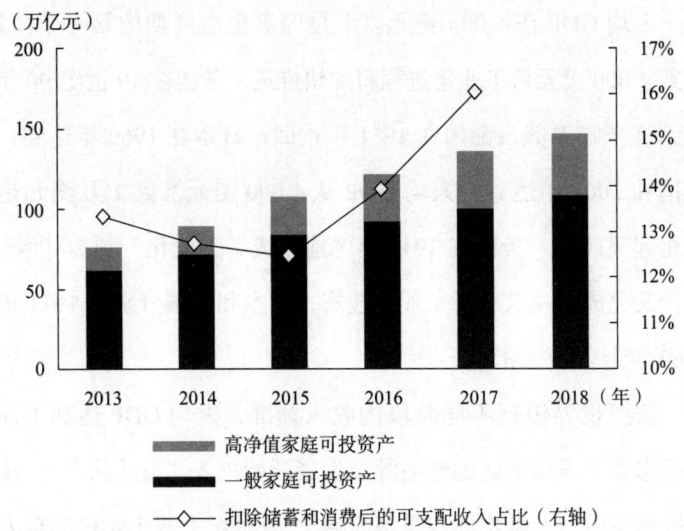

图 2-2 中国居民可投资产规模持续增长

资料来源：波士顿咨询、国家统计局。

注：高净值家庭，即可投资产总额在 600 万元以上。

中国的基尼系数自 1997 年以来几乎一直在扩大，至 2009 年已经达到 0.49，之后几年稍有回落，2016 年年末为 0.47。如果跟经合组织成员国相比，中国的基尼系数大约排在倒数第三，仅小于南非和哥斯达黎加。这可能意味着中国新增财富由少部分高收入人群贡献，财富聚合效应更明显。目前中国净财富超过百万美元的富豪占全球总数 8%（约 350 万人），仅次于美国（41%），高于日本（7%）、英国（6%），但中产、中低收入人群的财富增速放缓。

人均GDP在4 000美元以下是国家生命周期的第一个阶段，达到4 000美元后工业化进程将加快推进。美国在19世纪90年代达到这个临界值，德国在1951年重回，日本在1960年达到，而中国在2003年达到。人均GDP从4 000美元涨到1万美元是工业化起飞阶段。美国在1945年之前完成了工业化，到20世纪60年代又完成了一次新的工业化投资；日本和德国分别于1971年和1969年走完这一阶段。

按照世界银行不同阶段的收入标准，人均GDP达到1万美元标志着一国或地区的经济社会发展开始进入"发达状态"。从历史数据来看，七国集团成员国先后于20世纪七八十年代实现人均GDP超过1万美元，彼时这些国家的服务业在GDP中的比重为55%~63%，成为三大产业中的龙头老大。2018年，中国人均GDP超过9 400美元，按照6.3%这一保守增速，预计到2020年人均GDP将超过1万美元。人均GDP从1万美元涨到2万美元是工业化成熟阶段，2万美元以上则进入大众消费阶段。美国、日本、德国先后在1984年、1995年、2007年进入大众消费阶段。

从分省（不含港澳台地区）数据来看，2018年所有省、自治区、直辖市的人均GDP均超过4 000美元，其中1万~2万美元之间的有9个（天津、江苏、浙江、福建、广东、山东、内蒙古、湖北、重庆），北京和上海的人均GDP分别为14.0万元和13.5万元，基本达到2万美元的水平。

人均 GDP 和经济增长是通过进出口和汇率耦合在一起。人均 GDP 达到一定程度必然会开始向新的中高端产品升级，即制造业升级，不断地制造更高级和高附加值的产成品，把中低端产品转移到其他的低人均成本国家，这是国家产品在国际市场上竞争力的直接体现。当制造业的这个升级过程达到顶峰的时候，也就是一个国家走向生命周期后两个阶段的开始。美国是从 1980 年开始进入生命周期的后两个阶段。

作为现代服务业，资管业具有后周期性，在农业、工业发展取得一定体量后才开始发展。成熟市场发现农业部门的劳动力在总劳动力中的占比随着人均 GDP 的增长而不断下降，而且下降的速度非常快，工业和建筑业的劳动力占比则持续快速上升，商业和服务部门的劳动力占比也会随着经济增长而逐步提高。在各国的经济增长过程中，三大部门的增加值在 GDP 中所占比重的变动趋势类似。在中国以银行为主导的金融体系下，新兴产业的快速发展将推动融资方式的转变（由信贷转向股权投资），进而推进资管业的繁荣。

趋势之二：变老

随着经济发展，国内的医疗卫生条件大幅改善，人口平均寿命也在逐年提升。国家统计局数据显示，中国人口平均预期寿命在 2015 年达到了 76.34 岁,纵向来看,较 2010 年进一步增长了 1.51 岁;横向来看,高于其所处的中等偏上收入国家 75.09 岁的平均水平,低于高收入国家 80.33 岁的平均水平(美国和日本分别为 78.69 岁和 83.79 岁)。

中国的人口结构调整

出生率走低,寿命提升,导致人口结构老龄化程度持续加深。联合国在《人口老龄化及其社会经济后果》中确定的划分标准是,一个国家或地区 65 岁及以上人口数量占比超过 7%,标志这个国家或地区进入老龄化。中国 65 岁及以上人口占比在 2001 年就达到约 7%,并且逐年上升。2014 年以来,"单独二孩""全面二孩"政策先后出台,人口出生率有所回升,但改善有限。截至 2017 年年末,中国每 100 位劳动者需赡养近 16 位退休老人。2018 年年末,60 岁及以上人口占比已经达到 17.88%,65 岁及以上人口占比达到 11.94%。未来中国 65 岁及以上人口将多达 4.2 亿,占总人口的比重将高达 33.79%。

纵向对比主要经济体 15 岁以上人口的年龄结构,中国在退休人口(即 65 岁及以上)占比方面明显低于欧美日等发达地区,中国 2017 年为 13.69%,而美国 2016 年为 18.50%,欧盟和日本 2018 年分别为 23.37% 和 31.97%。但在 45~64 岁年龄层(来自 1961 年后的一波婴儿潮),中国的占比处于较高水平,中国 2017 年为

第一篇
人口结构

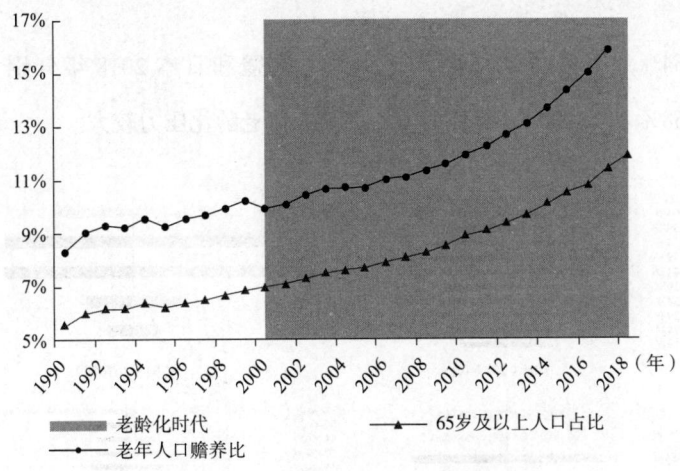

图 2-3 中国人口老龄化趋势明显

资料来源：国家统计局。

注：老年人口赡养比，即中老年人口数与劳动年龄人口数之比。

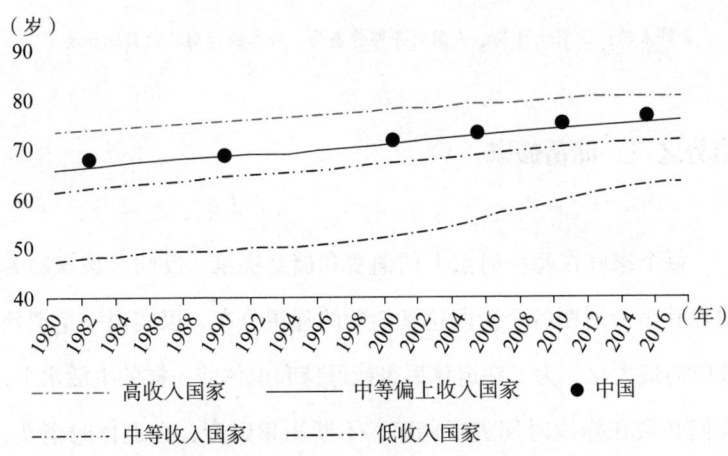

图 2-4 中国人口预期寿命略高于中等偏上收入国家

资料来源：国家统计局、世界银行。

注：按世界银行的划分，中国目前属于中等偏上收入的国家。

34.64%，而美国2016年为31.64%，欧盟和日本2018年分别为32.68%和29.89%。总体而言，中国人口老龄化压力较大。

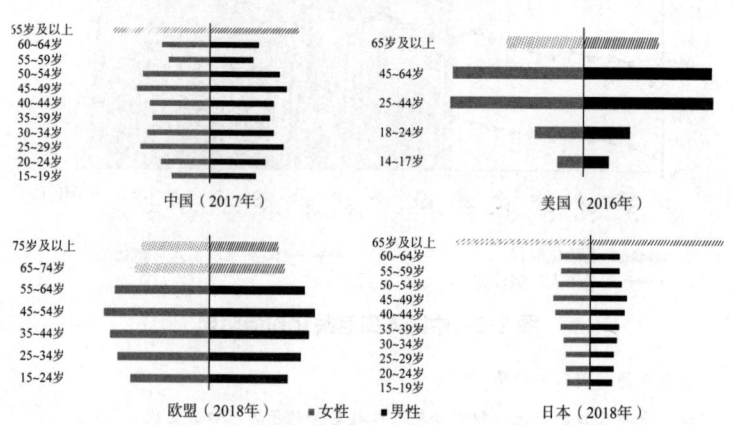

图2-5　主要经济体人口结构对比

资料来源：国家统计局、美国商务部普查局、日本统计局、欧盟统计局。

趋势之三：储蓄搬家

每个家庭在每一时点上的消费和储蓄决策，反映了该家庭希望在其生命周期各个阶段达到消费的理想分布，以实现一生消费效应的最大化。为了在退休后也能保持和退休前一样的生活水平，人们必须在挣钱时期进行储蓄，不断积累财产；在退休时消费，不断消耗财产。换言之，随着人口老龄化的发展，财富的储蓄将转化为消费。

中国居民的消费升级

中国目前的人均 GDP 接近美国 20 世纪八九十年代的情况，收入上升的预期赋予了中等收入群体较强的消费能力，个人消费在 GDP 中的占比高达 60%~70%。随着居民收入水平的提升和中等收入群体的扩大，消费结构发生了明显的变化，服装和食品占个人消费的比重持续下降，居民对商品和服务的品质要求明显提升。"千禧一代"（即"80 后""90 后"）、"互联网一代"对"信用超前消费"普遍接受，更加追求个性化消费。根据腾讯、易观、券商中国联合发布的《90 后投资者崛起和趋势报告》，被访的"90 后"中仅有 14.79% 表示 2019 年资产配置会选择银行储蓄，而这一比例在被访的"70 后"和"80 后"中分别为 16.89% 和 16.21%。随着城镇化进程推进，房价持续升温，汇丰银行的报告[1]称，中国"千禧一代"的住房拥有率达 70%，其中 40% 的青年买房靠父母，这将会大幅削减老一辈的储蓄。

中国居民储蓄在家庭可支配收入中的占比处于下降趋势。根据统计，目前基本养老金（养老第一支柱）对工资的替代率不足 50%，同时企业年金（第二支柱）和个人养老保险（第三支柱）发展严重不足。在这种环境下，居民储蓄的减少势必带来更为严峻的社会民生问题。西方发达国家也早已迈入老龄社会，而且自愿

---

[1] https://finance.qq.com/a/20170516/029075.htm.

储蓄的意识更为淡薄,在其养老体系中,企业和个人养老占据重要的地位。对中国而言,在基本养老金对财政补贴的依赖程度日益攀升的背景下,大力拓展企业年金、商业养老保险、养老目标基金等资金来源,提升养老金对工资的替代率,可能成为养老体系改革的必由之路。

第三章
居民养老体系完善是超级资管新增资金来源

以储蓄和房地产为主的当下居民资产配置特征

中国居民的资产配置特征为：房地产占比高，金融产品占比低，同时期限的两极化严重，高期限和短期限的产品各占两端。

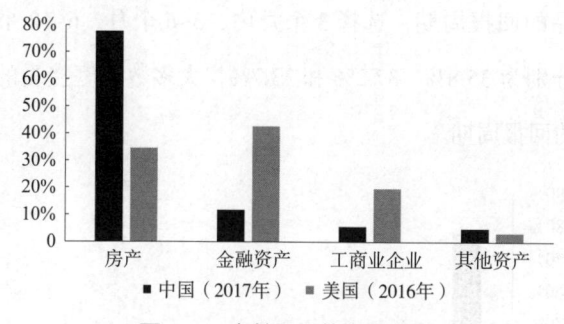

图 3-1　中美居民的资产配置

资料来源：《2018 中国城市家庭财富健康报告》、2017 美国消费者金融调查。

房地产在中国居民财富中具有举足轻重的地位。受益于房价的快速抬升，根据广发银行与西南财经大学联合发布的《2018 中国城市家庭财富健康报告》，2017 年中国城市家庭总资产中住房资产的占比已经高达 77.7%，远高于美国的 34.6%。如果按照同期

143万元的户均总资产规模来算,中国城市家庭在住房资产上的投入达到了户均111万元,更不要说那些生活在一线城市的人。

整体看,中国居民购买的金融产品仍以刚性兑付产品为主,种类以存款和理财产品为主。根据《2018中国城市家庭财富健康报告》,中国城市家庭的金融资产中,银行存款占比高达42.9%;其次为理财产品,占比为13.4%;股票占比为8.1%;基金为3.2%;债券仅为0.7%。在投资理财产品时,54.6%的家庭不希望本金有任何损失,同时又期望较高的理财收益。家庭可接受的银行理财产品回报周期普遍较短,缺少长期理财规划。对于可接受的银行理财产品的回报周期,选择3个月内、3~6个月、6~12个月的家庭占比分别为35.8%、37.2%和33.7%,大多数家庭接受的是一年及以下的回报周期。

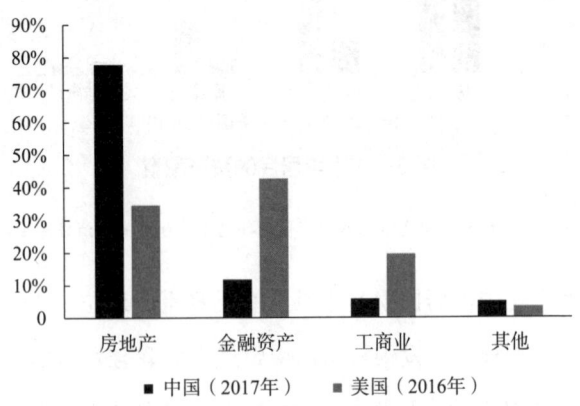

图3-2 房地产在中国城市家庭资产中的占比较高

资料来源:《2018中国城市家庭财富健康报告》。

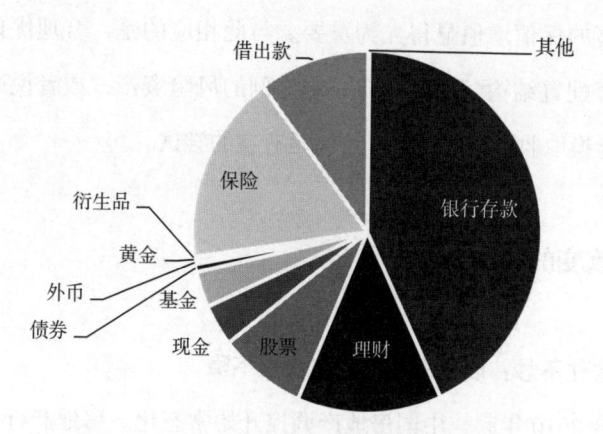

图 3-3　2017 年中国城市家庭金融资产配置

资料来源：《2018 中国城市家庭财富健康报告》。

总体来看，现阶段中国居民对股票、债券等标准化资产配置少，更偏重房地产和银行储蓄，在低收益资产上配置过多，高风险资产上投入太极端，投资不够多样化。由于房地产标准化程度较低、单位价值较高，其流动性较差，占比过高将严重影响整体财富的流动性。另一方面，房地产的高度非标属性，决定了其保值增值能力具有较大的差异。一般而言，一线和二线城市由于经济发展水平较高，生活、教育、医疗设施较为完善，就业机会更多，将持续保持人口净流入；而三线和四线城市，尤其是中西部地区的城市，人口将持续净流出，对房价的支撑不足，易发生价格风险。

在储蓄率走低、基本养老对工资的替代率偏低的情况下，居民财富的保值增值显得尤为重要。与此相应的是，合理优化家庭的资产配置结构，通过参与一定比例的风险资产，或者说通过承担风险换取收益率的补偿，可能是有益的尝试。

配置改变的驱动力

房住不炒：居民房地产的流动性下降

自2010年起，中国房地产调控开始常态化。房地产行业共经历了2012年3月—2012年7月、2014年3月—2016年3月两轮放松周期，和2010年1月—2012年3月、2012年7月—2014年3月、2016年3月至今共三轮收紧周期，调控周期逐次延长。在收紧周期中，相关调控政策包括限购（限制购买人群及数量）、限贷（提高首付比例）等；在放松周期中，相关限制则进行一定程度的松绑。

表3-1 核心城市的限购、限贷、限售政策

城市	限购	限售期	限贷
北京	拥有2套住房及以上的本市户籍家庭、拥有1套住房及以上的非本市户籍家庭、无法提供本市有效暂住证和连续5年以上在本市社保或个税缴纳证明的非本市户籍家庭	3年	首套房首付35%，二套房首付60%，国内有房或房贷记录均算二套

（续表）

城市	限购	限售期	限贷
上海	拥有2套住房及以上的本市户籍家庭、拥有1套住房及以上的非本市户籍家庭、无法提供本市有效暂住证和连续5年以上在本市社保或个税缴纳证明的非本市户籍家庭	5年	商业贷款首套房首付35%，二套房首付50%，上海有房或房贷记录均算二套房 公积金贷款首套房首付20%~30%，二套房及以上停贷
深圳	拥有2套住房及以上的非本市户籍家庭、无法提供本市有效暂住证和连续5年以上在本市社保或个税缴纳证明的非本市户籍家庭	3年	首套房首付35%，有贷无房首付50%，有贷有房首付70%
广州	拥有2套住房及以上的本市户籍家庭、拥有1套住房及以上的非本市户籍家庭、无法提供本市有效暂住证和连续5年以上在本市社保或个税缴纳证明的非本市户籍家庭	2年	首套房首付35%，有贷无房首付40%，有房无贷首付50%，有房有贷首付70%
杭州	拥有2套住房及以上的本市户籍家庭、拥有1套住房及以上的非本市户籍家庭、无法提供购房日前3年内在本市连续缴纳2年以上本市社保或个税证明的非本市户籍家庭	3年	首套房首付30%，二套房首付60%，国内有房或房贷记录均算二套房
南京	拥有2套住房及以上的本市户籍家庭、拥有1套住房及以上的非本市户籍家庭、无法提供购房日前2年内在本市连续缴纳1年以上本市社保或个税证明的非本市户籍家庭	3年	首套房首付30%，有贷无房首付50%，有房有贷首付80%
武汉	拥有2套住房及以上的本市户籍家庭、拥有1套住房及以上的非本市户籍家庭、无法提供本市有效暂住证和连续2年以上在本市社保或个税缴纳证明的非本市户籍家庭	3年	首套房首付30%，二套房首付50%，三套房停贷

（续表）

城市	限购	限售期	限贷
成都	拥有1套住房及以上的家庭、无法提供连续2年以上在本市社保或个税缴纳证明的非本市户籍家庭	3年	首套房首付30%，二套房首付60%，三套房停贷
西安	拥有1套住房及以上的家庭、无法提供连续2年以上在本市社保或个税缴纳证明的非本市户籍家庭	2年	商业贷款首套房首付30%，二套房首付40%，三套房及以上停贷

注：时间截至2019年6月。

长期来看，人口从农村流向城市、从中小城市流向区域中心城市，这是世界各国城镇化发展的一般规律。在中国，一线城市人口占比从1990年的2.8%增至2016年的5.2%，二线城市人口占比从1990年的16.5%增至2016年的20%；2011—2016年，一线城市人口年均增速1.5%，二线城市人口年均增速1.0%，均远高于全国平均水平0.51%。一线和二线城市的经济和产业基础较好，为人口净流入区域，无论是房地产的商品属性还是金融属性均有基本面支撑，具有相对较好的保值增值功能。

与此相应的是，近些年来，中国一些城市的居民部门杠杆率因住房抵押贷款而急速攀升。对银行而言，向房地产开发企业贷款一般有相应的担保物，对资本金的占用相对友好，导致大量新增储蓄资源投入房地产领域。房地产业过度融资，不仅会挤占其他产业的信贷资源，也容易助长房地产的投资投机行为，使其泡沫化问题更趋严重。房地产市场具有很强的区域性特征，不同地区房价有涨有跌很正常。靠盲目投资投机房地产来理财的居民和企业，最终都会发现其实得不偿失，正如中央财经领导小组办公室主任刘鹤所言："做生意是要有本钱的，借钱是要还的，投资是要承担风险的，做坏事是要付出代价的。"

在该指导思想下，中国对房地产的调控趋于常态化。以2016年启动的调控为例，重点为"因城施策"，调控范围由核心一线和二线城市逐步扩展至部分三线和四线城市，无全国性的限购、限贷政策。在此背景下，核心城市限购、限贷力度堪称史上最严，而弱二线和三线及四线城市调控的范围和力度不及以往。在限购、限售的政策环境下，配置价值较高的一线和二线城市房地产的周转速度大幅减缓，叠加较高的税费等交易成本（合计约占交易价款的10%），其作为配置资产的流动性明显恶化。

表3-2　房地产交易成本较高

税种	税基	税率
增值税	全部价款和价外费用扣除购置原价	购买不足2年的，按5% 2年以上的，免征
契税	全部价款	北上广深按3% 其他地区首套房减半，面积小于90平方米的按1%
个人所得税	全部价款	按1%
	全部价款和价外费用扣除购置原价	按20%

养老金体系结构调整

中国养老金体系由三个支柱构成。第一支柱为基本养老保险，由政府主导并负责管理，为退休人员提供最低生活保障，包括城镇职工基本养老保险和城乡居民基本养老保险。城镇职工基本养老保险始于1997年，受益群体包括行政机关、事业单位、企业职工及城镇灵活就业人员；城乡居民基本养老保险受益群体为其他16周岁以上的社会人员。第二支柱为政府倡导、企业自主发展的补充养老保险，包括企业年金和职业年金。企业年金由企业和个人共同缴纳，采用完全积累制模式运作；职业年金用于弥补机关事业单位退休制度并轨后基本养老金待遇的下降，目前处于托管人和投管人评选阶段。第三支柱为商业养老保险，主要是个人或团体建立的私人退休账户，目的是提升退休人员的生活水平。

第一支柱，即基本养老占据绝对主导。从20世纪90年代开始，中国就提出了建立多层次养老保险体系的目标，但国内目前的养老金体系依然严重依赖基本养老保险制度。截至2017年年末，全国社保管理总资产规模2.22万亿元，基本养老保险基金累计结存5.02万亿元，企业年金资产运作规模1.25万亿元，企业年金基金累计结存1.29万亿元，商业养老保险余额约1.11万亿元[①]；城镇职工基本养老保险、企业年金、商业养老保险三大养老金支柱的

---

① 商业养老保险数据为《中国金融展望2018》中专题报告《发挥商业养老保险在完善养老金体系中的作用》的估算值。

相对比例分别约为66%、18%和16%，企业年金参与人数仅为同期基本养老保险的5.72%。

基本养老保险基金对政府补贴的依赖性持续上升。扣除政府对社保的补贴后，中国城镇职工养老保险基金呈净流出状态。中国社科院发布的《社会保障绿皮书：中国社会保障发展报告（2019）》显示，2015年，中国基本养老金当期收不抵支的省份达6个，2018—2022年将维持在13~14个。根据中国社科院世界社保研究中心发布的《中国养老金精算报告2019—2050》，在保留现有财政补贴机制的情况下，到2028年养老金当期收支将出现缺口，累计结余到2027年将到达顶点，到2035年累计结余将耗尽。

第一支柱占主导的养老金体系对居民养老保障的支持程度有限。《中国养老金融调查报告（2017）》[①]显示，2015年正在领取基本养老保险待遇和尚未领取基本养老保险待遇的人群的比值为39.3%，比2012年上升了约7个百分点，即将近2.5个在职人员的缴费供养1个退休人员。《中国养老金精算报告2019—2050》估算，到2022年，全国不到2个缴费者就需要赡养1个退休者。国务院发展研究中心金融研究所估算，2015年中国退休人员可领取的养老金（基本养老）为退休前工资的42.56%，这个比例显著低于国际劳工组织《社会保障最低标准公约》规定的55%，而当年基本

---

① 中国家庭金融调查与研究中心基于天弘基金和兴业银行的渠道获取的4.55万份问卷调查数据形成的报告。

养老保险发放的养老金占退休人员养老金总收入的96.55%。

养老第二支柱持续发展壮大，第三支柱开始升起。根据人社部社保基金监督局披露，截至2018年年末，全国企业年金（第二支柱）积累基金总规模为1.48万亿元，较2017年年末增加近1 900亿元；企业户数达8.74万个，较2017年年末增加约7 000个，覆盖职工2 388.17万人，较2017年年末增加约57万人。2018年，实际运作资金1.45万亿元，同比增长15.67%，实现投资收益420.46亿元，加权平均收益率为3.01%。2018年，共计156.35万人领取企业年金，同比增长22.62%，领取金额438.86亿元，同比增长27.06%。此外，随着2018年个人税收递延型商业养老保险开始试点，养老金第三支柱也开始萌芽。

超级资管：新增资金来源

公共养老金定位于普惠性的基本生活保障。从财源来看，日美两国的公共养老金缴纳比例远低于国内27%的水平，政府补贴占比持续上行，加之两国人口老龄化程度相对更高，与国内一样也面临着公共养老金枯竭的问题。例如美国OASDI（联邦老年、遗属和伤残人信托保险）基金测算，从2018年起，费用将超过总收入，储备金将登顶向下，预计OASI（联邦老年、遗属保险）基金将于2034年枯竭，而DI（伤残人信托保险）基金将于2032年枯竭。另一方面，公共养老金对日美两国居民的收入替代率不高，例如，对于终生工作挣得平均工资并且在65岁退休的美国劳动者，公共养老金的平均收入替代率仅为38%，远低于经合组织国家52.9%的平均替代率，而公共养老金对于低收入群体的收入替代率接近75%。换言之，公共养老金在提供基本生活福利方面发挥着重要的作用，但对于中高收入人群而言，难以作为退休收入的充足来源。

表3-3 美国和日本的养老金体系

	项目	美国 I	美国 II	日本 I	日本 II
第一支柱	名称	OASDI	SSI（社会安全生活补助）	国民养老金	厚生年金/共济年金
	受众	20~59岁公民	65岁以上低收入群体	20~59岁公民	企业雇员/公务员等
	管理机构	社会保障署	社会保障署	政府养老投资基金	政府养老投资基金/金融机构
	缴纳/给付	收入的12.4%/事前订立	政府代缴/事前订立	收入的18.3%/事前订立	事前订立/事前订立
第二支柱	名称	DB（待遇确定型）计划	DC（缴费确定型）计划	DB计划	DC计划
	受众	全体雇员	全体雇员	全体雇员	全体雇员
	管理机构	金融机构	金融机构	金融机构	金融机构
	缴纳/给付	事前订立/事前订立	事后订立/事后订立	事前订立/事后订立	事后订立/事后订立

（续表）

	项目	美国		日本	
		I	II	I	II
第三支柱	名称	IRAs（个人退休账户）		NISA（小额投资非课税制度）	iDeCo（个人缴费确定型养老金）
	受众	16~70.5岁公民		20岁以上公民	20~59岁公民
	管理机构	金融机构		金融机构	国民年金基金联合会
	缴纳/给付	随计划而异		每年120万日元/无限制	随工作性质而异

企业和个人养老金的繁荣促进了资管业的发展。根据美国雇员福利研究所和格林沃德机构对2 000位25岁及以上美国公民的在线调研[1]，59%的受访者认为为自己退休后的生活来源做准备让他们感到压力，61%的受访者或其配偶会为退休而参与养老计划；在没有参与任何养老金计划的受访者中，56%表示他们的储蓄和投资合计少于1 000美元。美国投资公司协会的调研[2]显示，90%的美国DC计划受益者认为，这类企业年金计划有助于他们进行长远规划和增加储蓄规模；超过一半的美国DC计划受益者认为，如果没有这类企业年金计划，他们很可能不会进行自主储蓄。拓展企业年金、个人商业保险等基本养老保险以外的养老金来源，不

---

[1] 2019 Retirement Confidence Survey.

[2] American Views on Defined Contribution Plan Saving, 2019.

仅可以有效缓解财政持续补贴的压力、实现社会保障质量的提升，还可以实现资管市场的有效扩张。以美国为例，根据PSCA（美国计划赞助委员会）统计[①]，截至2017年年末，401(k)计划配置美国股票、全球股票、股债混合基金、债券、货币市场基金的比重分别为43.7%、16.3%、27.3%、10.2%、2.5%。根据美国投资公司协会统计[②]，截至2018年年末，IRAs资产中有45%投向共同基金。401(k)计划和IRAs的高速扩张带动了美国资管业的繁荣。

第二支柱方面，人社部、财政部于2017年12月18日联合印发《企业年金办法》，与2004年出台的《企业年金试行办法》相比，由自愿属性向半强制属性转变，下调企业缴费和总缴费的上限（分别由职工工资总额的12%降至8%、由职工工资总额的1/6降至12%），实施方案更为灵活（如增加变更、中止、恢复、领取方式等内容），规范性和可操作性有较为明显的改善。

第三支柱方面，国务院办公厅于2017年6月29日印发《关于加快发展商业养老保险的若干意见》，鼓励和支持商业保险机构发展安全性高、保障性强、能满足长期受益需要的养老金产品。财政部等5部门于2018年4月12日发布《关于开展个人税收递延型商业养老保险试点的通知》，明确个人在购买和积累商业养老保险这两个环节分别享受所得税抵减和免征资本利得税，补上

---

① PSCA's 60th Annual Survey of Profit Sharing and 401(k) Plans.

② 2019 Investment Company Fact Book.

了无税收优惠的短板；2018年5月开始在上海、福建和苏州工业园三个地区试点税收递延型养老保险产品。此外，证监会于2018年2月11日发布《养老目标证券投资基金指引（试行）》，对公募基金参与养老金管理的运作形式、配置比例等方面做出详细安排，通过"逐步降低权益类资产的配置比例""采用成熟稳健的资产配置策略"等规定，引导基金追求长期稳健的增值。

随着人口老龄化发展，中国的养老保障体系从现收现付的养老金筹集模式为主，向预筹积累制为主转变，养老保障的待遇标准从DB型为主向DC型为主转变成为必然趋势。随着相关文件的陆续出台，中国发展养老金第二和第三支柱的政策环境将持续改善，企业年金、商业养老保险、养老目标证券投资基金的发展，将为资管业带来规模相对可观的长久期资金，从需求端倒逼目前资管业改变以货币市场基金等低收益、高流动性资产为主的局面，为行业转型和健康发展打下坚实基础。

发展养老金第三支柱需要提升风险偏好，显著增加风险资产配置。在中国的养老保障体系中，第一支柱的核心目标是解决国民退休后的基本温饱问题，并通过现收现付与账户统筹的制度安排，实现基本养老保障的公平给付，故应当注重资金运作的稳健安全。第二支柱致力于提高投资者的退休生活水平，但从中国的实际情况来看，第二支柱中的企业年金参与度不高，缺乏实质性发展，迄今仅覆盖约8万家企业和2 400万名职工，较难有效发挥其补充养老收入的作用。账户制是第三支柱，也就是个人养老金产品扩张的核心，合理的账户制度设计能够激发投资者参与第三支柱的热情，进而显著提高第三支柱的参与率和资金规模。

专题　美国和日本的居民养老体系

美国经验：养老金体系第二和第三支柱发达

美国是全球经济发展水平最高的国家之一，1946年其65岁及以上人口占比首次超过7%，步入老龄化社会，随后波动上行。2018年美国的社保基金管理人公告，若无进一步措施，2034年养老金当期收支将出现缺口，到2091年累计结余将耗尽。

美国的养老金体系由三大支柱构成，即OASDI和SSI、雇主养老金计划，以及IRAs。根据美联储数据，截至2018年年末，美国养老金总额达22.4万亿美元[①]，是同期美国上市股票市值（30.5万亿美元）的70%以上；其中，私人养老金9.4万亿美元，州及地方政府退休金9万亿美元，联邦政府退休金4万亿美元。

公共养老金

与主要发达国家不同，美国的养老金体系中，企业养老金的

[①] 根据美国投资公司协会估算，截至2018年年末，美国退休金资产达27.1万亿美元。

出现早于公共养老金。大萧条导致大量企业破产，缺乏雇主资助的企业养老金方案遭遇史无前例的中断，1935年的《社会保障法》应运而生，标志着美国养老金制度中公共养老金的建立。

OASDI分为OASI和DI，所有收入在6 000美元以下的雇员（政府雇员、农场工人、临时工、商船海员、教育、宗教与慈善机构的雇员除外）都必须参加。财源方面，包括通过向企业及其雇员强制征收FICA税（税率为12.4%）、政府财政补贴，以及基金运营收益。运作方面，将资金注入OASDI，由联邦政府的社会保障署进行管理，以75年为周期进行阶段式平衡，采用部分积累的现收现付制。2017财年，OASDI总收入9 970亿美元，总支出9 520亿美元，共计向6 200万受益人支付社保福利。

SSI针对因联邦养老金及其他收入不足以维持生计的65岁以上的公民，以生活补助的形式按月发放，资金由政府财政直接划拨。

企业养老金

美国的企业养老金计划包括DB和DC两种，均由企业代雇员缴纳，由金融机构托管，并委外进行投资管理。DB由雇主单独出资设立并承担保证雇员获得待遇的责任，缴纳和给付比例由雇员和企业预先订立，以年金形式支付，但雇员工作变动不能带走。DC由企业设立个人账户，由雇员承担其财务保障的责任，缴纳和给付比例订立灵活，在雇员离开时能够滚存。二战以前，美国的职业养老金制度无论公私部门，主要采取 DB 计划；二战以后，私人部门大多转向 DC 计划，而公共部门仍普遍保留 DB 计划。①

企业养老金体系的发展有其历史背景。1963 年，斯蒂旁克汽车制造厂倒闭，7 000 多名工人失业。由于该工厂在倒闭前很长一段时间内因为经营不善而未曾向养老金计划缴纳资金，它的倒闭直接导致企业养老金计划停摆，计划资产远小于计划负债，巨大的资金缺口致使 4 000 多位工人完全丧失退休津贴。这一事件促使了 1974 年《雇员退休收入保障法》的出台，保证雇主出资的养老金计划的免税地位，以便扩大私有养老金的受益人数和覆盖面；同时制定养老金制度报告、披露、投资、财政信用度、雇员的合格资格、授予资格等各项标准；为防止养老金计划突然终止对 DB 计划覆盖者养老金权益的损害，设立养老金给付保证公司，用于担保 DB 计划的最终享有。

美国的企业养老金计划由各企业独立开发，种类繁多，呈行业和规模分割的特点。401(k) 计划居于主体地位，根据美国投资

---

① 公共部门 DB 计划需雇员缴费（税后收入的 3%~8%），计划以 3 年最高收入的平均值为基准计算决定雇员的未来养老金待遇。私人部门 DB 计划无须雇员缴费，缴费主要来自雇主，按照最后 5 年平均收入乘以服务年限保证雇员的未来养老金待遇。

公司协会的统计，2010—2018年年末，401(k)资产规模占DC计划的60%~70%。其本质为附带税收递延效应的DC计划，为雇员提供了有效的避税储蓄手段，还可以通过该计划给予雇员分享公司成长的机会。其他的DC计划，如高等教育机构采用的TIAA-CREF计划，科学、艺术、慈善等非营利机构采用的403(b)计划、个体经营者采用的Keogh计划，大多在功能上与401(k)类似，只是具体缴费、利润分配和针对对象等有所区别。

1978年，美国国会批准了《国内税收法案》第401(k)节，允许雇员将一部分税前工资存入一个储蓄计划，累积到退休之后开始使用。美国国会每年根据生活成本变化对401(k)计划的缴费上限进行调整。养老金缴纳、金融资产投资的红利和资本利得均免税，待领取养老金时再与其他收入合并征收个人所得税，由于在职时的工资水平一般高于养老金水平，这实际上享受了递延纳税和低税率的双重优惠。在资产配置方面，2016年54%的401(k)计划投资于共同基金，20%投资于集合投资信托基金。底层资产上，根据美国投资公司协会统计，401(k)计划近2/3的资产直接或通过各类基金间接投向股票，以美国国内股票为主。

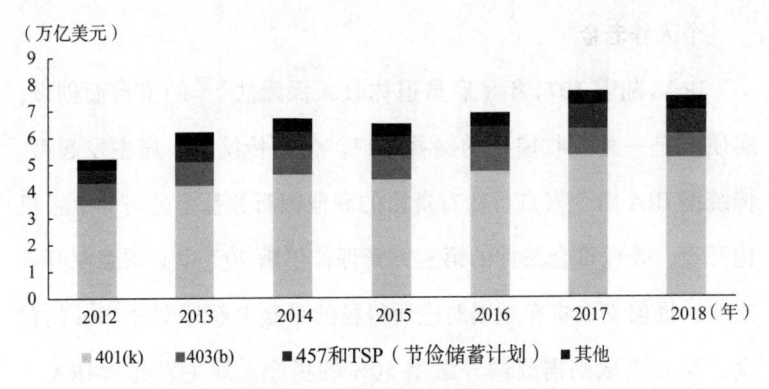

图 3-4 美国 401(k) 计划在 DC 计划中占主导

资料来源：美国投资公司协会。

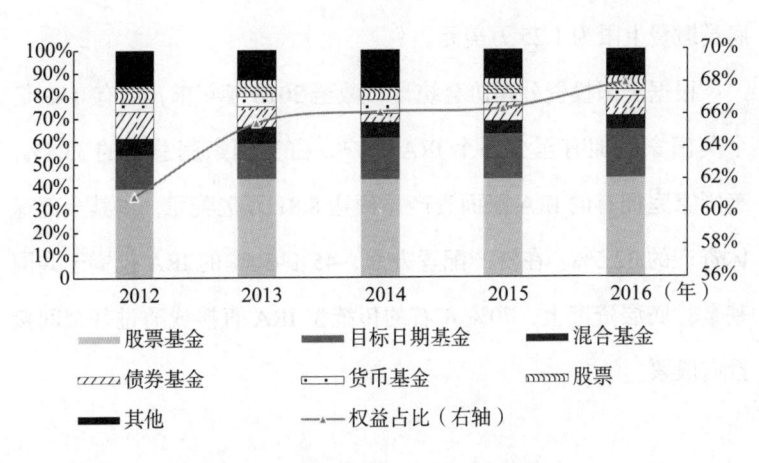

图 3-5 美国 401(k) 计划资产配置

资料来源：雇员福利研究所、美国投资公司协会。

个人养老金

IRAs 随着 1974 年《雇员退休收入保障法》[①]的出台而创设，实质上是一种税收递延的储蓄账户，包括传统型、雇主发起型。传统型 IRA 由个人自行在有资格的商业银行、基金公司等金融机构开设，委托符合条件的第三方管理；年满 70.5 岁必须强制开始支取，提前支取将在缴纳对应所得税的基础上额外支付 10% 的罚金，推后支取则需要额外缴纳 50% 的税金。雇主发起型 IRA 主要受众为不愿意设立企业养老金计划的小微企业的员工，其中 SEP-IRA 由雇主缴费，缴费上限为雇员薪酬的 25% 或 5.5 万美元；SIMPLE IRA 可选择由雇员缴费，雇主缴费上限为员工薪酬的 3%，雇员缴费上限为 1.25 万美元。

根据美国投资公司协会统计，截至 2018 年年末，约有 0.43 亿个美国家庭拥有至少一个 IRA 账户，占美国家庭总数的 33.4%，美国家庭拥有的 IRA 账面资产总额达 8.81 万亿美元，占其全部退休资产的 32.5%。在资产配置方面，45%~50% 的 IRA 投资于共同基金；底层资产上，70% 左右的传统型 IRA 直接或通过基金间接投向股票。

[①] 该立法明确提出传统 IRA 的两个作用：一是为没有被退休计划覆盖的个人提供税收优惠储蓄计划；二是当雇员工作变动或退休时，允许雇员将雇主发起的退休计划资产转入 IRA。

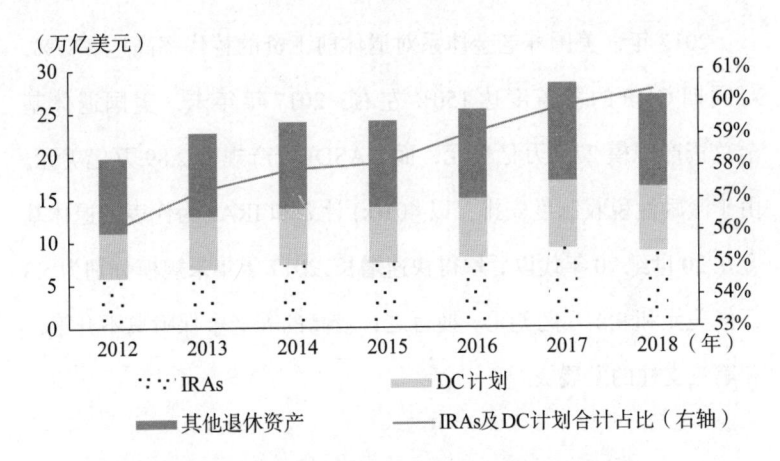

图 3-6 IRAs 和 DC 计划在美国养老金中占主导

资料来源：美国投资公司协会。

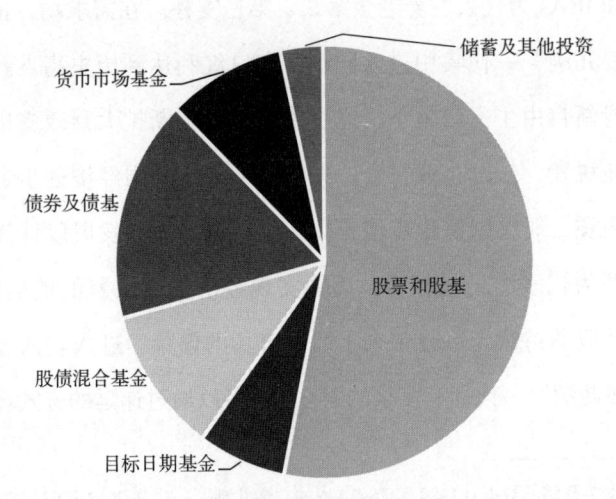

图 3-7 2016 年年末美国传统 IRA 资产配置

资料来源：美国投资公司协会。

2017年，美国养老金体系对退休前工资的替代率高达87.7%，对同期GDP的覆盖度达150%左右。2017年年末，美国退休基金总资产规模27.9万亿美元，而OASDI资产规模2.89万亿美元。由于激励性税收制度安排，以401(k)计划和IRAs为代表的退休基金在20世纪70年代以后取得快速增长，2017年年末规模分别为5.3万亿美元和9.2万亿美元。换言之，较高的养老金保障离不开第二和第三支柱的发展。

养老金入市：人口红利与产业转型双击

20世纪70年代末、80年代初，美国陆续推出并完善以401(k)计划和IRAs为代表的养老金第二、第三支柱。在需求端，正值战后"婴儿潮"一代集中进入职场，人口红利达到历史高点。在里根政府新自由主义政策下，通过大量举债不断扩大财政支出，降低企业税费，鼓励企业投资，失业率下降，美国经济逐步走出滞胀的阴霾，居民财富稳步增长。在供给端，大力发展以计算机和互联网为代表的信息技术，美国实现经济发展引擎的悄然转型，而科技股的持续走高也带来了股票市场的繁荣。进入收入盈余期的"婴儿潮"一代拥有多余的财富[①]，可以通过递延的方式增厚退

---

① 根据美联储的数据，1989年25~34岁的"婴儿潮"一代和2013年时与之同龄的"千禧一代"进行比较，考虑通货膨胀后，"千禧一代"年收入中位数为40 581美元，比同年龄段的父辈少20%，房屋拥有率为43%，也低于父辈的46%。

休后的消费水平。而美国股市的长牛使得股票（通过共同基金）成为401(k)计划和IRAs等的主要配置品种。

美国养老金通过直接投资，以及通过共同基金间接投资的方式实现入市。美国养老金在早期直接投资股票的规模较小，先后于1958年、1971年首次突破百亿、千亿美元。大规模入市从20世纪90年代开始，于1991年首次突破万亿美元，较上年增长35%，至1.26万亿美元，于2017年达到5.7万亿美元的历史峰值，2018年下降至5.1万亿美元。伴随着持股规模的增长，股票占养老金投资资产的比重亦持续上升，于1999年达到35%的峰值，2000年之后基本不超过30%。随着401(k)计划、IRAs的先后推出，以及配套政策的不断完善，美国养老金于20世纪90年代初期开始大规模投向共同基金，并通过共同基金最终主要投向美国股票。截至2018年年末，IRAs持股规模达2.5万亿美元，占IRAs资产规模的58%，其中投向美国股票的规模占IRAs资产规模的44%；DC计划持股规模达2.1万亿美元，占DC计划资产规模的54%，其中投向美国股票的规模占DC计划资产规模的41%。

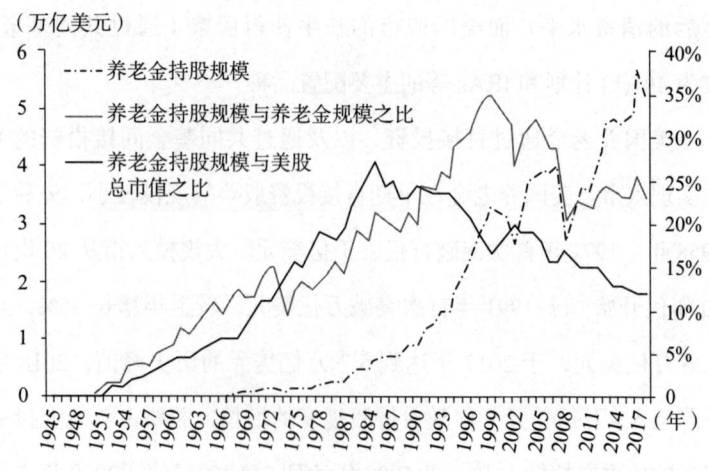

图 3-8 美国养老金的股票投资（1945—2018 年）

资料来源：美联储官网、上交所研报。

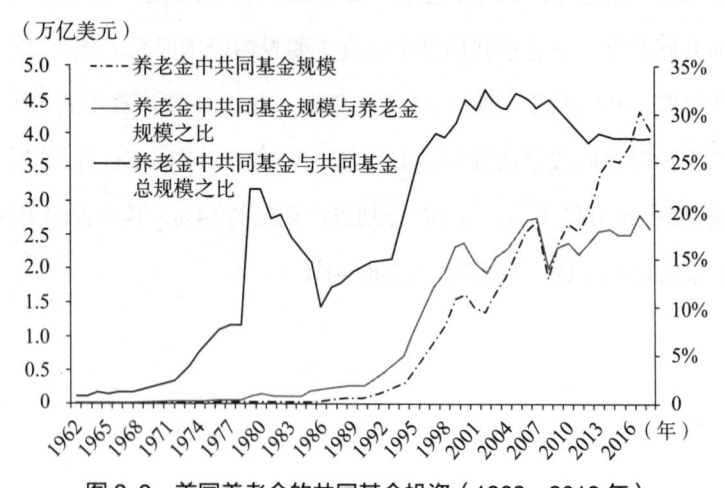

图 3-9 美国养老金的共同基金投资（1962—2018 年）

资料来源：美联储官网、上交所研报。

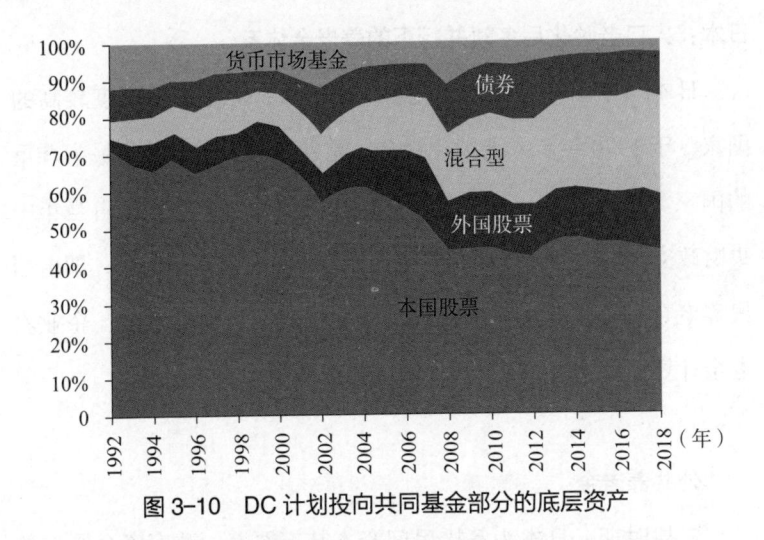

图 3-10 DC 计划投向共同基金部分的底层资产

资料来源：万得、上交所研报。

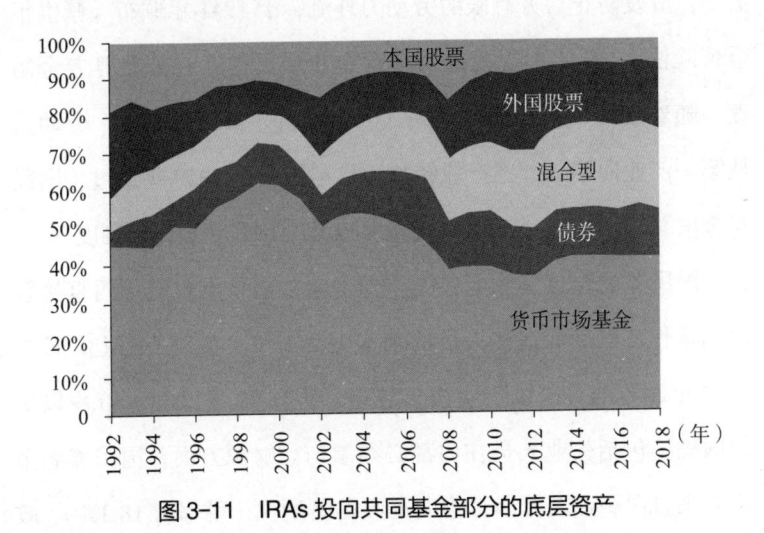

图 3-11 IRAs 投向共同基金部分的底层资产

资料来源：万得、上交所研报。

日本：人口老龄化后多轨并行下的养老金体系

日本与中国同为儒家文化影响的区域，亦是人口密度较高的国家，于1970年步入老龄化社会，是发达国家中老龄化最为严重的国家。2014财年，日本包括养老在内的社会保障支出占当年中央财政支出的31.8%。日本的养老金体系由三大支柱构成，即由国民养老金和厚生年金保险或共济年金构成的社会养老金，企业养老金计划，以及由NISA和iDeCo构成的个人养老金。

公共养老金

二战时期，日本为筹措民间资本补充军费、政府资金周转的需要，以及防止后方有限的劳动力外流，于1941年颁布《厚生年金保险法》，开始大规模地为私营企业雇员建立起公共养老金制度。随着战后日本经济的复兴，大量农村人口涌入城镇，劳动力从第一产业向第二、三产业转移，日本国会于1959年通过《国民年金法》，为农民、自雇者、家庭妇女建立国民年金保险制度。

国民养老金也称为老年基本养老金，由日本政府部门直接管理和运作，以确保退休人员的基本生活需要。覆盖范围上，日本1959年颁布的《国民年金法》规定，所有20岁以上、60岁以下的国民，包括失业人员在内都必须参与。财源方面，国民养老金主要来自向企业及其雇员强制征收的薪酬税（税率为18.3%）、政府财政补贴支付，以及养老金运转收益，目前一半的资金依赖政府财政补贴。随着国民养老金财政收支严重失衡，日本的国民养老金制度已由建立之初的基金累积制转变为现收现付制，即由在职人员缴纳的养老保险费用承担退休人员领取的养老金费用。养老金运作方面，由日本政府养老投资基金统一管理，资产配置以债券为主，被动型产品占比在77%左右。养老金领取方面，国民养老金制度规定，参与者缴纳养老金的年限和免缴期限合计超过25年，65岁开始可领取。由于国民养老金的发放金额是固定的，与收入多少无关，在40年的参保期限内，参与者缴费期限越长，领取的养老金金额就越多。根据参与者的要求，可以申请自60岁开始提前领取，每提前一个月，每月所能领取的国民养老金金额减少0.5%；如果申请推迟领取，每推迟一个月，每月所能领取的国民养老金金额增加0.7%。

厚生养老金是以民营企业职员为参保对象的一种强制性的公共养老金制度。财源方面，包括参与者缴纳的养老金、国家财政支付和养老基金运营收益。厚生养老金缴费由个人和雇主各承担一半，个人部分每月直接从工资中扣除，育儿期间可以免缴三年。2004年公共养老金制度改革规定，自当年10月起每年将厚生养老金费率提高0.35%，直至2017年达到18.30%后不再调整。养老金管理方面，厚生养老金亦由政府养老投资基金负责管理，资产配置与国民养老金基本类似。养老金领取方面，除基本养老金的定额部分之外，一律按员工收入的一定比例进行计算。参保人缴纳的养老金费用和领取的厚生养老金因在职期间的工资水平不同而有所差异，可以有效地提高退休后的生活水平。

日本现行的公共养老金包含三种共济组合类型，即面向各部委人员的国家公务员共济组合，面向都道府县政府工作人员、市町村公职人员、公立学校教职人员的地方公务员共济组合，面向私立学校教职员工的共济养老金。财源方面，包括各类共济组合成员及其事业单位缴纳的养老金费用、国家财政补贴、养老基金运营收益。共济养老金费用包含两个部分，定额费用部分被计入基本养老金，剩余部分按月均收入的一定比例缴付，个人和雇主各承担一半。2004年公共养老金制度改革规定，至2023年国家共济养老金和地方共济养老金的最终费率将逐步上调至19.80%，此后不再变化。养老金管理方面，共济养老金由各类共济组合及其联合会负责管理。养老金领取方面，共济养老金的发放金额包含定额的基本养老金和按报酬比例的养老金两部分。各类共济组合的养老金费率有所差异，一般而言，国家公务员的费率最高，私立学校教职员工的费率最低。领取共济养老金的条件为年满65岁且加入共济组合的时间满一个月。

国民养老金最初是为农民、自雇者、家庭妇女提供基本生活保障而设立，厚生养老金和共济年金亦是按职业类别建立，目的是稳定和平衡现有的职业划分，进而维持和体现阶层的差异，随后覆盖范围不断扩大，共同构成日本的公共养老金体系。由于人口少子化和老龄化，日本公共养老金参与人数将持续下降，根据测算，2055年将降至2 210万人（2010年为3 450万人），2105年将进一步降至1 090万人，不到100年的时间里锐减2/3。生育率的下降和人均寿命的延长，使得日本的社会赡养率将于2070年左右达到历史峰值，基本养老制度也将出现一个在职员工供养一个退休人员的情况。

表3-4 日本领取公共养老金的人数变化

年份	国民养老金（百万人）	厚生养老金（百万人）	国家共济年金（千人）	地方共济年金（千人）	私立学校共济年金（千人）
2010	29.7	29.0	1 228	2 702	522
2015	34.0	33.8	1 355	3 115	622
2020	36.1	35.1	1 389	3 276	708
2025	36.7	35.3	1 406	3 322	779
2030	37.2	35.3	1 499	3 479	912

资料来源：日本厚生劳动省。

表3-5 日本公共养老金支出变化

年份	国民养老金（万亿日元）	厚生养老金（万亿日元）	国家共济年金（亿日元）	地方共济年金（亿日元）	私立学校共济年金（亿日元）
2010	19.8	23.1	17 209	46 415	2 890
2015	23.6	26.2	17 712	49 961	3 317
2020	26.2	27.5	17 356	50 829	3 702
2025	27.9	29.2	17 100	51 884	4 175
2030	29.8	31.7	17 499	52 204	5 023

资料来源：日本厚生劳动省。

表3-6 日本各类公共养老金的社会赡养情况

年份	基本养老金	厚生养老金	国家及地方共济年金	私立学校共济年金
2010	2.40	2.59	1.55	4.59
2030	1.60	2.09	1.24	2.30
2070	1.00	1.18	0.94	1.42
2150	1.10	1.20	1.00	1.60

资料来源：日本厚生劳动省。

注：社会赡养情况以劳动人口与退休人口的比表征。

企业和个人养老金

2002年，日本颁布《确定缴费养老金法案》，以协议退出的方式允许个人自愿将厚生养老金的公共缴费转入到新设定的DC计划中，即进行由厚生养老金（公共养老金）向厚生年金基金（私有的职业养老金）的部分私有化改革。日本的企业养老金计划包括DB和DC两类，与美国基本类似。截至2018年年末，共有3.03万家企业和648万个人参与DC计划。

NISA为投资免税账户，可投资产包括上市公司股票、ETF（交易型开放式指数基金）、REITs、投资信托基金，每年投资上限为120万日元，资本利得以及股票和基金的分红均可免税，但免税期最长仅5年。此外，NISA在养老金的缴纳和提取上均免税。

iDeCo类似于美国的401(k)计划，本质为附带税收递延效应的个人DC计划，60岁之前的养老金缴纳、金融资产投资的红利和资本利得均免税，提取时需缴纳所得税。通过打通iDeCo与一般的DB计划之间的转换通道，解决了DB计划在员工更换工作时相关养老金无法转移的问题。

日本养老金入市：《广场协议》后加大风险资产配置

从1986年开始，日本政府允许将部分年金投入股市。这一阶段正值《广场协议》后日元持续升值，以往出口为导向的经济遭遇冲击，制造业企业经营恶化。为了提振经济，日本央行从1986年1月开始连续下调基准利率，从5.0%降到当时历史最低的2.5%，并一直持续到1989年5月。超低的政策利率，以及空前的建设热潮，导致过剩资金流入房地产市场，继而引发金融机构乃至一般企业开始进行房地产投机。在房地产连涨多年后，日本大藏省（2001年分拆为财务省和金融厅）于1990年对金融机构下达了限制金融机构对房地产行业进行过度融资的行政指导，同时日本紧跟美联储开始加息。流动性收紧导致投机炒房需求撤退，房地产公司的资金链断裂，出现房地产公司的破产潮，资产价格暴跌。日本养老金依旧抱着长期投资的理念坚守，直到跌到成本线之后才开始大规模止损。之后经济进入调整期，日经指数长期横盘。股票市场投资的失败，导致日本养老金配置股票的比重远低于美国。[①] 根据政府养老投资基金年报，21世纪初至2014年以前，债券的目标投资比例在60%~80%；2014年改革后，股权的目标配置比例提升至50%左右，但从实际情况来看，股权投资比例不足50%，如2019年3月末政府养老投资基金投资本国股权和外国股权的比重分别为23.55%和25.53%。

表3-7 政府养老投资基金的资产配置规定

	本国债券	本国股权	外国债券	外国股权
原配置政策：				
目标配置比例	60%	12%	11%	12%
可偏离幅度	−8%~+8%	−6%~+6%	−5%~+5%	−5%~+5%
2014年新政策：				
目标配置比例	35%	25%	15%	25%
可偏离幅度	−10%~+10%	−9%~+9%	−4%~+4%	−8%~+8%

资料来源：政府养老投资基金年报。

[①] 根据中金公司统计，2013—2014年度，美国的养老基金配置股票的比重达49.3%，在经合组织国家中位居前列，而日本仅为9.7%。

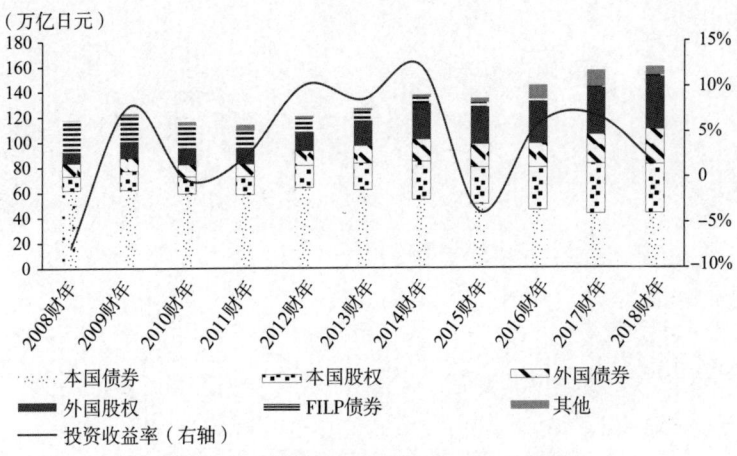

图 3-12 政府养老投资基金的资产配置

资料来源：政府养老投资基金年报。

注 1：2018 财年为 2018 年 4 月 1 日至 2019 年 3 月 31 日。

注 2：FILP 债券，由日本政府提供的长期低利息贷款和投资，旨在实现中小企业财政支持、改善医院和福利设施建设，以及获取自然资源。

第二篇

产业转型

中国经济的高速度增长成就了商业银行表内规模、信托、券商资管和基金子公司等"影子银行"的规模扩张，而从高速度到高质量，增长模式的调整要求资管机构转变发展模式和增长驱动力。

高速度增长时代，金融机构，尤其是商业银行收入增长主要来自"量"的扩张和"价"的稳定，这主要依靠社会杠杆水平提升和利差保护下净息差稳定。随着社会杠杆水平企稳，过去的模式运作愈发困难，未来机构应适应10%以内的低速增长水平。同时，利率市场化改革引导银行为实体让利，这导致表内投资类资产份额减少，而新增信贷资产收益仍会下降；受机构间竞争和流动性监管指标影响，未来银行一般存款竞争仍然激烈，负债端成本易上难下。

高质量增长给予了金融机构崛起的新动能。新兴产业涌现、龙头企业崛起、特大企业分拆等将带来新的资本运作机会,这将最终提升中国的直接融资比例,并形成中国的超级资管。

第四章

巨轮转向：从高速度增长到高质量增长

增速换挡与供给侧结构性改革

回顾中国这 70 多年的发展历程，大致可以将其分为三个阶段。

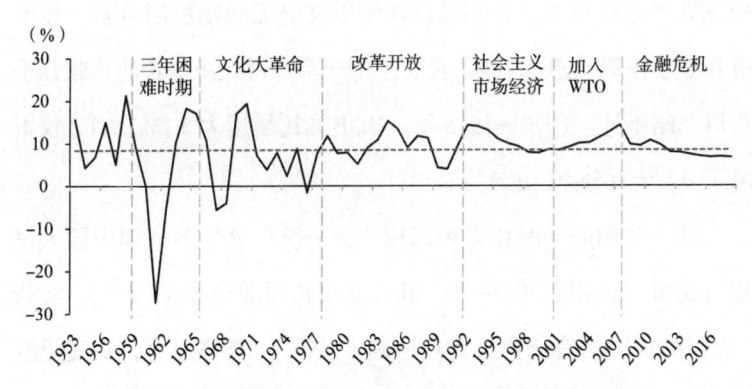

图 4-1　中国实际 GDP 增速走势（1953—2018 年）

资料来源：万得。

第一个阶段：1949—1978 年

这是一个资本相对短缺的计划经济时代，政府"有形之手"是资源配置的唯一手段，政策向城市和重工业倾斜。其结果是，不仅农村发展相对滞后，城市化和工业化的进程也非常缓慢，可以说是既没有发展的速度，也没有发展的质量，而且经济的波动性还非常高。1953—1977年，人均GDP增速平均为4.3%。1978—2018年，改革开放的40年间，中国人均GDP增速平均为8.5%，且从未出现过负增长的情况。

这段时期，中国经济发展的主要动力来自资本的积累，但由于实行了严格的户籍制度，人口流动与资本积累的方向不一致，资本的边际报酬呈现递减趋势。而且，人口流动所能产生的资源配置效率难以释放，计划经济体制下又毫无激励机制可言，技术进步处于停滞状态，TFP（全要素生产率）对经济增长的贡献几乎可以忽略不计。1970—1975年，GDP同比增速为5.7%，TFP仅贡献了0.1个百分点。

这一时期的金融体系可以用"大一统"来形容，即中国人民银行是唯一的银行（"一"），其分支机构覆盖全国（"大"），实行"统存统贷"的信贷资金管理体制（"统"）。具体而言，基建投资企业由财政全额拨款，银行信贷资金只能对国有企业发放流动资金贷款，且为财政定额资金以外的超额贷款，财政体系实际履行了金融体系实现资源分配的职能。

第二个阶段：1978—2008年

1978年，中国开始改革开放。改革开放的过程，就是解放思想的过程，不断消除体制约束，释放经济中的潜在红利，并使经济向潜在增长路径回归。

这段时期，户籍制度逐渐放松，人口得以自由流动，农村大量剩余劳动力流向城市，劳动年龄人口数量不断增加，高考制度得以恢复。双重人口红利（劳动力流动和劳动年龄人口占比增加）和人力资本的积累，再加上城市化和工业化带来的资本深化，都是这段时期经济发展的重要驱动力。更为重要的是，市场在经济发展中的作用越来越显著，价格机制开始发挥资源配置的作用，竞争机制带来"创造性破坏"，微观主体的能动性得以发挥，TFP 对于劳动生产率的贡献，相比第一个阶段，实现了从 0 到 1 的飞跃。

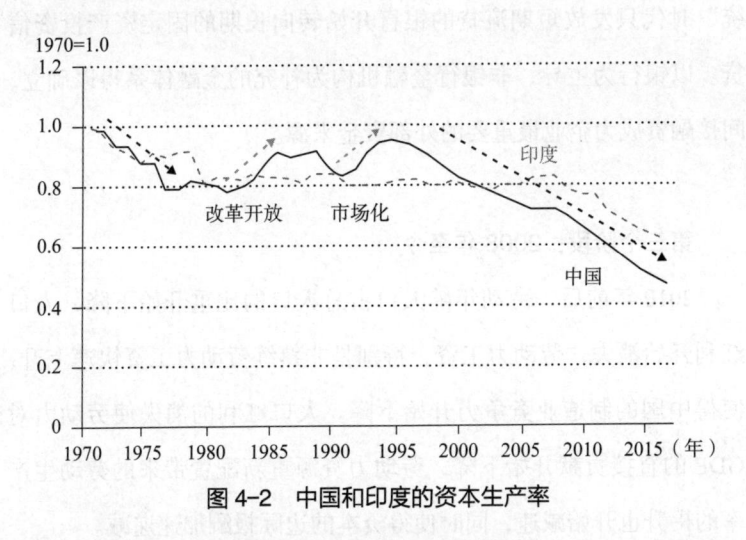

图 4-2　中国和印度的资本生产率

资料来源：Asian Productivity Organization，APO productivity Databook 2018。

劳动对经济的贡献，不仅体现在劳动对 GDP 增速的直接贡献上，还体现在劳动生产率的提升上。劳动与资本的匹配，还使得资本生产效率呈现上升趋势。这段时期内，TFP 对劳动生产率和经济增长的贡献也非常显著，改革开放初期（1980—1985）、社会主义市场经济改革初期（1990—1995）以及加入 WTO 之后（2000—2005 以及 2005—2010）都有显著提升。

1979 年，国务院批准"拨改贷"试点，即允许建设银行试点将财政用于基建的拨款转为通过贷款的形式发放。国务院决定，从 1981 年起，凡是实行独立核算、有还款能力的企业，经营中除尽量利用企业自有资金外，一律改为银行贷款。这使得在"大一统"时代只发放短期流贷的银行开始转向长期的固定资产投资信贷。以银行为主导、非银行金融机构为补充的金融体系得以确立，间接融资成为企业最重要的外部资金来源。

第三个阶段：2008 年至今

2010 年前后，劳动年龄人口占总人口的比重开始下降，人口红利开始消失，劳动力工资，特别是非熟练劳动力工资快速上升，使得中国的制造业竞争力开始下降。人口红利的消失使劳动力对 GDP 的直接贡献开始下降，劳动力资源重新配置带来的劳动生产率的提升也开始减速，同时使得资本的边际报酬加速递减。

2008 年的美国次贷危机和 2010 年的欧债危机终结了中国的全

球化红利，外需急剧收缩增加了中国经济硬着陆的风险。2016年特朗普当选，掀起了保护主义的浪潮，全球规则面临重构，中国很难获得高速增长的机会。

结果就是，自2006年开始，潜在GDP增速不断下行，实际GDP增速在2009—2010年的强刺激政策的支持下出现反弹，在2010年后向潜在GDP增速收敛。TFP是这段时期GDP增速和劳动生产率下行的主要原因。TFP增速从2005—2010年的4.2%下降到了2010—2016年的2%，降幅2.2个百分点，可以解释GDP增速下降的66.7%（2.2/3.3）和劳动生产率下降的64.7%（2.2/3.4）。

2008年美国次贷危机是需求侧冲击，却开启了中国GDP增速的下行周期，但本质上来说，问题还是出在供给侧。过去10年，稳增长一直在宏观政策目标中占据重要位置，从"4万亿"刺激计划①到PPP（政府和社会资本合作），再到房地产政策的调控，都没能扭转GDP增速下行的趋势。

中国GDP增速下行，最先表现为潜在GDP增速的下行，其出现的时间为2006年，在这之前的2004年第一次出现民工荒，后来变为常态。实际GDP增速在2010年达到10.6%的周期高点之后，便一路下行。也是在这一年，中国的劳动年龄人口占比达到最高峰，而后不断下降。

---

① 为应对美国次贷危机对经济的冲击，中国政府于2008年11月推出了扩大内需、促进经济平稳较快增长的十项措施。初步匡算，实施这些措施需投资4万亿元。

东亚发展模式的困境

从中国内陆的 GDP 增速来看，从建国到现在，中国尚未经历明显的 GDP 增速断裂带，但确实经历了从计划经济时期的高波动式增长向改革开放后的低波动式增长的转变。2008 年金融危机之后，政府推出"4万亿"刺激计划，防止经济硬着陆。这实际上也是在吸取东亚模式的经验教训，因为外部冲击是出现经济断裂带的一个触发因素，如亚洲金融危机对中国台湾和中国香港的影响。

虽然中国经济并没有出现明显的断裂带，但 2008 年金融危机之后，中国经济从高速度向中高速度转变的现实没有改变。改革开放 40 年的高速发展阶段，中国 TFP 的主要来源是劳动力在农村和城市以及农业和工业间的转移而获得的要素配置效率。随着人口红利逐渐消失，微观生产的效率对 TFP 的提升来说就显得更为重要，这取决于能否真正建立起"创造性破坏"的机制，也取决于资本市场能否更好地发挥资本配置的功能。

如果说过去 40 年 TFP 的提升主要源自劳动要素的优化配置，在人口红利不断消失的背景下，TFP 的提升将更加依赖资本的优化配置，这是金融供给侧改革[①]的核心逻辑，也是未来金融市场化改革的主线。

---

① 金融供给侧改革，包括减少金融行业"产能"的供给，比如部分高风险机构退出；优化金融行业供给结构，发展多层次资本市场，比如提高直接融资占比；缓解金融行业的供给与市场需求的结构性失衡，比如真正满足小微企业的需求。

后金融危机时代，银行在中国金融体系中仍占主导。新的变化是非银行金融机构的崛起，以及债券市场的发展壮大。2009年以后，"4万亿"对经济的刺激效果显著，经济过热造成了房地产价格高涨、地方融资平台债务高企等一系列问题。2010年起，银监会开始限制商业银行的信贷投向，但相关项目的融资需求仍在。信托、券商资管及基金子公司等非银金融机构依次通过承接这部分资金需求而发展壮大，"影子银行"逐步形成。

供给侧改革与社会生产水平提升

在2015年11月10日举行的中央财经领导小组第十一次会议上，习近平第一次提出"供给侧结构性改革"的概念。[①] 过去几年时间里，经过不断明确和深化，以及在不同时间点上对未来重点任务的强调，供给侧结构性改革的内容越来越丰富、越来越成体系，体现了理论指导与实践发展相结合的改革思路。至今为止，供给侧结构性改革已经覆盖了从目标到思路、从实体到金融、从总量到结构等各个方面的内容。

新时代中国经济的主要矛盾已经从原来的"人民日益增长的物质文化需要同落后的社会生产之间的矛盾"，转变为"人民日益

---

① www.xinhuanet.com/politics/2005-11/10/c_1117099915.htm.

增长的美好生活需要同不平衡不充分的发展之间的矛盾"。主要矛盾的转变，不仅需要转变发展思路，坚持"质量第一、效益优先"；还需要转换增长动能，从原来的注重要素投入转变为提升TFP，把提升微观主体活力和促进创新作为核心动能。

向高质量增长转变

在潜在经济增速下行的情况下，若还是一味地通过需求侧的管理保持经济快速发展，必将产生更为严重的不平衡。金融危机之后3轮宽松政策所暴露出来的系统性问题，如高杠杆、产能过剩、"影子银行"的膨胀、房地产泡沫等，已经使得政策层充分认识到当前中国经济所积蓄的风险。

经历40年的高速发展之后，中国经济总量稳居世界第二，人均GDP预计在2022年达到高收入国家水平。发展的速度已经不再是政策制定的出发点，能否在摆脱"中等收入陷阱"之后摆脱"高水平陷阱"，才是当前政策的关键。现在有三种模式：美国模式、拉美模式和日本模式。美国模式代表进入高收入国家行列之后继续发展，拉美模式代表进入高收入国家行列之后又倒退回中等收入国家，而日本模式代表进入高收入国家行列之后便进入准停滞状态。

供给侧结构性改革的目的，就是要绕开拉美模式和日本模式，在进入高收入国家行列之后保持发展态势。

供给侧改革的抓手

虽然中国经济是在 2010 年之后才进入下行区间的，但 2009 和 2010 年的经济增长与逆周期调控有关。而在此之后，增速下滑的原因，不仅在于资本生产效率的下降，还在于 TFP 和劳动力投入增速的下降。

TFP 由资源重新配置效率和微观生产效率两部分构成。前者源自生产要素从低生产率部门向高生产率部门的转移，后者则是"创造性破坏"。由于劳动力和资本这些有形投入均受到报酬递减的约束，若没有 TFP 的提升，经济增长的稳态将是人均产出的停滞。所以，TFP 的提升是劳动生产率提高和经济持续发展的唯一源泉。

经济增长理论都强调技术进步对于经济增长的重要性。它们的共同结论是：企业是经济增长的最终推动力，知识的积累和创新是经济增长的终极动力，其政策含义是需要政府制定各种政策支持研究与开发，提升 TFP，主要源于资本深化——资本生产效率、资源配置效率和微观主体效率这三个部分。

资本生产效率的下滑与劳动密切相关，过去因为双重人口红利（农村剩余劳动力的转移和劳动年龄人口占比的增加）的存在，资本生产效率的下滑得以缓解。TFP 的下滑也与人口因素有关，因为劳动力的有效配置是提升 TFP 的一个渠道。2010 年，中国劳动年龄人口占比达到顶峰，虽然户籍制度改革将进一步提升配置效率，但总人口结构的老龄化是不可逆的，资本生产效率或将维持下滑趋势，提升潜在经济增长将更多地依靠TFP的提升，这又将取决于微观主体的活力和创新。

人口流动与产业升级

资源配置效率的一个表现就是人口流动和产业升级。改革开放以来，特别是社会主义市场经济改革以来，市场在资源配置中的作用越来越重要。伴随着制度性壁垒的消除，劳动力不断从农业向制造业和服务业转移，这是过去40年中国TFP提升的重要途径。资源配置效率不仅体现在不同产业之间，还体现在产业内部不同行业之间，关键问题是配置的方式。

计划经济时期，资源配置的方式是政府指令，在一个缺乏价格机制和竞争机制的环境中，"创造性破坏"的机制也不存在。十八届三中全会确立了市场在资源配置中起决定性作用，以及当前的金融供给侧改革，都将为中国TFP的提升打开空间。

微观生产效率是提升TFP的另一个渠道，它与微观主体的激励机制、管理方法和技术创新密切相关。一言蔽之，由创意和创新所产生的TFP的提升，都可算在微观生产效率的部分，其中最重要的是技术进步。就像劳动力供给可抑制资本边际报酬递减一样，技术进步也可抑制资本与劳动边际效率的下降，从而为经济的持续增长带来新的动力，这已经成为经济发展理论中的共识。

改革开放 40 多年来，依托人口红利和资本有机构成的提高，中国摆脱了贫困，进入中上等收入国家的行列，下一阶段的目标是在 2022 年左右步入高收入国家之列。在这之后，还要实现人均收入的不断提升，缩小与发达国家的差距。2008 年金融危机之后，中国也面临着 TFP 由正转负的问题。世界银行估算，TFP 对中国劳动生产率的贡献从 1978—1994 年的 46.9% 下降到了 2005—2009 年的 31.8%，并进一步下降到 2010—2015 年的 28%。经验证据显示，能否维持 TFP 和劳动生产率的提升，是一个国家能否顺利摆脱"中等收入陷阱"的一个主要因素。

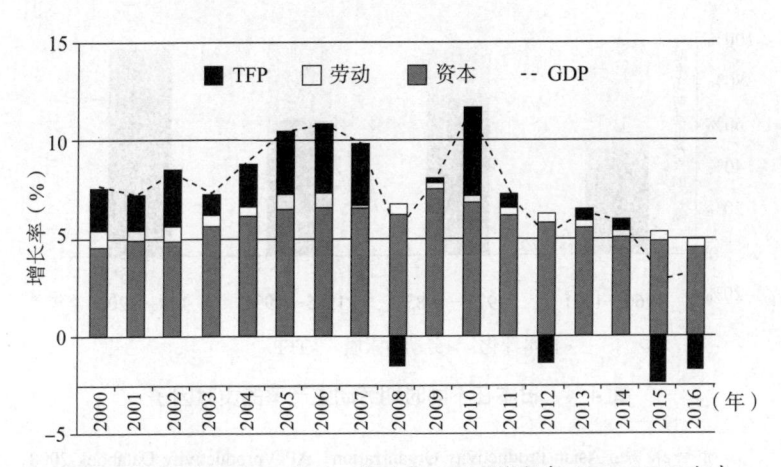

图 4-3 中国的 TFP、劳动、资本与 GDP 增速（2000—2016 年）

资料来源：The Conference Board Total Economy Database, May 2017。

高质量发展的内涵

高质量发展，要求创新成为第一驱动力。从日本的经验来看，日本所失去的 20 年，实质上失去的是创新和伟大的企业。至今为止，活跃在国际舞台上的日资企业，仍然是 1950—1990 年发展起来的汽车和数码产品企业，在传统互联网、新一代移动互联网和 5G 等高新技术领域，尚未出现有竞争力的日本企业。从康奈尔大学发布的全球创新指数报告[①]中可以看出，日本的排位不断下降，到 2018 年跌到了第 13 位，在创新产出次级指数的排名中更是排在了第 18 位。

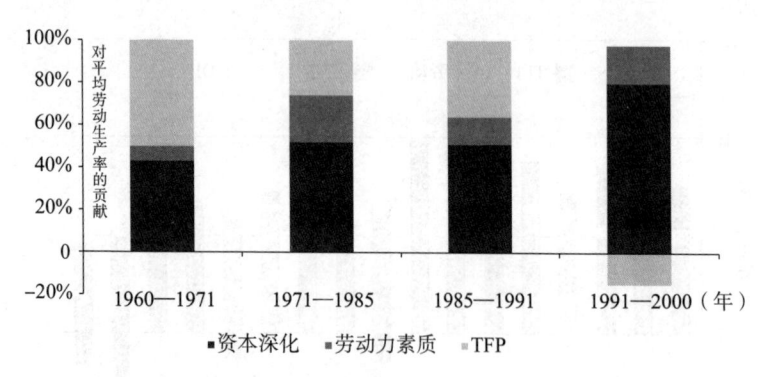

图 4-4　日本在不同时期劳动生产率的贡献因子

资料来源：Asian Productivity Organization，APO productivity Databook 2008；蔡昉（2014）。

---

① Cornell University, INSEAD, WIPO, 2018. Global Innovation Index 2018: Energizing the World with Innovation. https://www.wipo.int/publications/en/details.jsp?id=4330.

实现高质量发展，关键是提升经济效率，这就要求市场在资源配置中真正起到决定性作用，这样才能使得各类要素资源的产出效率得以提升，用较少的投入形成更多有效产出。过去10年，中国的发展得益于改革开放所释放出来的双重人口红利、市场化的红利和全球化的红利。但是，一方面，人口红利渐行渐远；另一方面，全球经济格局正在重构，中国很难再像加入WTO初期那样享受非对称性待遇。而市场化改革的红利主要取决于国内政策的意愿和决心。虽然全球化面临挑战，但全球化并不可逆，在新的规则体系里，中国依然能够通过制度改革，进一步扩大开放，优化产业链，分享全球化4.0的红利。

可见，高质量发展的着眼点都在供给侧。高质量发展需要创新，而创新一定源自供给侧结构性改革，其中一部分内容就是金融供给侧改革，因为金融与创新密切相关，有效的资本市场不仅有助于提升资源配置效率，还有助于促进企业的创新，从而提高微观主体的生产效率，这对于稳增长和高质量发展至关重要。

从人口红利到资本红利

据估计，中国将在2022年正式进入老龄化社会，劳动力成本明显提升，制造业在全球的竞争力下降。这是中国潜在增速下行的一个根本性原因，而且这个因素很难逆转，要么减缓，要么利用其他要素对冲。成功的资本市场改革将有助于对冲人口老龄化的负面影响，中国改革的下一站需要从人口红利转向资本红利，发挥多层次资本市场的功能。

美国之所以一直以创新见长，不只是因为有硅谷，还因为有华尔街（为硅谷企业提供用于创新的资金）。华尔街也不只是纽交所和纳斯达克，还有实力雄厚的天使投资、VC（风险投资）和PE（私募股权投资）等。

"硅谷+华尔街"模式是美国得以引领全球科技创新的重要原因。中国的金融供给侧改革的一项核心任务就是服务于创新驱动发展战略，推动资本与创新的结合，实现经济增长从高速度向高质量的跨越。

未来的企业是什么样的

存量经济时代背景下，产业扩张将不再局限于劳动力或资本增长，而是更多地通过用户、数据、市场空间、组织形式、创新等要素驱动技术进步。这种情况下，制度创新和技术创新成为产业发展新的动力，传统产业与新兴产业加速融合，组织文化、技术壁垒成为新企业逆袭传统企业的抓手。

"大而强"的行业龙头崛起，部分过去"小而精"的优势企业会通过持续提升业务份额变大、变强。随着传统行业增速放缓，行业内优势企业通过规模优势、成本优势持续获得竞争优势，小企业被大企业收购或退出市场。行业竞争格局基本稳定后，龙头企业的竞争优势更加明显，业绩利润和市场份额的提高幅度领先于行业平均水平。很多行业都将产生若干家市值规模大、赢利能力超过行业平均水平的企业。

走向超级企业：寻求融资与企业发展的匹配

企业的发展有其特定的生命周期，在不同的发展阶段，融资需求及融资模式也有所差异。

初创期：为创新融资

初创期也称为萌芽期或导入期，该阶段为产品寿命周期的第一阶段，是产品从研制开发到初步投放市场的时期。企业所从事的项目具有技术创新、产品创新、服务创新或市场创新的特点，由于多为新生事物，大多市场前景不够明朗，盈利不确定性较高。由于此时企业还处于孕育阶段，总体融资需求不大，主要是企业开办费、可行性研究费、一定规模的技术研发费用，以及后期的市场推广费用等。

对于多数企业来说，由于尚未获利，因此现金流呈现持续净流出状态，加之创新产品和理念仍处于起步阶段，产品开发风险较大,企业发展不确定性较高。受信用风险所限,银行参与意愿不强,企业获取债权融资较难,主要通过股权融资吸引资金,特别是引入 VC 等。

成长期:为扩张融资

该阶段产品或服务开始被市场接受,前景相对明朗化,企业在生产、销售、服务等方面均有了把握,设计和制造已经定型,具备了批量生产的能力。但销售渠道尚不完善,企业的品牌形象也需进一步巩固,因此,企业此时的任务是扩大生产规模、提高市场占有率、尽快巩固行业地位,组建营销团队、加快产品推广、塑造品牌形象,另外也需继续加大研发投入,保证产品的迭代。这一阶段,企业融资需求开始大幅上升,主要用于产能扩张、市场营销以及研发投入。

这一阶段,企业销售额与净利润开始增长,因市场规模与发展前景逐步明朗化,投资风险逐步降低,加上企业具备了可抵押资产,银行融资意愿有所提升,间接融资增加。同时因其高成长性也继续获得权益资本的青睐,PE、公募等资金参与意愿也开始增强。该阶段融资主要是股权叠加债权。

成熟期:为轻资产高效率运营融资

企业成熟期,产品的质量和市场销路趋于稳定,这一时期的特点是市场增长降至低位，技术上已经成熟，行业特点、竞争格局、用户特点逐渐清晰和稳定，全行业的盈利能力下降，行业进入壁垒升高。随着进入成熟后期，市场竞争开始加剧，企业竞争手段将从价格战进一步丰富至质量、性能、服务等多个维度，以提升市占率为目标的兼并收购开始提速。经过激烈的拼杀以及兼并收购后，幸存的少数大厂将垄断整个行业。由于该阶段企业多依靠外延式并购进行产能扩张，直接投资规模下降，因此融资需求主要在于补充流动资金、兼并重组等。

这一阶段，企业盈利稳定且可提供具有充足价值保障的抵押品，银行态度较为积极，因此企业可获得价格、条款上优惠的信贷机会，债权融资成为该阶段的主要融资方式。

衰退期：为转型融资

衰退期是产业生命周期的最后一个阶段。这一阶段，随着新产品和替代品出现或者消费需求的升级，原产业需求开始减少，产品品种及竞争者开始逐步退出，产业转向萧条。此时，企业多会选择退出原有产业，转型新领域，进行二次创业。融资需求主要在于转型的资本开支，如在新领域自建产能或兼并收购等。

这一阶段，企业一般缺乏融资需求。此时很多企业会进行分红、权益回购，净融资现金流有可能是负的。但也有很多企业因为较强的行业地位、较富裕的现金持有，成为部分对冲基金猎食的对象，从海外成熟市场经验看，成立并购基金是这一阶段特殊的融资形式。

经过近40年的中高速发展，中国的产业结构基本走过了一轮较完整的生命周期。随着宏观环境的变迁，各行业所处生命周期也重新被定义。以5G应用及通信、环保、动力电池、医疗和信息服务、光伏、风电等为代表的新兴行业开始崛起，并成为高质量发展的新引擎。汽车、家电、食品饮料、交通运输等传统行业日渐成熟，集中度趋于提升，成为经济增速换挡期经济增长的中坚力量。原来旧经济时代的增长引擎——周期类产业（如钢铁、煤炭、建材等）则渐近饱和，进入存量优化阶段。地炼、化纤、火电等代表旧模式、落后产能的产业开始市场化出清。

回顾中国经济的高增速增长时期，以商业银行为主的间接融资占主导，天然偏好重资产行业。处于成长期的轻资产行业（如教育培训、医疗服务等）因融资渠道缺乏，多为本地经营，行业集中度低，品牌多而分散。部分技术工艺成熟的重资产行业，因过度融资造成杠杆高企和产能超前投资，而产品同质化又导致价格竞争和利润空间大幅收缩，最终导致整个行业加速步入饱和期甚至过剩期。

企业的发展有其特定的生命周期，在不同的发展阶段，相应的融资方式也不一样。一般而言，商业银行的间接融资适用于成熟期和饱和期，即已经实现盈利、相对比较成功和风险比较低的企业。而成长期和过剩期的企业，创业或转型不成功的概率较高，风险也较高，故需要 VC、私募投资等权益资金的支持。

建设多层次的资本市场，尤其是发展股权直融，是完成供给侧改革去产能、实现经济增长引擎转换的良好助力。一方面，处于过剩期的行业的多数企业面临转型压力，探索新的业绩增长点甚至进入新领域存在较大的风险，相关项目的启动资金很难通过银行渠道获取，而引入股权投资能更为有效地解决这一困境。另一方面，处于成长期的行业未来可能是经济增长的引擎，但目前大多数可能仍处于探索并形成自身商业模式的阶段，暂未实现盈利，银行资金基本不会介入这些项目，而股权投资能在承担前期经营风险的条件下，分享未来可能实现的丰厚回报。

建设多层次资本市场的战略意义

中国经济总量已经连续 7 年处于世界第二的位置，人均 GDP 达 8 582.94 美元，预计将在 2022 年前后达到世界银行界定的高收入国家水平。所以，结构性矛盾已成为中国经济发展矛盾的主要方面。实体经济的结构转型，需要金融市场结构的转型相匹配。世界银行通过比较 150 个国家的金融结构与实体经济发展动态的关系后发现，随着一个国家收入的提高，相对于银行，资本市场会变得更活跃，效率也更高。但从中国社会的融资结构来看，以银行为主的间接融资占比仍高达七成以上，直接融资占比虽有提高，但与英美等发达国家相比，仍有一段距离。G20国家中，直接融资比重大多集中在65%~75%，美国更是超过了80%。

对此，小肥羊原总裁卢文兵在2012年12月的一次演讲中曾分析道：

资本融资有这么几个方面的好处。

第一，扩大企业的资本金。很多的民营企业核心的问题是资本金太小了，老板投的那点钱根本不解决问题。资本金进来以后企业的风险就降低了，还可以从银行贷款。

第二，引智。不同的股东进来了以后信息量很大，可以有股东、董事和引进很多的管理团队，加上整个法人治理结构，团队的水平会大幅度地提高。所以外脑的进来对企业的帮助非常大。

第三，引志向。当企业引了资金和智力以后，企业的志向就大了。温总理说过我们小肥羊小餐饮大志向。但一旦很多的股东进来，老板的压力就很大。他自己百分之百持股的时候想发展多少就多少，外面的股东进来以后会有要求，怎么挣的年底要看报表的，这样老板压力很大。所以很多的企业都要做规划，订目标、订预算，做3—5年的规划，订出自己未来3—5年的经营目标，之后再做明年的预算，这样一来，老板每年可以按照自己的数字来发展。企业通过这种方式保持了自己的成长性，改变了很多老板的惰性，企业的行业地位和成长性发生了根本性改变。

过去这些年，中国不断深化资本市场改革，丰富资本市场的层次，至今已基本建成多层次的资本市场。其中，股票市场包括以沪深股市为核心的主板市场、以创业板为主要内容的二板市场、以中小企业股份转让系统为核心的三板市场和区域股权市场；债券市场形成了银行间和交易所债市联动发展的模式；除此之外，理财、信托、基金以及互联网金融等融资模式在近几年也获得了迅速发展。中国资本市场多层次结构已经形成，但其对实体经济融资的功能尚未完全发挥出来，除了资本市场相应的配套制度建设还有待完善，另一个原因是规模没有做大，规模效应难以释放。总量问题不解决，结构再优化，对实体经济的效应也是微弱的。

供给侧结构性改革自2015年被提出以来，一直是指导中国经济改革和结构优化升级的指南，"去产能、去库存、去杠杆、降成本、补短板"这五大任务成为政策制定的重要抓手。过去几年，钢铁、煤炭等领域的去产能和房地产领域的去库存都有显著成效，去杠杆、降成本和补短板这三项工作也有序推进。这几项工作与资本市场的发展紧密相连。

去杠杆

2008年全球金融危机后很长一段时间内,出口增长乏力,地方政府以及国企的投资成为拉动GDP增长的重要力量,但也因此积累了较多的债务。以地方政府和国企为主导的投资驱动型增长模式,和以国有商业银行为主体的准寡头银行结构,共同成就了中国的高杠杆和杠杆的结构性特征。2015—2016年实体企业供给侧改革、去杠杆,2017年金融机构严监管,经过三年的持续推进,中国宏观杠杆率偏高的情况得到一定程度的缓解。

2020年,面对疫情冲击,国内实行了货币、财政超常规宽松对冲,在积极逆周期政策的支撑下,国内经济迅速恢复,中国预计将成为2020年全球唯一经济实现正增长的经济体。但随之而来的是宏观经济体杠杆水平的全面抬升。截至2020年三季度末,实体经济杠杆率达到270.10%,较2019年年末提升24.70个百分点。居民、非金融企业、政府部门杠杆率全线抬升,涨幅分别为5.60、12.70、6.40个百分点,达到61.40%、164.00%、44.70%。

针对内生增长动能逐渐恢复以及重新抬头的宏观杠杆率,稳增长也开始逐步让位于防风险。2020年11月26日,中国人民银行发布三季度货币政策报告,其中重提稳杠杆,货币政策随之转向稳健中性。中国当前整体杠杆水平偏高,按照2020年年中数据,中国企业部门杠杆率水平(162.50%)明显高于发达经济体(98.80%)和新兴市场(108.80%),是稳杠杆的重点领域;居民部门杠杆率水平（59.10%）低于发达经济体（75.30%）16.20个百分点；政府部门杠杆率水平（58.70%）低于发达经济体（114.60%）55.90个百分点，绝对、相对水平均有一定的提升空间。

杠杆率的快速上升导致中国金融资产的风险向银行集中，向债务融资集中。根据易纲《再论中国金融资产结构及政策含义》，上述现象之所以出现，主要有两方面原因。

一是直接融资尤其是股票融资增长缓慢。间接融资和债务融资为主的融资结构导致银行贷款在各项融资中的占比明显提升。风险向金融机构尤其是银行集中，扭曲了风险定价，影响金融资源配置效率，导致金融资产总量过快膨胀和部分资产质量下降，放大金融风险。

二是宏观经济运行对金融机构产生了影响。2008年全球金融危机爆发后，在对冲经济下行压力、扩大内需的过程中，银行债务融资快速增长，除了贷款增长较快外，银行还通过同业、股权及其他投资等派生货币，为部分表外和"影子银行"业务融资。债务融资显著上升加上名义GDP增速下降，导致宏观杠杆率大幅上升。

债务风险在银行和企业部门累积，容易形成自我强化机制，债务率一旦超过阈值，可能对经济长期增长造成负面影响，降低增长速度。若直接通过削减债务规模降杠杆，企业投资活动将会被限制。发展好直接融资尤其是股权融资，加快推进证券发行注册制改革，提高资本市场透明度，发展多层次股权市场，支持PE发展，鼓励创新发展，减少对银行债权融资的过度依赖，才能在稳住杠杆率的同时，实现金融对实体经济支持力度不减的目标。

提高直接融资比重，发展多层次的资本市场，还有助于降低融资成本。银行一般通过发行理财产品等表外渠道获取资金，并将这部分资金通过银信合作、设立非银子公司等方式投资于金融产品或者是发放贷款，以绕开监管对存贷款的相关要求。由于银行理财收益率高于存款利率，这就从源头上提高了实体经济的融资成本。即便非银行金融机构承接的商业银行表外资金流向了实体经济，但由于其资金链较长，层层加价下实体经济的融资成本继续提升。

补短板

目前，中国已经成为全球三大产业中心之一。截至2015年，中国在全球制造业增加值所占比重扩大至24.5%，相比1995年增加超过20个百分点。总量上，中国制造业规模已于2010年超过美国成为全球之最，产业链长度、广度均为全球首位，是全世界唯一拥有联合国产业分类中全部工业门类的国家。但从结构上看，中国的生产优势还集中在产业链低附加值环节，如纺织品、服装、皮革及相关产品，纸制品与印刷等劳动密集型产品。芯片、硬件、高端装备、核心零部件等高附加值产品仍依赖于进口。根据中国工程院发布的《2010中国制造强国发展指数报告》,中国制造业产业链60%左右安全可控,有8类产业对外依赖度极高,占比30.8%,包括集成电路产业(光刻机)、通信装备产业(芯片)、轨道交通装备产业(轴承和运行控制系统)、电力装备产业(燃气轮机热部件)、飞机汽车等产业。具体来看,中国工程院针对26类有代表性的制造业产业进行的国际比较分析显示,中国与世界差距较大的产业有10类,分别是飞机、航空机载设备及系统、高档数控机床与基础制造装备、机器人、高技术船舶与海洋工程装备、节能汽车、高性能医疗器械、新材料、生物医药、食品;中国与世界差距巨大的产业有5类,分别是集成电路及专用设备、操作系统与工业软件、智能制造核心信息设备、航空发动机、农业装备。随着全球贸易摩擦加剧,中国产业链核心关键技术受制于人的"卡脖子"短板开始暴露。

针对疫情之后日益复杂的国内外政治经济形势,党中央提出要加快形成国内大循环为主体、国内国际双循环相互促进的发展格局,要紧紧抓住供给侧结构性改革这条主线,注重需求侧管理,打通堵点,补齐短板,贯通生产、分配、流通、消费各环节,形成需求牵引供给、供给创造需求的更高水平动态平衡。

新发展格局的主线逻辑下,以下三大领域的产业将充分受益:政府鼓励和政策扶持的战略性新兴产业,承担"补短板"职能;符合消费升级趋势的产业;基础设施的供给创新。

中国明确要在2030年实现碳达峰，2060年实现碳中和。清华大学能源、环境与经济研究所的研究显示，中国将在2030年达到约102亿吨的碳排放量顶峰，在2060年将降至2亿吨左右。为完成这一目标，从2019年起，中国的非化石燃料在能源总供给中的占比将从15%升至84%。在这一战略目标的引导下，新能源汽车、光伏、风电等新能源产业将成为政策着重支持的领域，行业需求有望加速扩张。

"发展服务消费"是需求侧改革的重要作用之一，未来服务产业预计会有较大发展空间。当前情况下，在服务产业中，发展较为迅速和突出的是在线教育和在线娱乐。在线教育市场规模从2013年的25亿元增长到2020年的约225亿元，实现了约9倍跨越，2022年有望超过275亿元。

疫情带来的影响使得线上教育成为被广泛接受的教育模式。依托于互联网发展，在线教育很好地弥补了低线城市教育资源的匮乏，实现了供给端的创新与提升。在5G技术普及之后，在线教育的形式与覆盖程度、渗透率都会有较大的提升，整个产业将迎来更快发展。

疫情期间，居家时间延长导致居民娱乐需求提升，短视频成为抢占用户时间的"时间黑洞"。根据极光大数据，截至2020年9月末，在移动网民人均App（应用程序）每日使用时长中，短视频占比提高至26.6%，成为第一大行业。人均每日使用时长超过

1小时，较2019年同期增长近0.5小时。随着产业政策引导规范化、行业活跃规模趋稳、内容生态逐步成熟，短视频行业进入成熟发展阶段。从流量价值到用户价值的转变将构建短视频产业的第二曲线，消费、供给、内容、平台均有望出现新的变化。随着5G、AI（人工智能）、AR（增强现实）/VR（虚拟现实）、IoT（物联网）等技术的发展及普及，短视频将以新的形态渗透进更多领域。

线上化提速催生了巨量数据处理需求，云服务巨头纷纷响应，加快推进云计算业务。疫情对企业运营能力提出了更高挑战，为应对线下活动受阻困境，企业纷纷转为线上，对协同办公、CRM（客户关系管理）、数字化采购等领域的云产品需求显著增加。新基建推动了云、AI、大数据、物联网技术与工业、金融等行业的融合。泛政府行业持续投资拉动了云服务在智慧政务、智慧医疗、智慧交通等领域的应用。面对客户的多样化需求，云服务供应商推出了公有云、本地云、托管云、边缘云等多种模式，以更丰富的服务组合拓展更多政府、金融、工业、医疗、交通、能源等客户，云计算迎来爆发式增长。IT市场研究公司Synergy Research Group的数据显示，2020年第三季度，全球范围内，企业在云基础设施服务支出接近330亿美元，同比增长33%。

"双循环战略"的落地需要完善的资本市场为其"保驾护航"。资本市场会引导经济资源向具有竞争力的企业集聚，创新型企业可充分借助资本市场摆脱成长初期的资金困境，顺利实现新商业模式的价值兑现。尤其是科技企业，培育期长且投入高，未上市前融资渠道有限，高风险属性需要高风险偏好股权融资进行对接。美国华尔街多层次的资本市场为硅谷的创新提供了充裕的资金支持，是美国科技和创新实力能够持续全球领先的重要保障。许多科技巨头也是借助了美国资本市场的力量才得以崛起，如亚马逊、特斯拉、微软等。这些企业通过上市打通融资通道，能够根据自身需求自由选择股权或债权融资，实现以最低的资金成本、最优的方式融资，在把握行业发展趋势、实现自身扩张的同时，避免了科技企业容易出现的资金链断裂的隐患。

相比之下，以间接融资为主的金融体系导致日本在科技创新领域日渐没落。受此影响，目前活跃在国际舞台上的日资企业，仍然是1950—1990年发展起来的汽车和数码产品产业，如丰田汽车、索尼、本田汽车。在传统互联网、新一代移动互联网、5G等高新技术领域，日本均未出现有竞争力的企业，这类企业目前主要分布在美国、德国、韩国，如美国的苹果、微软、谷歌等，还有德国的思爱普、韩国的三星电子等。

综上所述，提升直接融资占比，发展多层次的资本市场，对于深入推进供给侧结构性改革，发挥金融服务实体经济的职能，实施创新发展战略有着显著的积极意义。需要指出的是，资本市场要想发挥上述积极意义，金融监管体系、法律法规、信用体系等各项金融基础设施建设都需要加以配套和完善。只有这样，资本市场才能在保证宏观流动性水平稳定的前提下，充分发挥好资源配置的功能，盘活存量资金、扩大资金融通规模，发挥风险分担、收益共享的优势，有针对性地扶持创新创业企业和小微企业的发展以及传统企业的技术研发和升级，实现经济发展动能的转换，为全面建成小康社会和社会主义现代化强国增添动力。

资本市场与创新

科创板和注册制的使命

创新项目和企业具有周期长、风险高等特点，这需要特定的投资者类型与之相匹配。以银行为代表的间接融资天生具有风险规避的属性，受抵押物的约束，很难支持企业的创新，故发展多层次的资本市场对于创新的意义不可小觑。从中外科技巨头和独角兽企业的融资来看，实力雄厚的外资 VC 基金或 PE 基金等往往表现非常抢眼，如投资苹果、思科、甲骨文、谷歌、阿里巴巴、爱彼迎、京东的红杉资本，投资阿里巴巴的软银等，这是中国资本市场发展的短板。

考虑到新一代创新型企业的特性，如前期投资大、回报周期更长等，为更好地服务于创新型企业，习近平于首届中国国际进口博览会的开幕式上宣布在上交所设立科创板，并试点注册制。[①]

[①] www.chinanews.com/gn/2018/11-05/8668401.html.

上交所早已正式发布科创板的制度细则，至今仍有各方关注和解读。

科创板被寄予厚望。一方面在于其在制度上有所创新，如市场化的定价机制、上市审核中的注册制，以及发行环节的战略配售等，它被认为是以增量改革推动存量改革的"试验田"，是撬动中国资本市场改革的杠杆。另一方面，从功能性上来讲，焦点仍然是为新兴和高科技产业的融资。为了更好地发挥资本市场的融资功能，以匹配创新型企业的生命周期，申请上市的条件中并未包含营利性要求。

从已公布的规则来看，科创板的主要功能还是定位于企业融资，主要目的是为优质的科创企业创造好的融资环境，同时为投资者选择好的企业。上科创板，可以缓解企业的资本约束，但上市之后，企业能否安安心心搞研发，如何更好地激励企业搞研发，这也与科创板的制度设计有关。所以，科创板不应只局限于发挥融资功能，还应该在制度设计上考虑如何促进上市企业的创新，为企业安心搞研发创造一个好的环境。

鼓励长期投资

一个以散户为主，从而有着高换手率、高流动性等特性的市场是不利于企业创新的。心理学研究表明，人往往会过度自信，这反映在证券市场上即为过度交易。换言之，相对于个人投资者更为理性的机构投资者，平均来看过度交易程度较低。过度交易的直接表现就是高换手率，学者们普遍将这一指标作为流动性的表征。以上交所的数据为例，截至2019年2月，上交所投资者账户总数为30 130万户，其中个人股票账户数占比72%。从持有市值结构来看，截至2017年年底，个人投资者占比已经降至21%，但个人投资者仍然是交易的主力军，2017年交易占比为82%，2007—2017年均维持在80%以上。所以，A股的高换手率，即高流动性，很大程度上是散户造成的。

二级市场的高流动性，意味着投资者可能没有太多时间和精力去深度了解投资标的，更注重公司如何通过短期业绩迎合市场。一方面，管理层有市值管理的诉求（股权激励、股票质押融资等），为了迎合投资者的偏好会采取重视短期业绩而削减支出（尤其是研发支出）的决策。另一方面，二级市场的高流动性为"野蛮人"进入创造了有利条件，管理层出于职业生涯考虑，也会选择重视公司的短期业绩而削减支出（尤其是研发支出）。因此，较短的投资期限不利于企业长期的价值创造。

未来政策层需要考虑的问题，一方面是如何在制度设计上下功夫，筛选出现有的长期投资者；另一方面，还需进行金融供给侧改革，培育新的长期投资者。

促进有效激励

人力资本对于技术创新的重要性，再怎么强调也不为过。所谓科学技术是第一生产力，几乎可以等价地说人才是第一生产力。

经济和金融学关于人力资本与创新的研究，可谓数不胜数，大多数研究都肯定了人力资本对于创新的正面作用。那么，如何正确地激励员工投入高风险、长周期的创新活动，便成为企业关注的重要话题。

现代企业常用的一个方法，就是股权激励，比如腾讯、小米、京东等创新型企业都实施了股权激励计划。相对于薪酬激励而言，股权激励更有助于将研发人员的付出与企业的长期回报绑定在一起，还有助于给员工带来归属感。但是，现有的研究发现，股权激励计划对创新的影响，并不一定都是正向的。

股权激励对创新的正向影响的逻辑在于，它符合最有效的创新合约的结构：短期对失败的容忍，加上长期对成功的回报，特别是股票期权。相反，股权激励对于创新的负面影响的原因在于，创新是高风险行为，对于风险规避型人才，股权激励计划反而可能将他们排除在外，从而使得公司绩效无法与股权激励有效挂钩。而对于公司领导层来说，由于担心创新失败，再迫于资本市场的短期压力，很容易做出不利于企业长期创新能力增长的决策。

2019年1月30日，上交所发布《科创板上市公司持续监管办法（试行）》，对科创板上市公司的股权激励制度做出了明确规定。

相比于A股上市公司，有诸多创新，主要表现为：第一，扩大了可以成为激励对象的人员范围，放开了对持股5%以上的大股东的亲人及家属的激励。第二，放宽限制性股票的价格限制，对A股上市公司的规定是不得低于股票票面金额，且原则上不得低于市场参考价50%；而科创板上市公司可以自主决定授予价格，只要满足交易所的相关规定，且说明了定价依据，就可以以低于市场参考价50%的价格转让。第三，提高了股权激励计划标的股票的份额，从A股上市公司的10%以内提高到了20%以内。第四，在股份登记上，便利性也大大提高。上述所有关于股权激励的创新，都为科创公司利用股权激励计划引进人才打开了方便之门。

但是，考虑到股权激励的负面影响，企业在制定股权激励计划时，也要考虑科技人才的风险偏好，使得股权与薪酬在结构上更具弹性。

总体来看，资本市场对于企业的作用，远不止缓解企业外部融资依赖这么简单。政策层在设计直接融资市场制度时，需要关注创新的维度。资本市场如何更好地支持创新，这将是一个值得持续关注的课题。

第五章
超级资管形成：改革红利开启

中国正在经历一场改革驱动下的转型。可以用三个数字来概括过去10年中国的发展模式和发展速度，这三个数字分别是15、8、6。其中15是M2（广义货币供应量）的增速15%，8是GDP的平均增速8%，而6是信贷的利率6%。未来10年，中国新的增长模式可以概括为新的三个数字——7、5、3。为匹配经济增长的速度M2的增速逐渐降至7%，GDP增速中枢回归到5%，同时企业融资利率持续下降到3%。

转型提供了巨大的空间，这在大类资产配置上体现为降利率、增业绩和扩估值三方面。这三个变动特别有利于资本市场的发展。

转型的方向

突破东亚模式

某种意义上来说，中国是幸运的，因为有日本的经验和教训可供参考。中国模式，本质上是东亚模式。中国的工业化之路，是日本在二战后开创的东亚模式的又一案例。中日两国在人口红利、工业化战略、出口导向、投资驱动、产业政策、汇率低估、资本管制和金融抑制的政策组合上有诸多交集。2008年金融危机之后的中国，与20世纪七八十年代的日本有诸多相似之处：人口老龄化、信用膨胀、房地产泡沫、经济增速动能不足和动能转换、后工业化、城市化减速、汇率升值、国际收支盈余下降……今日中国的政策逻辑，一定程度上是在绕开"日本的石头"过河。日本的路是错的，但问题是不知道哪条路是对的；未来之路需要自己寻找。

一个现实的问题是，中国经济增速下行，到底是需求侧的问题，还是供给侧的问题？周期上来看是需求侧，趋势上来看是供给侧，表现为潜在经济增速，即自然增长率的下行。表面上看，中国经济增速下行的直接原因是2008年金融危机，所以是需求侧的冲击。但在此之前，中国潜在经济增速已经下降，这是因为传统的经济增长模式已经遇到了瓶颈。

一方面，2005年以来，中国农村转移劳动力供应不足，非熟练劳动力工资开始上升，不断侵蚀中国制造业的全球竞争力。另一方面，2011年前后，中国开始进入老龄化社会，老龄人口占比超过10%且不断上升，劳动年龄人口占比开始出现下降，新出生人口不断创新低。这意味着人口红利渐行渐远。经济增长内在地要求要素之间的匹配，在技术不变的情况下，劳动供给不足，自然会带来资本产出效率的下降。而且，在投资驱动工业化发展战略的指引下，加上金融配置资源的低效，出现了严重的产能过剩的情况。劳动要素出现短缺，资本要素边际报酬下降，这就是供给侧结构性改革所要面对和解决的问题，转变经济增长动能是中国转型的方向。党的十九大报告明确指出，中国经济转型的一个维度就是经济增长动能的转型，即由过去依靠要素投入转变为依靠TFP的提升。

资本市场助力高质量发展

过去40年，中国TFP的提升主要源自劳动要素的优化配置，未来，在人口红利不断消失的背景下，TFP的提升将更加依赖资本的优化配置，这是金融供给侧改革的核心逻辑，也是未来金融市场化改革的主线。资源配置效率和微观主体效率这两者都与金融市场能否发挥资源配置的功能有关。目前中国的金融结构仍然是银行间接融资占主导，如何发挥利率的信号作用仍然是金融供给侧改革的重点。但是，间接融资结构天然地与科技创新很难融合，特别是在以互联网为代表的轻资产领域。银行贷款的一个基本条件就是抵押品，抵押品价值越高，融资额越大；价值越稳定，融资比例越高。而创新有时候只是一个点子。所以，银行信贷大多处于企业生命周期的末端，在此之前，需要多层次的资本市场。所谓多层次的资本市场，就是构建与企业生命周期不同阶段相匹配的资本市场，从天使投资到VC再到PE，以及IPO（首次公开募股)、增发和并购重组等。美国科技创新实力的强大,不只是因为硅谷,还因为华尔街以及硅谷的VC。中国要想转变经济增长动能,在第四次科技革命中获取有利地位,将不得不更多的依赖资本市场,充分发挥市场的决定性作用。

中国的转型,本质上也是东亚模式的转型,是贸易国家的转型。二战后,贸易全球化迅速发展,根据比较优势和市场优势,制造业在全球范围内分工。布雷顿森林体系瓦解后,浮动汇率制度成为主流,各国为保证国内货币政策独立性,逐步开放资本账户,从而开始了金融全球化的进程。在制造业内部分工的基础上,又形成了制造业与金融业行业的分工。全球失衡不只是经常账户的失衡,也是资本账户的失衡。以东亚为代表的新兴市场经济体长期保持着贸易顺差和对外的资本输出,而美国凭借其金融霸权长期保持着贸易逆差和资本与金融账户的顺差。看似互补的全球化模式在金融危机之后面临调整,而调整的成本,却在很大程度上由发展中国家承担。特朗普当选之后,掀起了全球性贸易战,还利用其金融霸权对他国进行制裁。全球经济金融格局如何调整,中国如何应对,是迫切需要回答的问题。

贸易国家受限于要素边际报酬递减规律、地缘政治和实体经济容量,扩张过程面临瓶颈;而金融国家的发展,因为离岸市场的存在,再加上面临的国界限制也较小,往往呈现赢家通吃的局面。美国是处于绝对垄断地位的金融国家,美元体系下,美国有足够的话语权和定价权。金融权力属于更高一级的权力，这一权力的绝对垄断者是美国（美元），包括日本、韩国和中国在内的亚洲国家，都属于美元体系内的贸易国家。贸易国家的比较优势会慢慢褪色，国际收支终将回归均衡。日本曾经是东亚模式的头雁，日本的失落代表着东亚模式的失落，也是贸易国家的困境。

金融危机之后，中国也意识到了美元体系的弊端，央行开始在多边体系内推进超主权货币，2009年前后开始推动人民币国际化。虽然取得了一定的成绩，但在人民币汇率面临贬值压力的情况下，人民币国际化在2015年之后出现中断，货币互换基本停止。至今，虽然人民币在贸易结算上取得了一定的成绩，但在官方储备、价值尺度等方面进展比较缓慢。

归根到底，一个国家对外的金融权力，很大程度上取决于国内金融市场的开放度和深度，而这又依托于金融制度的健全程度。中国改革开放之后和日本二战之后的工业化进程有诸多相似之处，其中之一就是汇率低估和金融抑制约束下的出口导向和资本积累，金融服务于实体经济，却以一种抑制的方式服务。与此同时，为了保证金融行业的利益，金融又处于一种被保护的状态。金融抑制可被理解为一种策略。在这种背景下，对外获取金融权力，不可谓没有难度。而没有金融话语权，就只能在美元霸权的夹缝中生存。

大国博弈和中国转型需要依靠科技和创新，这就需要进行金融体制改革，充分发挥多层次资本市场的作用，发展股权融资。

科技的力量

伟大的国家需要伟大的企业和企业家。纵观美国历史上前十大公司的变迁路径会发现，企业的迭代就是产业更替和时代进步的缩影，科技在其中发挥着越来越重要的作用。

第一次工业革命时期（18世纪60年代至19世纪中期），科学技术发挥的作用相对较小，许多发明都来自手工业者的经验积累，如珍妮纺纱机等。19世纪下半叶，人类开始了第二次工业革命，进入了电气时代，能源、信息和运输行业都发生了革命。以美国为例，1917年，排名前三的分别是美国钢铁、美国电话电报公司和标准石油公司，前十大公司中没有一家是现代意义上的科技公司。二战后的第三次工业革命带领人类进入科技时代。1967年，美国资产规模最大的公司变为IBM（国家商业机器公司），这也是前十大公司中的唯一一家科技公司。前十大公司中，石油公司占三个席位——标准石油、德士古、海湾石油。在20世纪90年代兴起的互联网革命中，又诞生了一批高市值公司。2017年，排名前十的美国公司中，前五位分别是苹果、谷歌、微软、亚马逊和脸谱网，均来自科技行业。企业的更替完美地诠释了"创造性破坏"的含义。

科技的创造职能

"创造性破坏"的力量不仅体现在企业层面,也体现在国家层面,但其背后的力量是一样的,那就是科技。科技创新与经济中心从英国逐步向欧洲大陆和美洲大陆迁移。谁能主导正在发生的第四次工业革命,谁就能成为下一个百年独领风骚的大国。

每一次工业革命都会出现一个,或是少数几个"牵一发而动全身"的颠覆式技术创新,比如历史上的蒸汽机、铁路、电力、内燃机和汽车、飞机、无线电和计算机。第四次工业革命中的核心技术又是什么?由于事前并不知晓,所以得全面布局。德国在最新发布的《国家工业战略2030》(简称"德国战略2030")中说:"德国经济必须能够经受住所有主要领域的全球竞争,特别是在关键技术和突破性创新方面。"

对于关键技术的重要性,德国经济与能源部部长阿尔特迈尔在"德国战略2030"的前言中说:"如果德国失去了关键的技术,我们在全球经济中的地位将因此严重受损,这会给我们的生活方式、国家在几乎所有政治领域采取行动的能力和行动的空间带来重大影响,并最终会波及德国国家机构的民主合法性。"这诠释了为什么"经济安全就是国家安全"。

美国白宫贸易顾问纳瓦罗一贯宣称经济安全就是国家安全。在此理念的指导下,美国也在加紧与中国和欧洲在各关键领域展开竞争。2019年2月7日,白宫科学与技术政策办公室发表文章——《美国将主宰未来的产业》，将人工智能、高端制造业、量子信息科学和 5G 四大产业纳入其中。特朗普当选以后，美国加快步伐，目前已经在各个领域形成了全面的战略布局。比如特朗普的首份《国家安全战略》（2017）首次将人工智能纳入其中；针对高端制造业和量子信息科学，美国国家科学技术委员会分别于 2018 年 9 月和 10 月发布了《国家在量子信息科学上的战略概述》[①]和《国家在先进制造业的战略规划》[②]，特朗普还签署了《国家量子倡议法案》[③]；美国在 5G 领域的布局和争夺更为明显，除了美国政府在产业政策上的引导和参与，美国针对中兴和华为的制裁措施，也很难被排除在大国博弈的范畴之外。

从分工看中国的全球地位

从全球产业链的角度来看，中国、美国和德国已经分别成了亚洲、美洲和欧洲的贸易中心。这三个国家作为商品和服务的核心供给者，是外围国家主要的进口来源地，所以在全球贸易总增加值中所占份额也最大。

从供给侧的演变来看，一方面，较为显著的变化出现在亚洲。2000—2017 年，亚洲的中心国逐渐从日本变为中国，而且同样作

---

① *National Strategic Overview for Quantum Information Science.*
② *National Strategic Plan on Advanced Manufacturing.*
③ *National Quantum Initiative Act.*

为中心国，日本与中国的地位也是有差异的。日本对美国的依存度更高，而中国在复杂产业链网络中与美国并未直接相连，与中国直接相连的国家数量反而超过了美国，因为原来从美国进口的国家很多转向了中国，如日本和韩国等等。另一方面，产业链闭环特征更加明显，分工从全球化向区域化转变，这一点如果从需求侧来看会更加明显。

在未来的产业竞争中，规模是关键，规模即效率。这是因为在前几次工业革命产生的技术进步，如交通运输工具和互联网等的加持下，生产和产品（或服务）的边界几乎被无限拓展了。在很多领域，垄断不再等于低效，赢家通吃反而与经济效率相融。这在互联网平台的竞争中表现得尤为明显，先发优势特别显著，价格战几乎是平台型企业的必经阶段，目的就是扩大规模。

"互联网+"这种模式创新的门槛极低，真正的门槛在资本，因为有资本才能赢得市场份额。达到一定规模之后，才能获得自然垄断的地位，拥有定价权，实现盈利。美国的强大，不仅在于硅谷，还在于华尔街。硅谷的强大，也不只在于科研，还在于天使投资、VC和PE。成熟的多层次资本市场，是与科技创新的生命周期相匹配的。只有如此，金融才能更好地支持实体经济。

金融的角色

有些经济学者认为，政府对金融活动和金融体系过多干预不利于经济增长，尤其是抑制金融体系的发展，这将阻碍经济的发展，从而造成金融抑制和经济落后的恶性循环。政府干预的具体手段包括利率管制和信贷控制等。即便如此，金融抑制仍然是许多发展中国家的自主选择，因为这被认为是实施赶超战略的基本条件，可以被看作计划理性。

计划经济时期，中国并没有一般意义上的金融。中央银行发挥着财政的出纳作用，商业银行被看作中国人民银行的分支机构，替财政拨款。这种状态直到1983年9月17日国务院发布《关于中国人民银行专门行使中央银行职能的决定》之后，才逐渐转变。但直到今日，中国的金融市场仍有计划经济的底色，这集中体现为金融在投资驱动和出口导向的工业化战略中发挥的作用。它不仅是中国的特色，也是东亚模式的特色。

全球的金融体系可以分为三种类型。第一种是以资本市场为主导，发行股票是企业进行长期融资的主要方式，银行更多的是提供短期融资，这种类型以英国和美国为代表，是市场经济的典型。第二种是以银行信贷为主导，政府对资金的价格和分配，以及资本市场只发挥有限的作用，法国、日本和中国都属这种类型。第三种也是以银行信贷为基础，但金融机构可以自主支配资金和定价，政府较少干预，这种类型的代表是德国。在第一种类型与第三种类型的金融体系中，市场在金融资源配置中起决定性作用，但在第二种类型中，非市场力量起决定性作用。

东亚国家金融体系的计划特征

一般认为，东亚国家的金融体系有计划特征。东亚后发国家为了追求全面的产业发展战略，尽快实现经济增长和技术自主，提升国际竞争力，形成了对配置型金融体系的依赖，其基本特点包括：主银行的金融结构、以利率管制和资本管制为代表的金融抑制、高储蓄率、汇率低估等。这种金融体系的优点是可以集中资源发展重点产业，正如西达·斯考切波所说："就一个国家创设或强化国家组织、雇佣人员、凝聚政治支持、补贴经济企业和资助社会项目的现有能力（及潜在能力）而言，该国筹集和部署金融资源的手段所能告诉我们的，超过任何其他单一要素。"[1]

以银行间接融资为主导、以国有银行为主体是中国金融结构的一个特色，利率管制与信贷控制和配给是货币调控的基本内容。[2] 对于后发国家来说，一个重要的发展瓶颈就是资本积累不足，这也是中华人民共和国建立至改革开放初期经济建设面临的重要

---

[1] 转载自桑德拉·希普《全球金融中的中国》，上海人民出版社，2017年，第10页。
[2] 利率市场化的主要内容就是消除利率管制。信贷控制工具目前已很少使用。

难题。周恩来在《关于发展国民经济的第二个五年计划的建议的报告》中说:"国家建设规模的大小,主要决定于我们可能积累多少资金和如何分配资金。"[①]在1957年第一届全国人民代表大会第四次会议上,著名经济学家马寅初发表了重要演讲《新人口论》,认为"我国最大的矛盾是人口增加得太快而资金积累得似乎太慢",故主张把人口控制起来,进而降低消费比率,增加资金积累。可以说,这是建国72年以来制定金融政策的重要逻辑,无论是积累还是分配,都是为"四个现代化"服务。从这个角度,也就可以理解为何中国资本市场发展和金融开放相对滞后,为何消费在总需求中的比重难以提升。

要想实现技术赶超和自主,就得先向外国学习,这就需要向国外购买技术,但问题是缺美元。所以,如何积累外汇储备,也是当时政策制定者关心的问题。显而易见,要想挣美元,就得出口。要想多出口,就得使出口商品有竞争力,而当时的中国只能靠低价策略,这就需要降低商品的成本和国际价格。商品成本的一大构成就是资金成本,这又得靠利率管制来解决,因为在资金短缺的情况下,如果由市场决定利率,必然是较高的。即使在今天,温州民间借贷利率和银行贷款利率之间,也存在10个百分点左右的利差。除此之外,配合人民币汇率低估和财政补贴,以及

---

① http://www.chinadaily.com.cn/dfpd/18da/2012-08/29/content_15715153.htm。

2001年加入WTO，中国外汇储备快速积累。人民币汇率低估也是金融抑制的一个体现，也是抑制国内消费的一个因素。

"大而不强"的金融体系

值得强调的是，中国和日本在追求技术自主的战略上有较大的差异，主要表现在对外商直接投资的态度上。日本持限制态度，中国则相对欢迎。日本更加注重自主研发，中国则更加注重技术的外溢效应——学习、消化、吸收、再创新。中国虽然已经是世界第二大经济体，世界500强上榜企业数量已经超过美国，但能被称为"伟大的企业"的又有多少？把国有企业拿掉，500强中还剩下多少？有硬科技的企业有多少？让中国骄傲的互联网企业——BATJ（百度、阿里巴巴、腾讯、京东），也都是"舶来品"，而且是在中国市场相对封闭的环境下发展壮大的。若是自由竞争，相比谷歌、脸谱网等，有多大赢面？目前很难有定论。

中国金融市场的现状是大而不强。一方面，金融在中国GDP中的占比已经超过美国；另一方面，金融市场最基本的定价功能还不健全，直接的结果就是资源配置效率的低下，具体表现为产能过剩与供给不足并存。2015年年底，中央提出供给侧结构性改革任务，"三去一降一补"五大任务——去产能、去库存、去杠杆、降成本和补短板，这些要去、要降、要补的皆可看作金融抑制的后遗症，因为金融抑制的环境致使资金价格信号缺失。政府指令替代了价格，发挥着资源配置的作用。

资本市场与科技创新

管理学大师波特在1992年就说过，一个国家要想提升国际竞争力，必须不断地对产业进行创新和升级，而这又源于对有形资产和无形资产的投资。正如美国《商业周刊》首席经济学家迈克尔·曼德尔所说："如果技术是美国经济的新引擎，那么金融就是燃料。"创新理论的集大成者熊彼特也强调，金融对于创新的作用不可忽视。决策层一直强调金融支持实体经济，可以说这集中体现在金融如何支持科技创新上。对有形资产的投资，可以依赖银行间接融资，但对无形资产的投资，则更多地依赖资本市场。资本市场的创新逻辑，不只是资金融通，更在于资金融通的形式。

在健全的资本市场上，金融中介能够以更低的成本获取信息，再通过筛选和监督，资本寻找到高利润的投资机会的可能性大大提高。不仅如此，资本市场还有分散风险的功能，促进投资流向高收益的生产技术领域，从而提升潜在经济增速。激励创新的契约有如下特征：短期内允许试错，容忍失败，同时在长期内又给予成功高额的回报。创新是一种高风险、高回报和高度信息不对称的活动，以互联网、人工智能和大数据等为代表的新一代创新型企业，在早期阶段很难获得银行贷款和其他债务融资，只能依靠资本市场。

如图 5-1 所示,资本市场在企业创新周期中的位置,一般是在想法落地,有了初级产品或工艺的形态之后,资本的进入有助于创新的完善和商业化,形成规模,赚取利润。

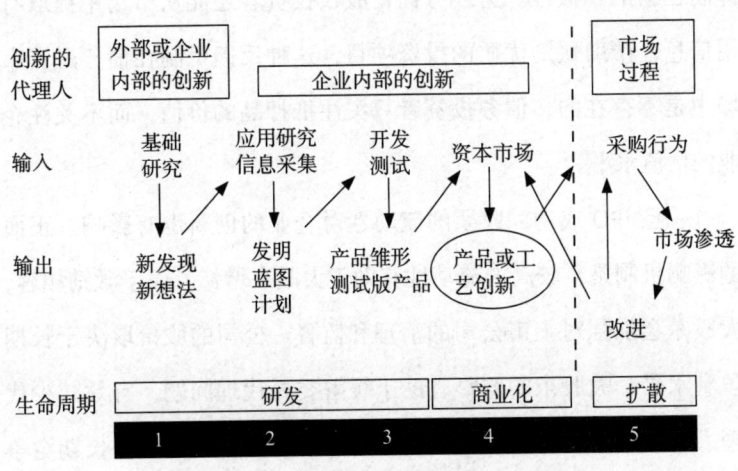

创新的代理人	外部或企业内部的创新	企业内部的创新			市场过程	
输入	基础研究	应用研究信息采集	开发测试	资本市场	采购行为	
输出	新发现新想法	发明蓝图计划	产品雏形测试版产品	产品或工艺创新	市场渗透 改进	
生命周期	研发			商业化	扩散	
	1	2	3	4	5	

图 5-1 科技创新的周期与资本市场的角色

资料来源:Christine Greenhalgh & Mark Rogers,2010,p.7。

直接融资促进经济高质量增长

金融市场结构,也就是直接融资和间接融资与创新的关系,历来是经济学研究的重点。大量研究显示,资本市场的发展对于高科技企业和依赖外部融资的企业的创新有正向激励作用,而银行信贷则对此有负面作用。实证分析表明,股权市场更有助于促进创新。一方面，相比于债务融资，权益融资具有风险和收益共享机制，不会增加企业的财务负担。从新一代创新型企业的特征来看，在生命周期的早期阶段，可抵押资产短缺、亏损是常态，不仅难以获得债务融资，获得融资之后，还本付息的压力，也会抑制创新的积极性。另一方面，股权投资者还能从市场中提取有用信息，帮助甄别优质的投资项目，这种反馈机制在债务融资市场中是不存在的，债务投资者只关注抵押品的价值，而不关注企业的估值水平。

一旦IPO成功，股票的流动性对企业的创新也有影响。正面的影响机制是，较高的流动性有助于大股东增持，由于激励相容，大股东会加强对上市公司的治理和监督。公司的股价取决于长期盈利水平，大股东的监督有助于缓解委托代理问题，有效减少代理人追求短期目标的行为。创新的周期较长，却是企业长期竞争力的来源，故为了保证股价的良好表现，大股东也会对创新持支持态度。另一方面，股票流动性太高，也有可能阻碍创新。当公司管理层面临被收购的压力时，就容易做出牺牲公司长期价值而追求短期利好的行为，创新的激励显著不足。投资者结构和交易制度等对股票的流动性都有显著的影响，在对资本市场进行制度设计时，不能只关注融资的便利性，还需关注市场的流动性，特别是专注于科技创新型企业的科创板。

在创新的早期阶段，VC和股权机构投资者也发挥着至关重要的作用。VC最早可以追溯到1946年诞生的美国研究与发展公司，而中国的第一家VC公司——中国新技术创业投资公司——直到1985年才成立。随后，国际上的著名VC公司，如IDG、红杉资本和软银等才逐渐进入中国。经济学和金融学的大量研究表明，VC对企业创新有显著的促进作用，接受VC的企业研发活动更加密集，申请的专利数大幅增加，接受VC前后的TFP有明显差异。从具体机制来看，已有研究证明，风险投资者参与管理的积极性更高，有助于提升企业的治理能力，还能帮助初创公司对接资源，形成商业网络。

总而言之，资本市场在促进企业创新中发挥着重要作用。党的十八届三中全会在《中共中央关于全面深化改革若干重大问题的决定》中提出，让市场在资源配置中起决定性作用，推进政策性金融机构改革。健全多层次资本市场体系，推进股票发行注册制改革，多渠道推动股权融资，发展并规范债券市场，提高直接融资比重。沿着这个方向推进金融供给侧改革，才能建立有助于推动创新的金融体系。

要想让活起来的资本发挥更大功效，还有一个关键的问题是资本的流向，即如何配置资本，以及由谁来配置资本？这就涉及政府与市场的边界问题。至少从目前的经验来看，市场作为资源配置手段的优越性已经得到充分论证。这就是决策层开展金融供给侧结构性改革的思路之一，目的是让资本以最有效的方式活起来。

经济高质量增长要求发达的资本市场

建国初期,经济建设的难题是资本相对短缺。社会主义体制的一个优点是"集中力量办大事",所以如何把有限的资本集中起来发展经济,而且是以较快的速度发展经济,就是当时政策制定者关心的问题。决策者们可能是不知不觉地开出了其中一个药方——金融抑制。这是目的导向的政策逻辑的一个结果,它的一个表现是国有银行成为资金融通的唯一渠道。改革开放之后,国有银行以外的金融机构才慢慢发展起来。直到20世纪90年代初,以股权为代表的资本市场才开始形成。直到今天,从社会融资规模存量角度来看,银行信贷的占比仍然高达68%,即使与主银行结构的欧洲和日本相比,也处于非常高的水平。

在一个资本极端稀缺的时代,若由市场定价,资本一定是昂贵的,这对于工业基础薄弱的中国来说是难以承受之重。而要想以低廉的资金成本支持工业发展,又必须以更低的成本吸收居民的储蓄。同时,为保证银行的利润,息差的空间又被长期维持在一个不太合理的水平。一个尴尬的局面就是,存钱的反而亏钱,因为存款利息跑不赢通胀;借钱的反而赚钱,因为有大量的套利空间。毋庸讳言,居民部门受损,国有企业是受益者。

中国的金融抑制指数在过去几十年中不断下降(从1980年的1.0降到了2015年的0.6),但在全球范围内,仍然居于较高的水平,甚至高于低收入国家的平均水平。国内学者的相关研究表明,较高的金融抑制环境在改革前期确实对经济增长有正面的促进作用，到了近期则变成了负面影响。

以国有银行为主导的金融市场结构和金融抑制的制度安排为政府主导的产业政策提供了有力的支撑，这是中国能够在40年的时间里创造奇迹的一个重要解释。但如今，矛盾变了。资本短缺已转变为产能过剩，需求扩张面临效率下降和外部掣肘双重约束，旧有的追求高速度的粗放型经济发展模式难以为继已成为决策层和市场的共识，供给侧结构性改革和高质量发展是未来较长时间政策制定的中轴线。

改革红利与高质量发展

效率，而非速度，是高质量发展的一个关键词，而为资本提供市场，建立一个成熟的资本市场，是实现高质量发展的重要保障。

如图5-2所示，从生产函数的角度来看，过去40年，中国潜在经济增长动能主要源于以下三个方面：第一，资本。金融抑制的制度安排加速了资本的积累，不仅从需求侧拉动了经济，也从供给侧扩充了产能。资本服务实体经济的主要方式是间接融资，即银行信贷。第二，劳动，即传统意义上的人口红利——劳动力人口占比高，老年人口占比低。第三，TFP，主要源于劳动要素的配置效率。20世纪80年代中叶开启的户籍制度改革使得劳动力从农村流向城市，不仅为城市工业的发展提供了劳动力，还实现了劳动力在空间和产业上的重新配置，提升了劳动的效率。

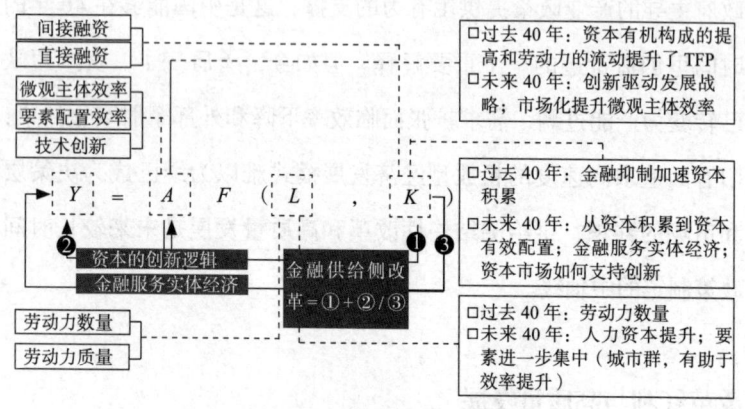

```
┌─间接融资─┐              ┌─□ 过去40年：资本有机构成的提
│ 直接融资 ├┐             │  高和劳动力的流动提升了TFP
├微观主体效率┤│            │□ 未来40年：创新驱动发展战
│要素配置效率├┤            │  略；市场化提升微观主体效率
└─技术创新─┘│
            │
   ┌→ Y = A F ( L , K )┐   ┌□ 过去40年：金融抑制加速资本
   │     ❷           ❶❸│   │  积累
   │资本的创新逻辑  金融供给侧改│  □ 未来40年：从资本积累到资本
   │金融服务实体经济 革=①+②/③│  有效配置；金融服务实体经济；
                              资本市场如何支持创新

┌─劳动力数量─┐             ┌─□ 过去40年：劳动力数量
│ 劳动力质量 ├─            │□ 未来40年：人力资本提升；要
└──────┘              │  素进一步集中（城市群，有助于
                              效率提升）
```

图5-2　中国经济增长和改革的逻辑

根据国内外学者的研究，在中国过去的经济增长中，资本积累发挥了最为重要的作用，其次是TFP，再次是劳动。而在TFP中，劳动配置效率的提升发挥了更为关键的作用，技术创新和微观主体效率相对而言属于短板，因为它对市场的依赖性更高。其中，微观主体效率的发挥与制度构建、基础设施等密切相关。可以说，当下中国经济发展和改革中所面临的问题，都能从过去的发展模式中找到根源，比如产能过剩、高杠杆、房地产的"刚性泡沫"、消费动能不足等。曾经的药方带来了今天的后遗症，而要解决这些新的问题，需要新的药方，这就是供给侧结构性改革，

它的核心要义就是转变经济增长动能，由过去的要素投入转为要素效率的提升和创新驱动，由追求高速度转变为追求高质量。

供给侧结构性改革，就是通过制度上的调整实现对生产要素的改革，释放各种要素的生产力，如户籍制度改革针对的是劳动、土地制度改革针对的是土地、金融制度改革对应的是资本。在人口老龄化和刘易斯拐点之后，劳动力要素的投入将不得不从数量转变为质量；在空间布局上，结合深度城市化，人口将会进一步向重要城市群集中，因为这有助于发挥产业集聚效应，提升要素使用效率。而在资本方面，则是通过金融供给侧改革，一方面直接锚定创新，科创板的使命就是支持创新；另一方面，提升直接融资比重，拓展金融服务实体经济的渠道，提高服务效率。

中美经贸关系变化以来，资本市场改革可能是所有改革议程中进展最为迅速的了：第一，科创板是资本市场改革的"试验田"，是金融支持创新，从而服务实体经济的重要体现；第二，金融开放领域，先是金稳委于 2019 年 7 月 22 日发布的金融开放"11条"，而后外管局于 2019 年 9 月 10 日宣布取消 QFII（合格境外机构投资者）和 QDII（合格境内机构投资者）限额；第三，2019 年 9 月 1 日，金稳委第七次会议明确提到要使资本市场成为促进经济高质量发展的"助推器"，突出了资本市场的供给侧的含义；第四，2019 年 9 月 11 日，证监会提出了全面深化资本市场改革的"11 条"举措，将从多个维度提升中国资本市场的市场化、法治化和国际化水平。

除此以外，银行仍然是现阶段金融市场的主体，所以如何提高银行信贷资金的配置效率，也是当前政策关注的重点，比如以LPR（贷款市场报价利率）为代表的利率市场化改革，以及支持小微企业的精准流动性投放举措等，都是直接体现。

资本市场与银行信贷融资的一个关键区别在于它们对创新的支持，股权融资更有助于支持创新，实现中国经济的高质量发展。

专题　改革红利开启

2019年中国和美国的对比之中，中国变得更有定力、更有信心、更有优势。这也引发了我们对2020年整体策略的重新思考：在过去的3—5年里，我们是不是经历了比较多的改革阵痛？但是在未来的一两年里，我们是不是即将迎来改革红利周期的开始？中国的改革启动早、效率高，比较明显的改革是从2014年开始，特别经过"三去一降一补"、供给侧结构性改革，这种改革已经持续了5年。而与此相对应的是，海外国家的结构性改革还没有开始。所以我们看来，与其他国家相比，中国改革红利释放周期有可能更早启动，2019—2020年可能是这个周期启动的开始。

在这个过程中，中国正在经历一个改革驱动下的转型。我们认为可以用三个数字来概括过去10年中国的发展模式和发展速度，这三个数字分别是 15，8，6。15% 是 M2 的增速，8% 是经济增速的平均值，而 6% 是信贷的利率。未来 10 年，我们认为中国新的增长模式可以概括为新的三个数字，分别是 7，5，3。M2 的增速逐渐匹配经济增速 7%，GDP 增速中枢回归到 5%，企业融资利率持续下降到 3%。

转型给我们提供了巨大的空间，这在大类资产配置上体现为降利率、增业绩和扩估值三方面。这三个变动都是大幅有利于资本市场的，所以我们认为未来是资本市场巨大的空间的开始，而改革创造的红利可能超过过去 10 年。未来我们大概有 5 个判断：第一个判断是汇率的贬值空间逐渐缩小，甚至在 2020 年改革红利周期开始之时，有可能会出现人民币升值的过程，升至 6.8~7.0；第二个判断是改革红利周期之下，贷款利率将进一步下调，我们估计在未来，企业融资成本还会有进一步下调的机会；第三个判断是地产行业有明显的去周期化的特征，房价可能不再持续上涨，和利率的敏感性正在脱钩；第四个判断是行业集中度将会提升，超级企业的浪潮将会到来，目前中国超级企业还不是太多；第五个判断是股票的机会正在逐渐出现。

短期看经济数据确实让人有所担忧：工业增加值落入 5~10 年以来的最低值，最新的数据已经滑落到 6.0~5.0 的水平，增速确实在放缓。而在变化的基础上，我们需要关注更大的背景。在朝着高质量发展转型的这条路上，与海外发达国家相比，我们可能在走同样的道路。图 5-3 反映了美国和日本的发展道路,横轴是人均 GDP 的水平,纵轴是经济增长的速度。我们可以看到,每个国家在人均 GDP 低于 1 万美元的情况下都经历了较快的增长;随着人均 GDP 迈过 1 万美元(也就是中国现在的水平),我们看到各国的经济增速都在下降,但增长质量在提高。

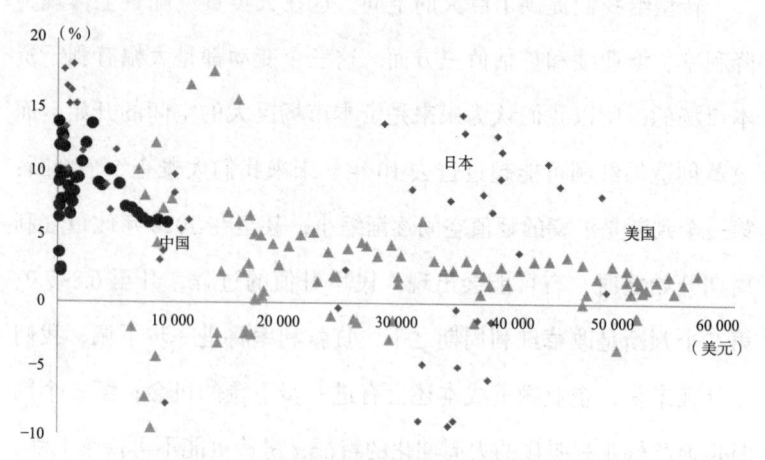

图 5-3 走向高质量发展之路的中国、美国、日本

资料来源:万得。

质量提高反映在哪儿?反映在人均 GDP 的提高上。日本经过 20 年的发展,人均 GDP 从 1 万美元提高到现在的接近 5 万美元;美国经过 50 年的发展,人均 GDP 从 1 万美元提高到现在的 6 万美元。我们认为,中国接下来调整经济增长速度、朝着高质量发展虽然不一定是原创的道路,但一定是历史的必然。

中国不同省份的数据也显示了同样的结论。我们把30多个省份放在一起来看，图5-4是2010年的情况，图5-5是2018年的情况，一个特点是经济增速越来越低，但人均GDP越来越高，大家都在朝着高质量发展的道路在走。这种变化在未来10年会体现出来：M2增速匹配经济增速，从15%降到7%，GDP增速从8%降到5%，融资成本从6%降到3%。这也是最近一段时间政策所倡导的方向，我们觉得这是走向高质量发展的一条必经之路。

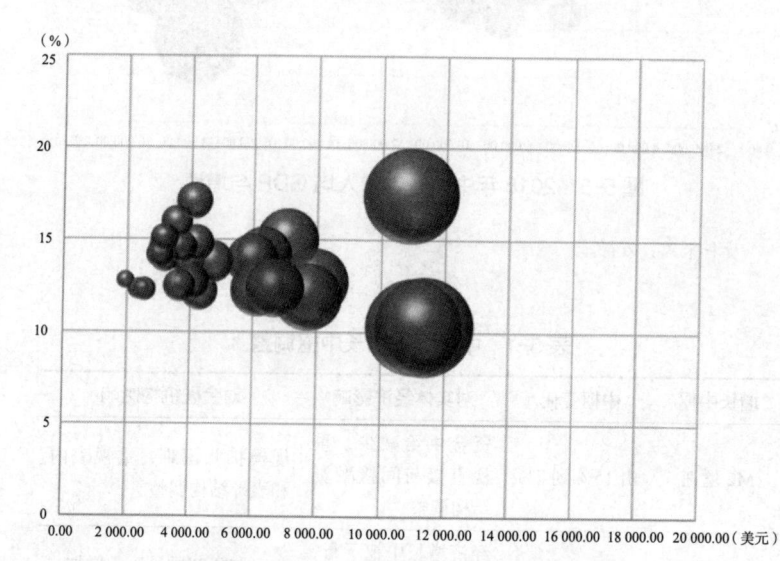

图5-4 2010年中国各省份人均GDP与增速

资料来源：万得。

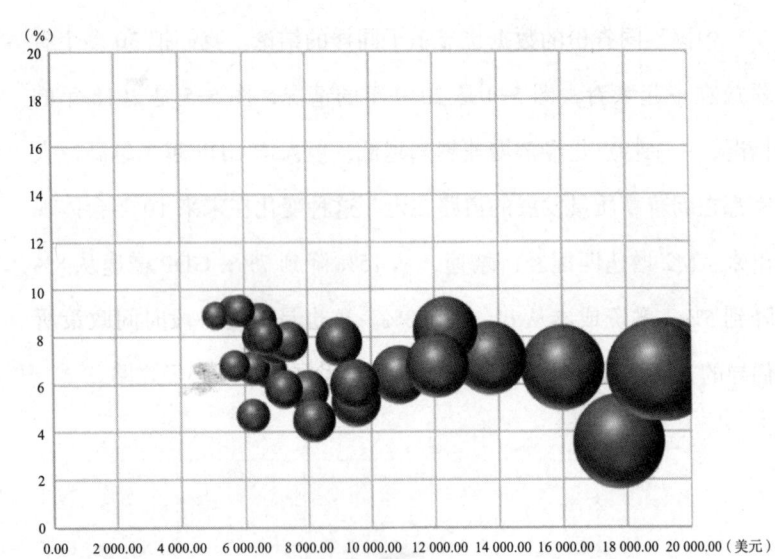

图 5-5　2018年中国各省份人均GDP与增速

资料来源：万得。

表 5-1　中国经济增长中枢调整

增长中枢	中枢变化	对实体经济影响	对金融机构影响
M2 增速	由 15% 到 7%	资金供给减少，重视直接与间接融资结构调整	规模扩张困难，重视表内和表外结构调整
GDP 增速	由 8% 到 5%	经济增长中枢下行，资金需求下降	收入与资产质量压力增加
融资成本	由 6% 到 3%	融资成本下降	资产收益下行，息差收窄

资料来源：万得。

•第二篇•
产业转型

2019年上半年出现了个别银行的风险事件等等，这让我们发现去杠杆的风险正在形成，导致社会融资规模减小，尽管后来逐渐改善，但整体上它对实业端的影响也在慢慢体现。

相关风险事件从好的方面来看，确实打破了刚性兑付，出现了利率市场化和风险市场化的特点。但是从不好的方向来看，我们确实看到首次违约主体数量在2018下半年和2019上半年出现了明显的上升，这种变化使得整个社会融资更加困难，结构性变化越来越突出。

那么往后看，我们为什么觉得改革红利周期正在开始，改革阵痛正在告一段落呢？从整个供给侧改革来看，起点是产业端的供给侧改革，2016年开始过渡到金融行业的供给侧改革，再到2019年习近平总书记提到的开启农业的供给侧改革。从这个角度来看，好像供给侧改革走在前面的领域已经画上逗号或者句号，产业的供给侧改革很多已经实现了目标。

金融行业的供给侧改革，推行最快的阶段也即将告一段落。改革的阵痛很多，包括对地产的改革、基建的改革、扩张型货币政策的使用，以及环境保护的不力。但我们认为在这个过程中，改革的红利也体现了更多，基建和房地产的改革使得大家不再追求泡沫，开始变得更有活力，经济的高速增长变成了产业的快速升级。在资本市场领域，我们会发现，越来越多的企业开始回归主业，开始推崇产业升级。我们的未来来自产业的主动性，而不再来自资产价格泡沫，这个方向可能会出现一系列的逆转。

表 5-2 经济高质量发展带来改革红利

高速度发展	改革阵痛	高质量发展	改革红利
基建+房地产	社会无风险利率水平高企	高端制造业+服务业	企业更有活力，居民消费水平提升
数量型货币扩张工具	货币扩张引发资产价格泡沫	价格与数量工具并重	资产价格泡沫被遏制
经济高增速	过度倚重于投资扩张	经济结构改善	产业升级
依靠间接融资	银行在金融机构中占比较大，对初创企业扶持不足，企业杠杆水平较高	发展直接融资	资本市场繁荣有利于居民财富保值增值
环境保护不力	影响居民生存发展质量	技术升级，治理污染	提升居民生活质量

资料来源：万得。

在全球负利率时代，在很多方面，我们有巨大的空间。中美的短端利率水平是接近的，但长端利率方面，我们已经形成了超过180基点的利差。我们认为中国一定会实现巨大的政策空间红利，而这一点是美国所没有的。

中国的贷款利率，从图5-7中可以看到，在美联储加了很多次息之后，中国贷款利率仍然高于美国企业贷款利率接近50基点。从这个角度来看，我们觉得利率的下调在长端是有空间的，在短端空间不大，但在金融市场的调节下，贷款利率有持续下调的空间。

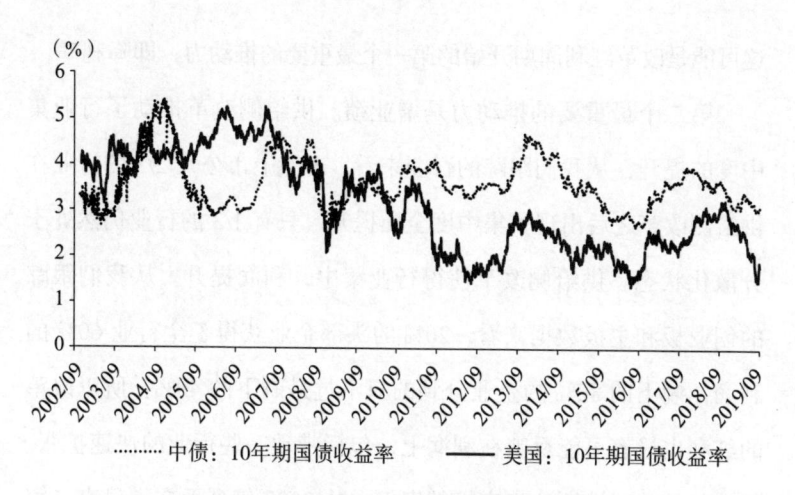

图 5-6 中美 10 年期国债收益率对比

资料来源：万得。

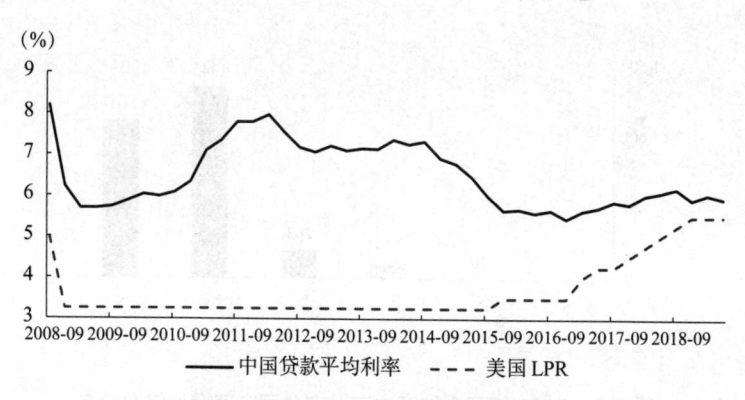

图 5-7 LPR 调降开启利率并轨进程

资料来源：万得。

这可能是改革红利周期开始的第一个最重要的推动力，即降利率。

第二个最重要的推动力是增业绩。供给侧改革推动了行业集中度的提升，从我们跟踪的行业来看，A股上市公司2/3的行业在供给侧改革之后出现了集中度全面提升，只有1/3的行业仍然处于分散化状态。供给侧改革使得行业集中，利润提升。从我们跟踪的创业板和主板数据来看，20%的头部企业获得了全行业60%的利润，剩下的80%的企业分到的只不过是剩下的40%，所以改革的红利也极有可能反映在利润上，包括带动一些行业的快速扩张。图5-8是美国纳斯达克市场的案例，从2009年到现在，只有三家企业出现了100倍的上涨，50倍的上涨有10家，10~50倍的上涨有116家，但大多数公司，无论是盈利还是估值，都没有扩张。

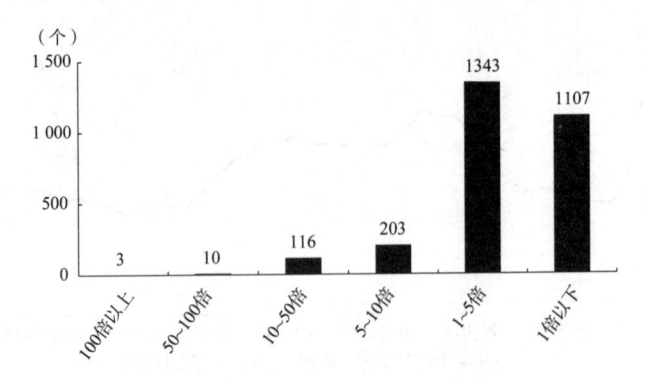

图5-8　2009年至今纳斯达克上市公司市值增长倍数分布

资料来源：万得。

注：统计样本为纳斯达克全部上市公司，计算值为2009年（含2009年后上市公司）至2019年8月2日各公司的市值增长率。

· 第二篇 ·
产业转型

所以，盈利的头部效应极有可能在改革红利释放期表现得越来越明显。盈利的空间来自哪里？来自新技术、新内容。新技术上，5G打开了想象的空间，连接的设备数从4G时代的10亿台上升到千亿台。在不同的时代下，我们看到4G、3G、2G，每一代通信技术的发展都创造了巨大、伟大的企业。根据华为的估计，5G创造的空间大约是4G时代的5倍左右，它改变的一定不仅仅是大家手中的手机形态，同时也会改变我们的生活模式。除此之外，还有一些传统的需求，增长空间也是巨大的。根据波音公司发布的2019—2039年中国航空业的发展空间：中国市场国际航线市场在一线城市每年只会增长6.4%，而在二线城市每年将增长35%；国内航线市场一线城市每年增长7.4%，主流市场、其他市场每年增长13.5%。所以在GDP增速由6%变到5%的这个过程中，并不是所有的市场都没有增长，而是很多市场不仅没有降速，相反在加速增长。所以据波音公司的估计，中国可能会用美国一半的时间实现人均里程数翻倍式的增长。我觉得这也是值得大家注意的一些变化。

很多人认为中国的基建已经没有进一步发展的空间了，这种认识存在误区。上海作为中国地铁里程最长的城市，有700千米的地铁；而东京作为日本地铁里程最长的城市，有2 000千米的地铁，更不要提日本处于地震活跃带。我们对很多事情的想象不能限制于当前的条件，而应该借助资本市场赋予我们的翅膀。

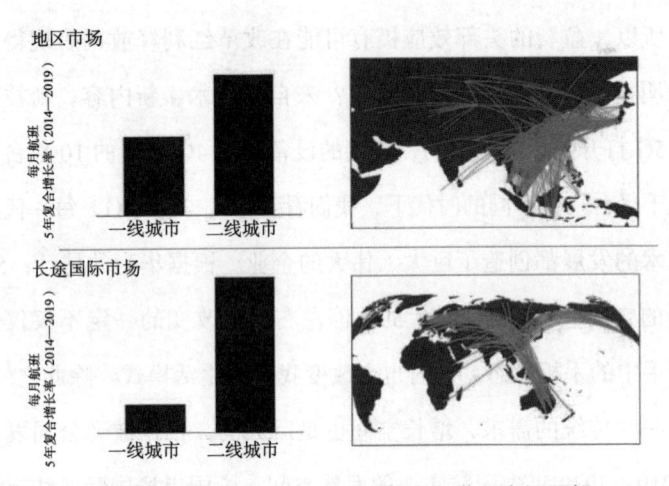

图 5-9　2019—2039 年中国航空业发展空间展望

资料来源：波音公司。

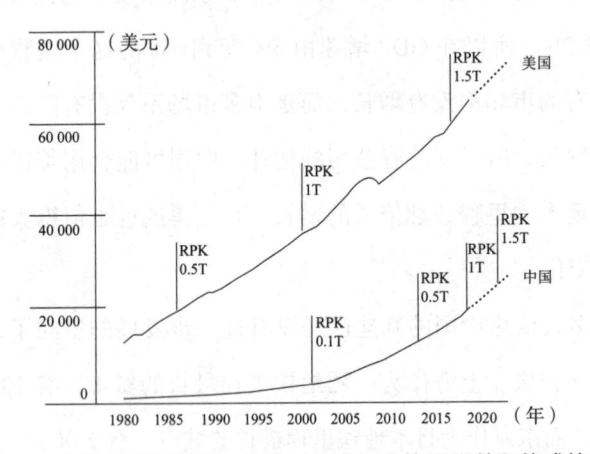

图 5-10　中国可能用美国一半的时间实现人均里程数翻倍式的增长

资料来源：波音公司。

第三个就是扩估值。在过去的高经济增速下，房地产的回报最高，2010年到现在年复合增长率17.9%；而资本市场波动率高达24%，但回报率只有2.4%，这是不合理的。我们觉得未来周期驱动的资产回报率可能大幅下降，高波动资产回报率将上升。这方面我们比美国慢了太多，美国的经济增速是2.5%，龙头公司的盈利增速是10%。中国龙头公司的估值目前来看也是低于海外龙头公司的。

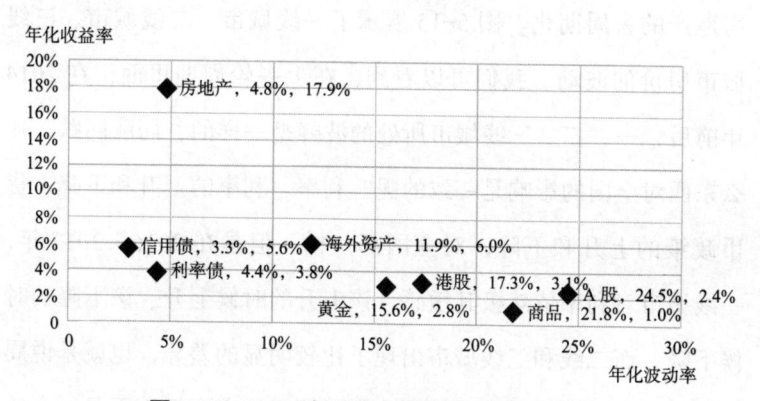

图5-11 2010年至今大类资产风险收益特征

资料来源：万得、彭博。

注：利率债，中债总财富（总值）指数；信用债，中证企业债；A股，中证800全收益；港股，HSCEI全收益，调整为人民币计价；黄金，沪金指数；商品，南华商品指数；房地产，70大中城市新建商品住宅价格变动；海外资产，MSCI DM TR。

总体来看，对于资本市场，改革红利的开启是极其值得期待的。A股牛市的最长周期是23个月，最大的幅度是6倍。目前比

2008—2009年的幅度要小、周期要短，比2014—2015年的周期也要短，更不和2005—2007年相比。所以，红利的释放不仅仅来自业绩，不仅仅来自估值，也来自改革周期红利的开始。

最后简要地汇报一下我们对大类资产配置的展望。第一，汇率贬值空间缩小。之前可能是7.2左右，现在可能会逐渐缩小，未来在改革红利周期下也有可能升值到6.8~7.0的水平。第二，利率在未来仍有降息空间，以对应经济增速的逐渐下行。第三，房地产的去周期化。图5-15展示了一线城市、二线城市、三线城市房价的波动。我们可以看到，在上一轮周期里面，在2014年前后，一、二、三线城市所处的波峰是一样的，同涨同跌。什么东西对全国的影响是一致的呢？利率。利率的上升和下降，货币政策的上升和下降，对全国都一样。但是在2016—2017年，一线城市对利率依然极其敏感，该上升的时候上升、该下降的时候下降；而二线和三线城市出现了比较明显的差异，也就是说周期性不再同步。周期性不再同步意味着房地产市场不再是一个纯粹的交易市场，正在逐渐成为一个抵押品市场。未来房地产交易会进一步快速回落，成为一个纯粹的抵押品市场。

第四是超级企业浪潮。千亿市值以上的企业，中国只有78家，美国有565家，差异是非常大的，未来的空间极有可能孕育在科技和泛消费领域。股票市场极有可能出现长周期的股票，这些股票极有可能出现在消费、技术等领域。

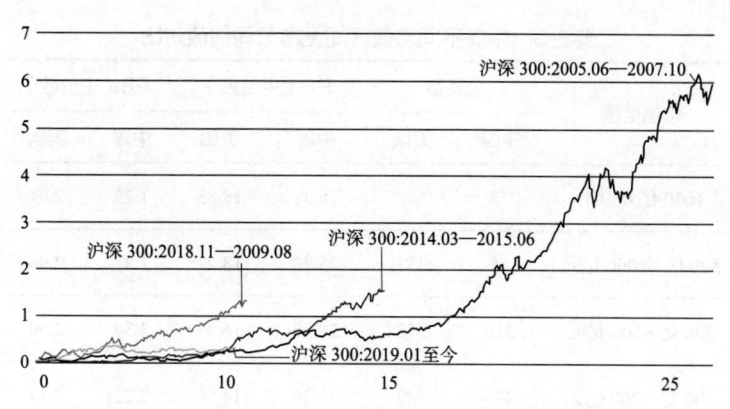

图 5-12 历史牛市沪深 300 涨幅和持续时间（月）

资料来源：万得。

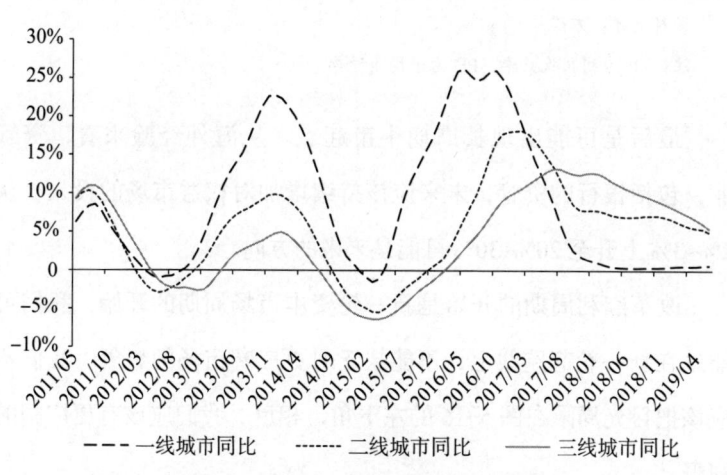

图 5-13 2011 年以来房地产价格平稳

资料来源：万得。

表 5-3　中美不同市值区间上市公司估值对比

市值范围	公司数 中国	公司数 美国	PE（中位数）中国	PE（中位数）美国	PB（中位数）中国	PB（中位数）美国
1000 亿元以上	78	565	16.31	18.85	1.75	2.91
500 亿~1000 亿元	75	333	25.73	18.21	2.31	2.96
200 亿~500 亿元	316	578	24.68	16.84	2.30	2.50
100 亿~200 亿元	439	542	23.40	14.56	2.22	2.14
50 亿~100 亿元	833	581	25.76	11.96	2.10	1.86
50 亿元以下	1900	2454	30.53	−0.75	2.38	1.26

资料来源：万得。

注：PE 为利润收益率，PB 为平均市净率。

最后是可能出现长周期牛市起点。从海外经验来看，资管业，包括银行的资管，未来应该持续增加对权益市场的投入，从 2%~3% 上升至 20%~30% 可能是未来的方向。

改革红利周期的开始是新一轮资本市场周期的开始。我们可能站在新一轮起跑线上，不能缺乏对更广阔市场的想象。我们不应该把目光局限在图 5-16 的左下角，相反，我们应该有更广阔的视野。

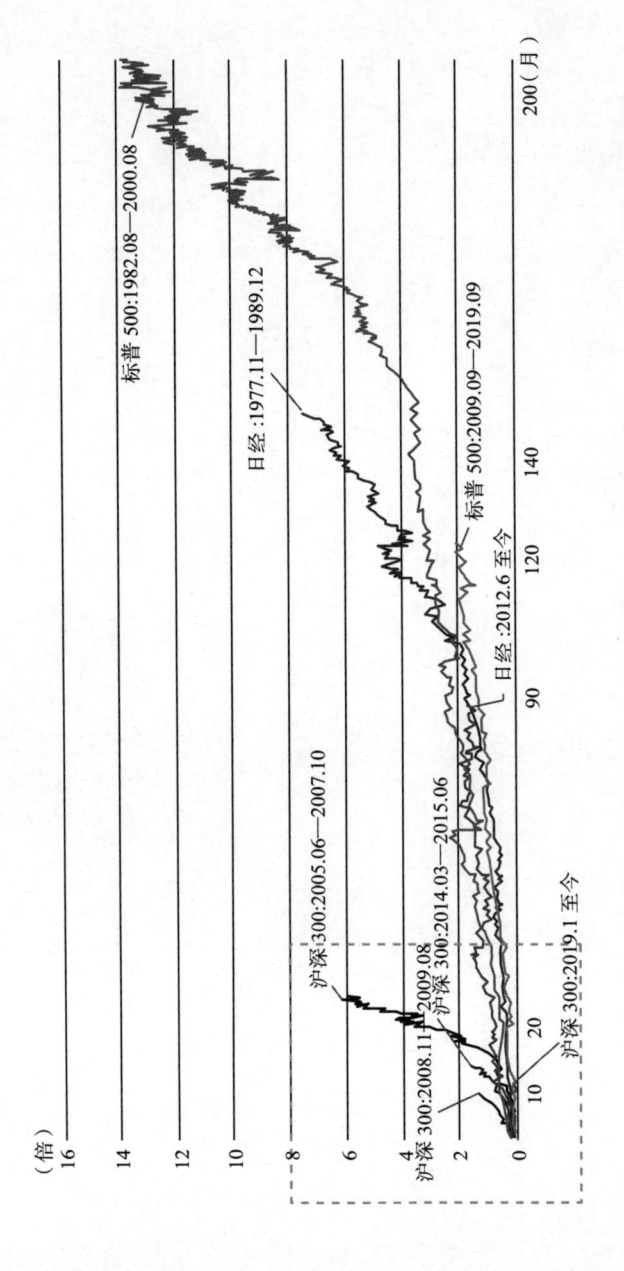

图 5-14 历史牛市涨幅和持续时间（月）

资料来源：万得。

第六章
从狭义资管到超级资管：资管业的演进路径

经济的高质量增长将成就资管业的崛起，资管和财富管理将是金融机构下一轮成长的突破口。伴随中国经济转型，中国资管业态也将经历从粗放式规模增长到超级资管（体制机制全面革新）的转变。

以商业银行的资管业务为例，过去银行理财脱胎于表内存款表外化，通过资金池管理和滚动发行操作，基于产品刚性兑付实现了负债端的持续扩张，这又强化了资金池模式。预定收益产品时代，银行理财的本质是不缴纳准备金的类存款，资金池模式低估了银行的资本占用，增加了机构的系统风险，压缩了资管的产品类型。

资管新规要求按照净值型方式运作，银行理财在配置上再调整的本质是提高投资工具多元化水平，扩展投资组合有效前沿。资管新规实施以来，银行表外理财规模收缩、非标资产的错配和处置、投研与估值体系建立等均是调整的体现。根据中国银行业协会的统计，目前已有近40%的产品通过"类货基""类债基"的产品形式实现了净值化产品"从0到1"的转型。需要认识到的是，截至 2019 年年底，还有超过一半的银行理财产品没有完成净值化转型，未来任务仍然艰巨。

中国资管机构模式变迁（2003—2018 年）

为了更好展示时代潮流下各类资管机构的发轫、壮大、蓬勃、失落与重启，下文将公募基金、银行理财、信托、券商资管等资管机构放在一条时间线下描述，发展脉络参见表 6-1。

表 6-1 各类型资管机构发展脉络

时间	公募基金	银行理财	信托	券商资管
2003 年之前	封闭式基金为主；交易违规行为被《财经》杂志等揭发		开始分业经营，经营机构数量大幅压缩	营业部层面经营委托理财业务
2003—2007 年	开放式基金取代封闭式基金；货币、债券等产品出现；牛市带动权益市场爆发；通过 QDII 基金出海	2004 年第一只银行理财发行；2005 年理财暂行办法出台	信托机构开始从事资管业务	券商资管业务有了试行办法，但在行业整顿中，大多数业务暂停
2008—2011 年	规模停滞，探索机构专户、第三方销售渠道	理财产品成为资管产品主流	2010 年后银信合作大发展	

(续表)

时间	公募基金	银行理财	信托	券商资管
2012—2016年	余额宝带动货币基金规模扩张；分级基金、保本基金、短债基金阶段性取得发展；货币基金和定制债基受益于银行委外需求的扩张	2012年资管业开放，银行同业业务带动各类资管通道业务蓬勃发展；以银行理财为主的广义基金扩张，同时带动了非银资管机构的委外需求		
2017—2018年	金融去杠杆阶段，各类型资管产品规模均受到压制；养老基金、独角兽基金开始发展；2008年资管新规、银行理财新规相继落地			
未来	符合资管新规，同时又满足居民增值保值需求的净值型产品探索			

资料来源：根据中国银保监会、中国证监会、中国银行业协会等资料整理。

2003年之前：中国资管市场的开启

1997年11月，国务院批准发布了《证券投资基金管理暂行办法》，基金行业正式诞生。根据中国证券基金业协会专著《基金——中国基金业二十周年》，1998年，作为最初的两只封闭式基金，基金金泰和基金开元通过交易所系统上网发行。发展初期，由于市场品种所限，公募基金仅发行封闭式基金，基金规模很小，两个产品加在一起也就40亿元。刚开始投资者像炒新股一样抢购基金，交易所只能采用摇号抽签，两只基金平均中签率仅为2.5%。

1999年开始，鹏华、长盛、嘉实、大成、富国基金陆续发行了自己的基金产品，加上之前发行产品的国泰、华夏、南方、博时、华安基金，基金公司的数量增加至10家，也被称"老十家"。

野蛮生长下必然有行业乱象。2000年年底，《财经》杂志发表文章直指基金虚假交易、倒仓等多个乱象，这导致了投资者对公募基金的不信任。2000年年底，基金份额只有560亿元，资产净值不到900亿元。2001年年中，互联网泡沫破裂，权益市场单边下跌。最低持仓80%，且不能赎回的封闭式股票型基金立刻被投资者唾弃，在交易所被大幅折价卖出。

从2000年下半年到2001年上半年近一年时间，根本没有新基金发行。

与此同时，在证券公司，资管业务雏形，即委托理财开始出现。1999年，证监会正式批准证券公司经营委托理财业务。

信托这一金融形式早已出现，而资管业务赋予其新的生命力。1999年，为防范化解金融风险，监管部门重新规范了信托业务范围，严格实施分业经营，将银行、证券业务从信托业中剥离，信托投资公司的整顿开始并继续深化，信托公司数量也从最高时的1 000多家大幅降至仅有60家左右。1999年，广东国际信托投资公司由于债务黑洞、资不抵债、治理不善等问题被广东省政府实施破产处理，因涉及巨额外债，引发了海内外广泛关注。此时信托业务的商业模式还在苦苦求索之中。

2003—2007 年：权益市场火爆带动资管业发展

《财经》杂志曝光后，基金投资交易日趋规范化。交易室从基金后台运作中独立出来，不同基金之间建立"防火墙"，杜绝"交易对倒"等行为。2001 年，中国证监会发布《关于申请设立基金管理公司若干问题的通知》，首次引入"好人举手"制度（本质是机构的自律承诺）。这种情况下，各类证券投资机构在获得经营证券投资基金业务资格之前，必须置于社会各方的监督之下，自觉规范投资行为。

穷则变，变则通，开放式基金取代封闭式基金登上了舞台。2001 年 9 月，中国第一只开放式基金华安创新成立，标志着中国基金行业进入了开放式基金时代。后续基金产品也出现了一系列的创新。在产品类型上，2002 年 9 月，首只债券基金南方宝元设立；2003 年 12 月，首批货币基金，博时现金收益、华安富利、招商现金增值成立。在客户选择上，2002 年，近 10 家基金管理公司向全国社保基金理事会竞标社保基金管理人，最终南方、博时、华夏、长盛、鹏华、嘉实 6 家基金公司最终被选为首批社保基金投资管理人。

2003 年，资本市场整体还是熊市行情，但公募基金成功挖掘出钢铁、汽车、石化、电力及银行等五大板块，即"五朵金花"的投资价值，这一年公募基金重新获得了投资者的青睐。同年 7 月，以瑞士银行为代表的 QFII 在中国做了第一笔下单，首批下单的标的是宝钢股份、上港集团、外运发展和中兴通讯。

随着业务法规的逐步落地，以及对于证券行业的整顿，券商资管日渐规范。2003年《证券公司客户资管业务试行办法》出台，并于2004年实施。它明确了证券公司的资管业务范围，包括定向资管业务、集合资管业务和专项资管业务三类，制定了基本业务规范、风险控制和监管措施等准则，对证券公司资管业务影响深远。

银行理财产品也在这一时期开始发行。2004年2月，光大银行上海分行发行了内地第一只外币理财产品阳光理财A计划，标志着内地商业银行理财业务破冰。2005年，银监会出台了《商业银行个人理财业务管理办法暂行规定》等制度，规范银行理财业务。

随着2005年年底牛市到来，上证综指一路上涨至2007年10月的6 124点。随之，公募基金市场也经历了一轮爆发式增长，基金数量从2006年年底的308只扩充至2007年年底的346只，规模达到3万亿元。权益大牛市下，银行理财也想参与其中。2006年6月，中信银行首倡人民币理财产品利用信托模式进行新股申购投资，人民币理财资金进入权益市场。

但对债券交易者而言，这一时期却显得落寞。在流动性整体偏紧的时期，2006年有多只货币基金出现日收益为负的情况。由于货币基金投资门槛低、客户范围广，在货币基金产品层面打破刚性兑付会严重影响产品在投资者心中的口碑。所以相关公募基金公司都不约而同用自家的风险准备金赔付了客户。之后这种方法成为货币基金领域的行业惯例。

信托的资管业务也在这一阶段被正名。2007年,《信托公司管理办法》和《信托公司集合资金信托计划管理办法》颁布,明确将"信托投资公司"更名为"信托公司",对信托投资业务予以限制。但参与资本市场业务,信托公司只能赚一道手续费,规模也很难扩张。

本土资本市场的成功为中国资管机构带来了很大信心,"走出去"也成为探索的战略。2007年6月20日,证监会颁布了《合格境内机构投资者境外证券投资管理试行办法》,基金公司可以公开募集资金投资海外权益市场,QDII基金的推出恰好赶上基金抢购潮。然而,基金"出海"后却遭遇了2008年美国次贷危机,净值一地鸡毛。

2008—2011年:公募基金停滞,信托与理财走向舞台

受金融危机的负面影响,2008—2011年,基金份额增长缓慢,基金市场处于停滞期。公募基金从2007年的巅峰状态超过3万亿元,跌至2008年年末的1.9万亿元。2008年之后,虽然每年都有新基金发行,但是资产净值始终未能超过2007年年末的水平。

停滞期内,基金仍在拓展新客户和新渠道,其中客户从零售转向机构,渠道从银行转为多样。在客户类型上,2009年9月,中银基金与中国银行合作的中银专户主题1号进入募集程序，并在发行当日成功募集近4亿元，成为国内第一只成功募集的基金公司专户理财"一对多"产品。在渠道选择上，2011年，新基金面临市场震荡低迷和银行理财产品客户吸引力强的双面夹击，银行"一家独大"的销售格局使许多基金公司不堪重负。2011年10月1日，修订后的《证券投资基金销售管理办法》明确提出独立基金销售机构。2011年四季度，证监会正式接受第三方基金销售机构的申报，第三方销售大幕正式拉开，天天基金网成为首批获牌的第三方基金销售机构。

2009年起，商业银行的理财产品逐渐成为资管的主流产品，按期限延伸的产品线开始发展。国有银行则凭借其网点资源、客户资源、综合实力优势，逐渐在国内理财市场占据主导地位。银行顺应客户需求推出期限较短、收益稳定、资金门槛不高的固定收益类产品，但新股产品和权益类产品规模萎缩。

2009年后，"4万亿"政策对经济的刺激效果显著，经济过热造成了房地产价格高涨、地方融资平台债务高企等一系列问题。2010年起，银监会开始限制商业银行信贷投放，房地产及地方融资平台的表内贷款受限，但相关项目的融资需求仍在。融资方通过银行和信托合作绕过表内的信贷管制，进行表外融资，这种情况下信托与银行的联动作用增强。信托扩张的机会来自银行通过购买资管产品实现"出表"的需求，即银行通过同业交易将原本是信贷的业务转换成同业投资业务。

这种模式使得信托找到了看上去合意的资管模式,即与银行合作,借助房地产和地方融资平台的信用,维持产品刚性兑付,扩张规模,同时收取较少的管理费。信托行业开始进入2010—2016年的7年黄金增长期,面对这样一块蛋糕,包括券商、基金子公司等资管机构也分外眼红。

2012—2018年:繁荣、曲折与转型

自2012年起,资管业迎来了一轮监管放松。2012年5月,券商创新大会召开,这次会议制定了证券行业改革创新的11个方面举措,最大限度放松了行业管制,拉开了行业创新发展的序幕。

在行业放松监管、鼓励创新的环境下,2012年10月,证监会颁布《证券公司客户资管业务管理办法》(证监会第87号令)及配套实施规则《证券公司集合资管业务实施细则》及《证券公司定向资管业务实施细则》(也称"一法两则"),扩大了券商资管的投资范围,调整投资限制,允许集合计划份额分级,并将审批制改为备案制,大大缩短了产品设立时间。政策红利的释放,奠定了券商资管繁荣的基础。

证监会的总体精神是放宽业务限制,推动资管业务发展,这体现了"放松管制、加强监管"的政策取向。但在当时,券商资管一方面缺乏合意的牌照产品对接标准化权益和债券资产,如

2013年停发了券商大集合产品；另一方面，市场也缺乏大牛市的行情，资管机构很难大规模押注股债券市场。

在当时的环境下，"影子银行"背后的类信贷业务确定性更高，所以银行理财、券商资管、基金子公司等纷纷进军银行同业合作领域。比如基金子公司开展信托业务只要2 000万元，且无净资本的约束。但相关资管机构规模的快速膨胀也引起了监管层的关注。2013年3月，银监会颁布《中国银监会关于规范商业银行理财业务投资运作有关问题的通知》(银监发[2013]8号，简称"8号文")，规定理财资金投向非标资产，不得超过理财总额的35%，也不得超过银行总资产的4%。"8号文"出台后，一时间债券和权益市场风声鹤唳。

权益市场环境不好，资管产品的创新体现在了货币基金等其他领域。2012年10月11日，南方、国泰、汇添富提出的"货币基金T+0当日赎回方案"获批。T+0能够实现，不是因为货币基金的主动管理能力提升，而是依靠托管行或股东方垫付。但整体看，公募基金做货币基金，规模上难以与银行系比肩，与互联网公司联姻是后续打造爆款产品的突破方向。

2013年6月13日，余额宝诞生，这不仅成就了天弘基金，也成就了中国货币基金，后续中国基金规模的扩张主要依靠货币基金。单从投资角度看，余额宝与传统货币基金并无二致，但通过线上渠道唤起了长尾客户的理财意识。余额宝成为阿里生态链的重要一环，互联网线上渠道成为资管零售渠道的重要布局方向。为配合防范金融风险的要求，余额宝多次主动控制基金规模扩张速度，并严格限制大中型客户进入。余额宝的成功产生了较大的示范效应和轰动效应，后来出现了大批模仿余额宝的"宝宝"类产品。余额宝之后，尾随的多为银行系货币基金。截至2018年12月31日，余额宝规模为1.13万亿元（期间最高规模约1.6万亿元）。

尽管2013年股票和债券市场表现并不佳，但越来越多的专业人士发起设立了基金公司。监管部门对此持鼓励态度，放开公募基金牌照，私募基金纳入监管，允许券商、保险、私募等资管机构公开发行基金。2013年8月，上海东方证券资产管理公司取得公募基金发行资格，成为首家获准发行公募基金的资管机构。2013年11月，中国人寿发起设立了国寿安保基金公司，成为首家保险系基金公司。2014年8月，公募基金产品正式从核准制迈入注册制，基金发行数量大增，新基金产品在上交常规文件20个工作日之后即可发行。此后公募基金清盘走入常态化，市场准入退出机制进入良性循环。后续，私募系的朱雀基金、鹏扬基金，地产系的格林基金、中庚基金，期货系的南华基金，以及个人系的睿远基金等，各类型基金公司以上海、北京、深圳为主要发源地在全国范围内百花齐放。同时在激励创新方面，公募基金也走在了前面，2014年5月，中欧基金作为首单公募基金股权激励获批。

伴随2014年权益市场的牛市，权益分级基金发行规模不断扩大。由于配置了杠杆，基础资产上涨时分级基金将享受更大涨幅。分级基金因此成为2014年增长最快的基金品种之一，一年时间达到了千亿元规模。但在2015年6月市场由牛转熊后，相对于正股，分级基金更是一地鸡毛。而在熊市之后的2016年，保本型基金反而成了香饽饽。

2015—2016年，事实上债券市场的牛市走得比股票市场更远，这也与银行理财等广义基金的规模形成了正反馈。这一阶段，金融机构表内和表外资产负债管理行为是决定相关机构规模扩张的关键因素。一方面，宏观增长乏力，受制于上游原料企业需求萎靡和房地产企业去库存，高收益资产的供给持续下降；另一方面，广义基金扩容，银行理财保持25%以上的增幅，后进入的区域中小银行扩张更快。同时委外定制债基大幅扩容，相关产品通常由银行约定年化收益率，将表内自营资金或银行理财资金委托给基金、信托和私募等资管机构。这一阶段，针对中小银行资管机构的外包业务方兴未艾，同业存单和委外将大行、中小银行和非银金融机构紧密捆绑在一起。

但是过犹不及，包括各路资管产品在内的广义基金的扩张导致了股、债、楼市的资产价格泡沫，并促使监管部门在2016年下半年实施去杠杆政策。2016年5月，证监会发布《证券期货经营机构私募资管业务运作管理暂行规定》，即"新八条"规定，重点加强对违规宣传推介和销售行为、结构化资管产品、开展或参与资金池业务等问题的规范。

2017年,原银监会开展"三三四十"等专项整治行动,券商定向资管、基金子公司、信托公司银信合作等同业业务都受到监管约束。

2018年3月28日,中央全面深化改革委员会第一次会议审议通过了《关于规范金融机构资管业务的指导意见》(下文简称"资管新规")。资管新规作为未来中国资管机构的总纲领,给银行、证券、信托等机构的商业运作模式带来了革命性影响。

资管新规具体内容包括:一是统一资管业务规则和标准,加强监管协调,机构监管与功能监管相结合,以前各类资管业务,包括银行、证券、保险等并不是统一协调的,现在不同类型的资管机构要按照统一规定提供产品,受同样的规则约束;二是消除多层嵌套和通道,减少以通道业务为主的监管套利;三是打破刚性兑付,实行净值化管理;四是规范资金池,降低对非标资产的期限错配,减少流动性风险。总体上,资管新规比较符合公募基金的运作模式,但对银行理财、信托等机构的运作有重大影响。即使对于公募基金而言,过去的公募分级基金、保本型基金,以及非公募的通道业务、资金池业务也将逐步消失。

2018年权益市场整体是熊市,债券市场虽然是牛市,但由于委外收缩,资管机构真正能配置的资金并不多。2018年资管的转型,一方面在于银行理财等结构顺应资管新规要求研发净值型产品，另一方面在于公募基金推进适合长线资金的产品创新。2018年3月2日，证监会发布了《养老目标证券投资基金指引（试行）》，公募基金在个人养老投资领域实现了量的突破，开始探索社保第三支柱的可能性。

除个人养老投资领域加强产品创新外，公募基金也在探索境外"独角兽"公司回归A股带来的资本红利。2018年5月，包括华夏、招商、易方达、南方、汇添富、嘉实在内的6家基金公司上报封闭期为三年的战略配售灵活配置基金，引发了市场高度关注。但由于投资标的的暂时性缺失，6只"独角兽"基金皆在2018年三季度选择重仓债券，在债券市场回暖的市场环境下均取得了正收益。

资管机构的对外开放也在加快。2017年，中国证监会宣布国内基金公司外资持股比例放宽至51%，三年后投资比例不受限制。截至2018年6月，已经有10多家外商独资私募证券投资基金管理人注册并备案，海外的富达、贝莱德等机构已发行了它们的第一只产品。

资管新规的执行力度也在悄悄变化。2018年7月20日，人民银行发布《关于进一步明确规范金融机构资管业务指导意见有关事项的通知》，对资管新规进行了较为宽松的解读，对理财老产品对接新资产、摊余成本法认定的产品整体给予较为宽松的认定。

2018年9月28日，银保监会正式出台《商业银行理财业务监督管理办法》，12月2日，又出台了《商业银行子公司管理办法》。

这样，新一轮监管周期开始，包括银行理财在内的资管机构业务转型已不期而至。

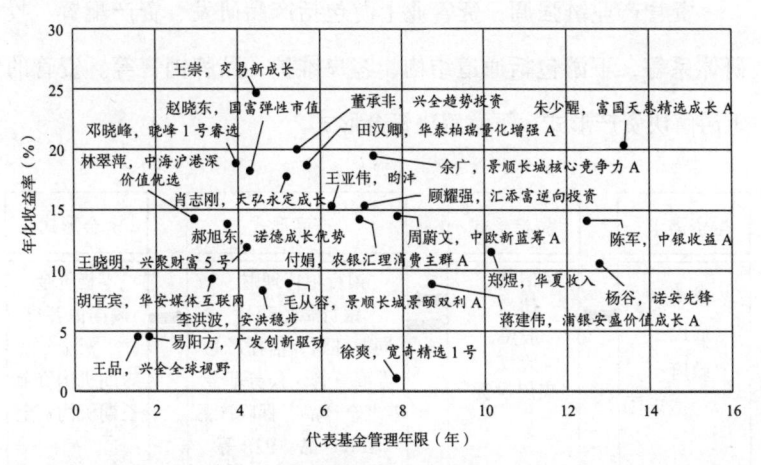

图 6-1 中国基金经理代表基金历史业绩

资料来源：万得，并根据公开资料整理。

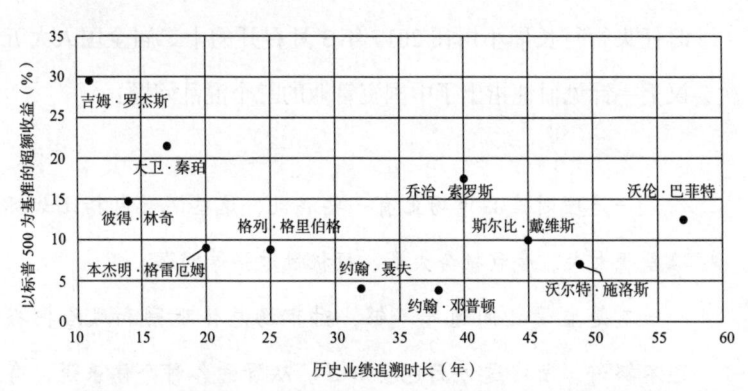

图 6-2 美国基金经理历史业绩相对于标普 500 的超额收益

资料来源：彭博，并根据公开资料整理。

中国资管机构现阶段发展模式总结

资管产业链强调,资管业上游包括产品研发、资产配置、投研体系等,下游包括通道结构、客户维护、品牌销售等。资管的上游解决资产形式,下游解决资金形式。

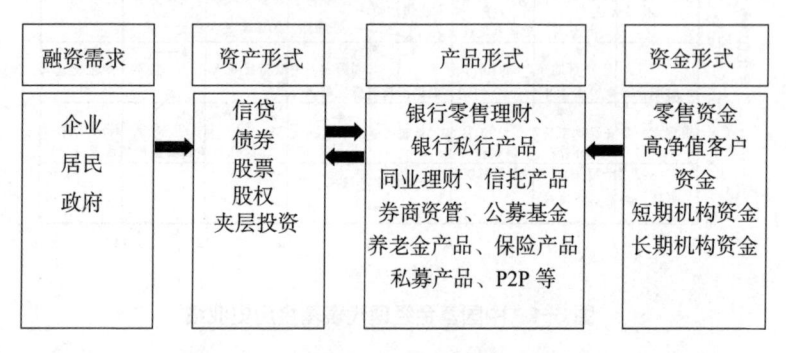

融资需求	资产形式	产品形式	资金形式
企业 居民 政府	信贷 债券 股票 股权 夹层投资	银行零售理财、 银行私行产品 同业理财、信托产品 券商资管、公募基金 养老金产品、保险产品 私募产品、P2P 等	零售资金 高净值客户资金 短期机构资金 长期机构资金

图 6-3 资管业联系了融资需求和资金形式

时任央行行长周小川在 2017 年 3 月召开的十二届全国人大五次会议上一针见血地指出了中国资管业的三个混乱问题:

一是理财产品市场上有一些混乱,这些混乱包括比如标准差距太大、套利机会太多、投机性过强等问题。

二是监管之间通气不够,对市场总体观察和风险把握还不够好,所以这方面也要加强。从资管各种个体来说,有一些是投机性过强,忽视风险,没有一些起码的风险管理的做法。

三是大家所关心的,有一些资管产品或者理财产品嵌套运行,就是从金融系统一个行业的一个公司到了另外一个行业的一个公司,来回在系统里转。而我们强调资管和其他金融业务一样,要着重为实体经济服务,转来转去,钱没有到实体经济去。这中间到底有些什么问题,可能有一些是套利,甚至有一些是违规的行为。

现阶段,刚性兑付和融资扭曲是决定中国资管业发展的核心制度因素,也是中国近百万亿元资管业发展的温床。

刚性兑付:增强资金黏性,扭曲资金属性

在中国资管市场上,银行理财产品和信托计划拥有明显的刚性兑付特征。两部分业务规模总计约55万亿元(不考虑交叉因素),占整个大资管规模的近一半。

刚性兑付指信托产品到期后,信托公司必须按照之前约定的条件分配给投资者本金以及收益。当信托计划不能如期兑付或出现兑付困难时,信托公司则需要兜底处理。信托产品遇到兑付困难时,一般通过利用自有资金受让资产、引入第三方机构、新发产品等方式维持刚性兑付。但事实上,中国并没有哪项法律条文明确规定信托公司必须进行刚性兑付,这却成了信托业的一个潜规则。

事实上,刚性兑付在银行理财、信托市场上并不是直接产生的,也是产品竞争和监管博弈的结果。以银行理财为例,2004年7月,光大银行发行了中国第一只面向个人客户的人民币理财产品——阳光理财B计划,该产品与金融市场投资收益情况挂钩。但2006年后发行的理财产品多结合权益市场收益。2008年,因为股票市场火热而受到追捧的权益类理财产品损失惨重,部分银行权益类理财产品出现了较大幅度亏损,但大多数银行出于维护客户关系的考虑,都以各种形式完成了兑付。

信托产品刚性兑付的强化最初来自监管要求。2004年,在连续处置了金新信托、庆泰信托、伊斯兰信托等风险事件的基础上,监管层要求各信托公司不出现单个信托产品风险的思路,使得信托产品刚性兑付的文化开始形成。2005年,监管部门窗口指导要求所有的信托公司不允许业务出现风险,否则可能停止相关机构的业务;2007年,《信托公司管理办法》规定信托公司每年应当从税后利润中提取5%作为信托赔偿准备金,但该赔偿准备金累计总额达到公司注册资本的20%时可不再提取,这使得产品的刚性兑付有了保障。

表 6-2　信托产品早期风险事件不断,并没有刚性兑付文化

信托机构	风险事件
金新信托	2004 年之前,信托工作人员面向社会不特定客户吸收资金 3.5 万笔,近 200 亿元,承诺固定收益率并到期还本付息,变相吸收公众存款,实际上挪用资金参与了"德隆系"的炒作。
庆泰信托	2004 年,在信托资金的融资过程中存在诸多违规操作,如在部分主合同及大部分补充协议中承诺委托资产的固定收益率或保底收益率;指定用途信托资金用于指定用途外的项目,如炒作桂林旅游等股票。
伊斯兰信托	2002—2004 年共向 202 家机构和 133 名个人变相吸收资金 29.8 亿元,参与了"德隆系"旗下上市公司的炒作。

实际上受托责任和产品刚性兑付是两回事,但在资管业务中二者经常被等同。金新信托等信托公司出现的风险均是由于信托公司挪用信托资金进入资本市场亏损所致。加强信托公司的受托人意识是必要的,但加强受托责任并不意味着应该进行收益保底和刚性兑付。

综上所述,中国资管产品的刚性兑付文化始于 2005 年之后的信托,并开始在银行理财乃至券商定向资管、P2P(点对点网络借款)中形成。资管的刚性兑付文化对中国金融体系有利有弊,这体现在:第一,对销售端而言,这增强了资金端客户的黏性,实现了资管规模的快速扩张。过去 10 年,中国社会个人财富增速达到 15%,高于同期 GDP 8% 的平均增速,而近 5 年来资管机构的规模增速近 40%,显著高于个人财富增速和 GDP 平均增速。以信

表6-3 资管子行业2012—2016年复合增速接近40%

	2012年（万亿元）	2013年（万亿元）	2014年（万亿元）	2015年（万亿元）	2016年（万亿元）	2017年（万亿元）	2012—2016年复合增速（%）	2016—1207年复合增速（%）
银行理财	4.59	10.21	15.02	23.50	29.05	29.54	58.61	1.69
信托公司	7.47	10.91	13.98	16.30	20.22	26.25	28.27	29.82
证券公司	1.89	5.20	7.95	11.89	17.58	16.88	74.64	-3.98
保险资金	6.85	7.69	9.33	11.18	13.39	14.92	18.24	11.43
基金子公司	0	1.44	5.88	12.6	16.89	13.74	25.03	-18.65
公募基金	2.87	3.00	4.54	8.40	9.16	11.60	33.66	26.64
私募基金	0.75	1.22	2.13	5.21	7.89	11.10	80.10	40.68
资管规模总计	24.42	39.67	58.83	89.08	114.18	124.03	47.05	8.63

资料来源：万得。

注：基金子公司及专户2012年及2013年增速为估算值，其年复合增速为2013—2016年的年复合增速。

托产品为例，一方面做企业可能亏钱，另一方面投资信托产品可以获取平均7%~8%的无风险收益。这种情况下，之前被整顿5次的"坏孩子"信托，变成了高净值客户眼中的"香饽饽"，信托在2010年后规模激增，最终形成近25万亿元规模的资管子行业，仅次于银行表内（约240万亿元）和表外理财（约30万亿元）。

第二，在资管机构的运作方面，简单粗暴的资金池操作取代了大类资产配置体系。资金池是银行等机构表内资产配置的常见模式，但在资管业务中，资金池操作一方面脱离了资本充足率、存款准备金率等要求，另一方面只要有后续现金流不断来源的预期，资金池可以保证产品的刚性兑付，直到资金的来源被打破。这种情况下，资金池模式能否维持主要取决于资管机构产品的资金供给端是否会收紧，所以在去杠杆的流动性环境下，这类商业模式就孕育了较大风险。

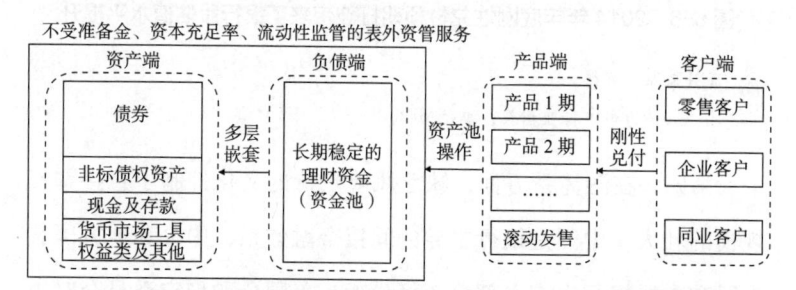

图6-4 资管新规前理财业务不受监管指标约束，并与表内业务联系密切

第三，在融资结构方面，风险与收益关系的扭曲提升了社会

无风险利率中枢。风险资产的定价是无风险利率、风险偏好、盈利预期（如权益资产反映在现金分红上）三因素综合作用的结果。海外成熟市场常将一年期国债收益率作为无风险收益水平（一般在3%以内），而由于刚性兑付，一年期信托收益率（一般在7%~8%）却成为高净值客户心里的无风险收益水平，这降低了风险资产的估值水平。事实上，中国阶段性存在刚性兑付打破的预期时，权益市场通常会迎来权重股的牛市。

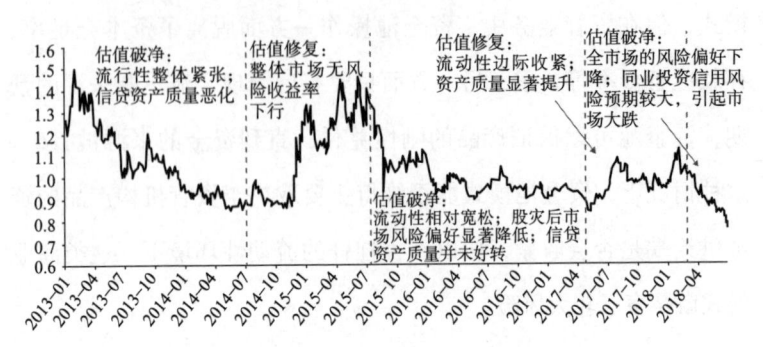

图6-5 2014年年底刚性兑付预期打破带来了银行股估值水平提升

资料来源：万得。

注：纵轴为申万行业指数，单位为倍。

第四，在融体系方面，缺乏风险定价的文化抑制了直接融资规模的壮大。中国是银行主导的间接金融体系，中央和地方国有控股和参股银行占有大部分市场份额。美国金融稳定委员会对主要的发达国家和新兴市场国家2016年年底金融资产（包括银行、央行、保险公司、养老金等）占GDP的比重做了对比。在发展中国家中，中国这一比例最高，超过400%。资本市场和债券市场能起到分散风险的作用，股票市场更能增加资本、降低杠杆率，股权融资更适合不确定性较大的创新企业、知识经济。而在缺乏风险定价的文化下，融资工具容易向传统信贷集聚，更容易导致银行规模的独大。

表6-4 中国权益和债券市场占GDP比重少，而银行业总资产占GDP比重高

	权益市场/GDP	债券市场/GDP	银行业资产/GDP
美国	147.4	205.3	90.4
中国	64.3	82.6	295.0
英国	130.8	203.8	495.4
日本	104.8	254.3	196.6
法国	86.7	158.8	347.3
德国	49.1	92.7	235.5

资料来源：摘自《中国金融》2018年第11期，周琼，《不同金融发展模式比较》，原始数据主要来自FSB 2016年年底数据。

融资扭曲：融资需求与融资途径不匹配

近10年来，中国经济的高速增长主要由固定投资拉动，其中房地产和基建投资占主导，超过了制造业投资。近5年房地产投资平均累计同比11%，基建投资平均累计同比20%，均高于近5年GDP 7.07%的平均增速。

固定资产投资规模保持高速增长，但近10年来融资来源和形

式却变化较大，整体上表现为从信贷融资到非标融资。在固定资产投资的拉动下，中国城镇化快速推进，农村人口向城镇转移，产业向区域中心集聚，这与地方政府全力支持经济发展密不可分。但在严控赤字率、地方政府不得直接举债的制度环境下，同时城市发展衍生出大量基础设施资金需求，地方政府融资平台应运而生。

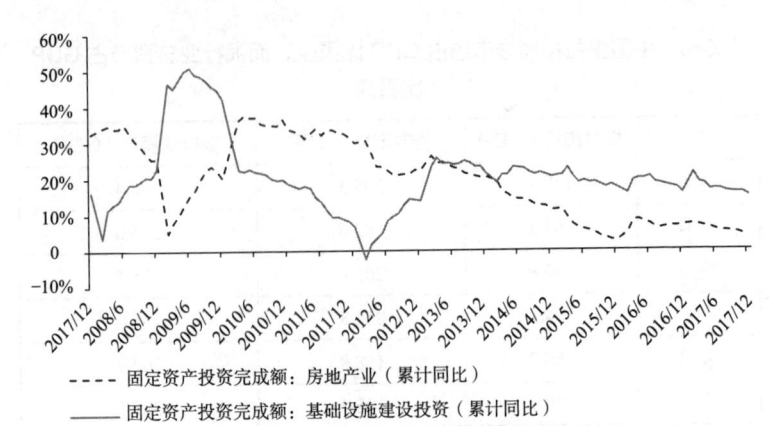

---- 固定资产投资完成额：房地产业（累计同比）
—— 固定资产投资完成额：基础设施建设投资（累计同比）

图 6-6　长窗口期的房地产投资和基建投资的增速高于 GDP 增速

资料来源：万得。

特别是为纠正经济过热，2010 年后货币政策开始转向，从"适度宽松"转向了"中性稳健"，监管部门开始管制信贷资源的配置；另一方面，相关领域的融资需求仍强劲，但房地产开发商和地方政府融资平台难以通过正常信贷途径获得资金，被迫接受高成本的资金。

审时度势后，部分股份制银行认为相关抵押资产风险可控，也有动机将资金贷出。资产端和资金端达成一致后,需要新的交易安排来满足旧的融资需求,这种情况下同业投资工具应运而生。相关工具包括信托收益权、券商定向资管计划、基金子公司计划等,共同构成了中国资管产品的主力军。

利用同业投资,资管产品既解决了房地产和地方政府融资平台的融资需求,又满足了信贷投放监管要求,这具体表现在:在不严格穿透的前提下,规避宏观上的贷款额度监管和行业投向监管;在不严格穿透的前提下,通过包装成同业资产,减少资本消耗水平、改善存贷比;ABS(资产证券化)评级AA-及以上的优先级计提风险权重系数只有20%,商业银行有动机把资产通过结构化设计变为ABS产品,这可以大幅减少资本消耗;突破地域限制,在不设立地方法人分支机构的情况下,异地寻找资产;协助不良资产出表,优化资产质量指标;同业资产向下嵌套其他SPV去做明股实债(前提是企业或第三方提供回购及其他风险担保措施),实际可以按照100%的权重计提风险资产,规避了银行自营资金投资股权的风险权重1250%的监管要求。[①]

叠加监管对券商资管、基金子公司资管业务放开的制度性红利,2012年后中国相关资管产品规模开始大爆发。

---

① 根据《商业银行资本管理办法》,商业银行对非银金融机构、一般企业债权的风险权重均为100%,对未处于处置期的工商企业股权的风险权重为1250%。

资管产业链：资源聚于渠道，配置能力并不首要

从规模看，基于2017年年初的数据，银行体系资管仍处于行业内第一。按照规模排序为，银行理财（29.5万亿元）、信托（26万亿元）、券商资管（17万亿元）、保险资管（15万亿元）、基金子公司和专户（13.7万亿元）、公募基金（11.6万亿元）。考虑到信托和券商的实际资金来源中，银行资金占据相当一部分（如目前单一信托类业务规模近10万亿元，占据信托资金规模的近45%），银行在资管产业链的资金供给方面的作用实际上更大。

从产品嵌套看，银行、信托、券商资管、基金子公司之间嵌套较多，而保险资管相对独立。银信合作（通道）、银证合作（其中定向以通道为主、集合以委外为主）、银基合作（委外）、银基子（通道）合作占据相关资管规模的近40%。银行与非银机构的产品多采用嵌套模式，这一方面是因为银行理财资管机构的身份不被广泛认可，需要通过与非银机构产品嵌套满足开立账户、业务信息系统登记要求；另一方面也是为了突破信贷投放限制、资本节约等要求。

从资产配置看，标准化金融资产和非标准化资产各占一半左右，同时标准化风险资产在大类资产中占比最少。将信贷和协议存款作为非标准化资产的主要统计量纲，将债券和权益作为标准化金融资产的主要统计量纲，剔除嵌套后，前者近54万亿元，后者近51万亿元，基本各占资管领域的半壁江山。由于刚性兑付的存在，波动率高的权益资产占比不足 20%，这体现了资产配置中风险资产的低权重。

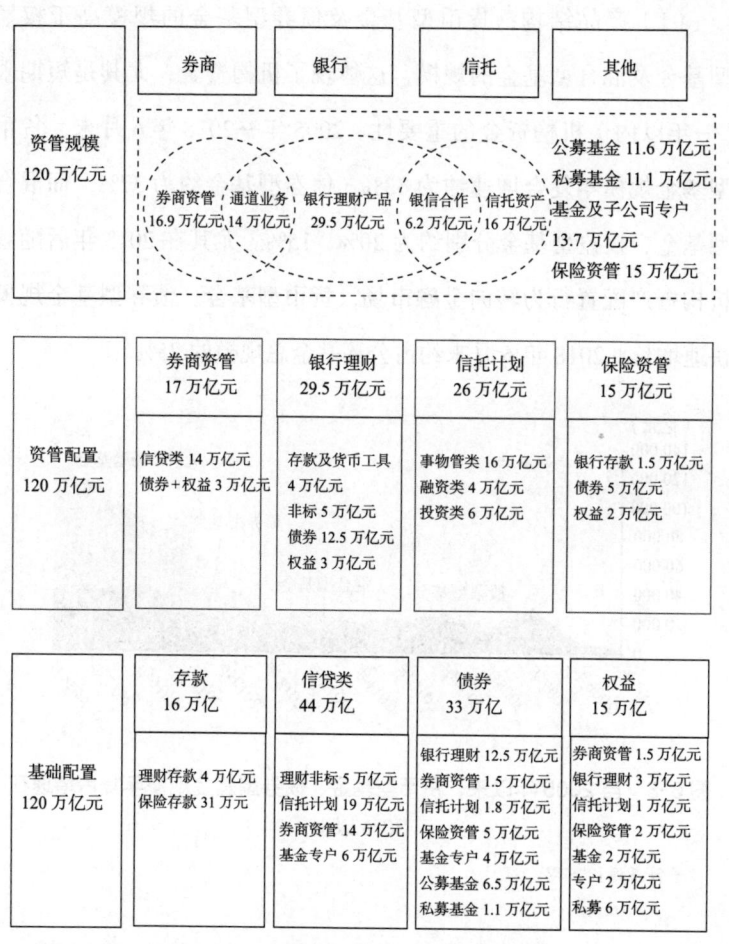

资管规模 120 万亿元	券商	银行	信托	其他
	券商资管 16.9 万亿元 / 通道业务 14 万亿元	银行理财产品 29.5 万亿元	银信合作 6.2 万亿元 / 信托资产 16 万亿元	公募基金 11.6 万亿元 / 私募基金 11.1 万亿元 / 基金及子公司专户 13.7 万亿元 / 保险资管 15 万亿元

资管配置 120 万亿元	券商资管 17 万亿元	银行理财 29.5 万亿元	信托计划 26 万亿元	保险资管 15 万亿元
	信贷类 14 万亿元 / 债券+权益 3 万亿元	存款及货币工具 4 万亿元 / 非标 5 万亿元 / 债券 12.5 万亿元 / 权益 3 万亿元	事物管类 16 万亿元 / 融资类 4 万亿元 / 投资类 6 万亿元	银行存款 1.5 万亿元 / 债券 5 万亿元 / 权益 2 万亿元

基础配置 120 万亿元	存款 16 万亿	信贷类 44 万亿	债券 33 万亿	权益 15 万亿
	理财存款 4 万亿元 / 保险存款 31 万元	理财非标 5 万亿元 / 信托计划 19 万亿元 / 券商资管 14 万亿元 / 基金专户 6 万亿元	银行理财 12.5 万亿元 / 券商资管 1.5 万亿元 / 信托计划 1.8 万亿元 / 保险资管 5 万亿元 / 基金专户 4 万亿元 / 公募基金 6.5 万亿元 / 私募基金 1.1 万亿元	券商资管 1.5 万亿元 / 银行理财 3 万亿元 / 信托计划 1 万亿元 / 保险资管 2 万亿元 / 基金 2 万亿元 / 专户 2 万亿元 / 私募 6 万亿元

图 6-7　中国资管产品格局和配置情况

资料来源：万得、监管部门官网。

注：银行理财产品包括保本与非保本产品，统计时间截至 2017 年年底。

为了更好地说明不同类型资管机构的竞争力，下面以公募基金为例，从更细分的三个角度描述中国资管机构的差异化特征。

（1）产品结构：货币型基金及债券型基金的规模高于权益型基金及混合型基金的规模，这体现了机构资金，尤其是短期限（一年以内）机构资金的重要性。2005年—2018年6月末，货币型基金规模年复合增速约为33%，债券型基金约为37%，而混合型基金、权益型基金分别约为20%、15%。尤其在2013年后随着机构资产配置行为转向金融市场，货币型基金、债券型基金规模快速增长，2018年6月末约占公募基金总规模的75%。

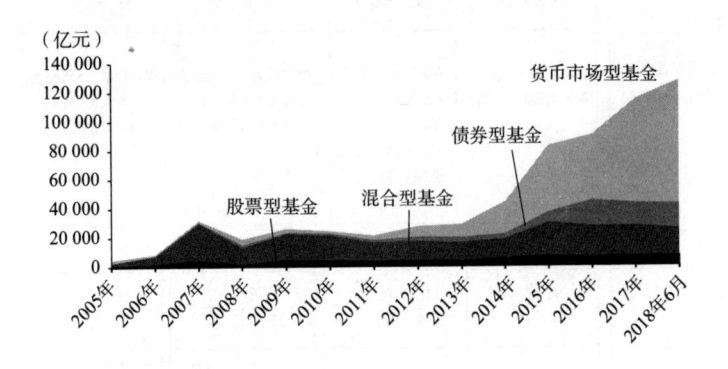

图6-8 自2005年以来，货币型基金、债券型基金规模年复合增速在30%以上

资料来源：万得。

（2）股东特征：银行系的基金公司、信托公司规模都较大，这也体现了机构资金来源而非管理能力对资产规模的提振作用。

截至2017年12月底,信托规模前十的信托公司中,有4家是银行系信托公司,平均管理规模约1万亿元。截至2018年第二季度末,基金规模前十的基金公司中,有4家为银行系基金公司,平均管理规模约5 000亿元。银行出于提升杠杆、避税、通道等考虑,实现了资金从信贷资产向同业投资类资产的转移,进而驱动了相关交易伙伴信托、公募基金规模的扩张。

表6-5 信托规模前十中有4家银行系信托公司

受托人	规模合计（亿元）	排序
中信信托	19 867	1
建信信托	14 097	2
华润信托	13 469	3
华能信托	10 103	4
交银信托	9 656	5
兴业信托	9 321	6
上海信托	9 124	7
渤海信托	7 550	8
中融信托	6 699	9
中航信托	6 577	10

资料来源：公司年报、用益金融信托研究院。

注：统计时间截至2017年12月31日。

表 6-6 基金规模前十中有 4 家银行系基金公司

基金公司	基金数量	资产合计（亿元）	排序
天弘基金	45	17 399	1
易方达基金	144	7 210	2
工银瑞信基金	116	6 507	3
建信基金	101	6 341	4
博时基金	177	5 362	5
南方基金	168	5 130	6
华夏基金	128	4 559	7
汇添富基金	112	4 349	8
中银基金	98	4 248	9
招商基金	131	4 054	10

资料来源：万得。

注：统计时间截至 2018 年 6 月 30 日，剔除 ETF 联接基金市值。

估值和赢利能力：处于募集资金和产品销售端的机构在赢利能力和估值水平上高于处于资产端的机构。在刚性兑付的情况下，实际上"募资找钱"比"投资管钱"的需求更强，资管下游机构因为更广泛的募资能力、更强的盈利水平，更受到资本市场认可。2018 年 6 月末，东方财富（面向中等零售客户）、诺亚财富（面向高净值零售客户）、安信信托（信托机构）的 PB 在 2.5 倍以上，诺亚财富和安信信托年化 ROE（净资产收益率）均在 12% 以上；而以中信证券为代表的证券公司 PB 在 1.3 倍左右，年化 ROE 不到 8%。

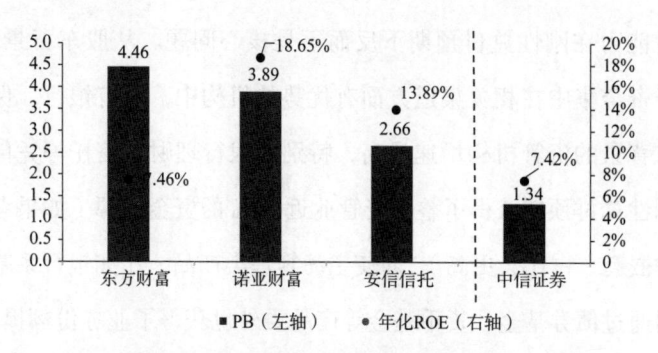

图 6-9 刚性兑付背景下资管下游销售渠道机构更受到市场认可

资料来源：万得。

注：统计时间截至 2018 年 6 月 30 日。

综上所述，在中国资管业务中，由于刚性兑付和融资扭曲的双重影响，"找钱"比"管钱"更重要，这扭曲了中国资管产业链的分布。从资金来源看，来自机构的短期资金（比如银行理财为一年以内的资金，信托一般为 1~3 年的资金），由于体量优势和相对成本较低，成为资管体系最渴求的资金资源；而从资产端看，由于刚性兑付导致无风险利率高企，权益资产长期难以走牛。最终，除了少数统计上的优胜者和机构外，通过主动管理进行大类资产配置并不理想，反而通过地方政府融资平台、房地产等领域的"刚性兑付信仰"加大相关资产投放的资管机构，在过去 5 年最为受益，资产规模实现了最快扩张。

所以中国的资管产业链曲线会有明显的向右倾斜的特征：资源容易集中在销售渠道、客户维护、通道设置等业务线上，资产配置能力在刚性兑付预期下反而不是核心问题。从股东背景看，由于资金集中在相关渠道方面有优势的机构中，拥有银行、保险股东背景的资管机构增速最高，特别是银行理财、信托等凭借产品刚性兑付预期获得了整个资管业近50%的资金资源（如果考虑结构嵌套，占比会更高）。即使主动管理类产品，比如银行系基金公司通过债券基金、货币基金等产品委外也获得了业务份额提升，而权益类产品随市场周期性明显。从盈利能力和估值上看，由于累计复合增速，拥有资金募集和销售属性的资管机构规模快速增长，并保持了较高的ROE水平（一般在10%以上且保持稳定），而券商、公募基金等被认为主动管理能力强的机构，如果剔除了券商定向资管和货币基金，规模增速有限且ROE水平并不高（如券商在资本市场偏弱时ROE一般在7%~8%）。

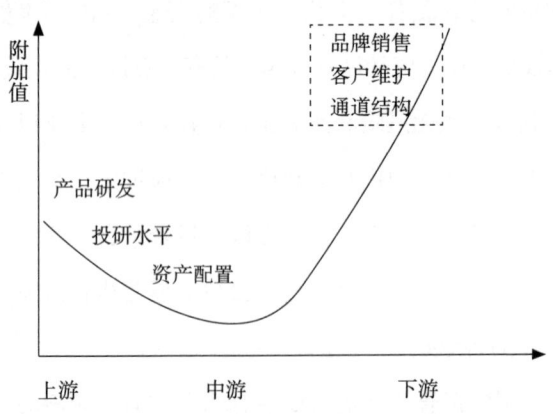

图6-10　中国资管产业链曲线有向右倾斜（即向资金渠道端）的特征

但这种资管模式是否是稳态？在制度变量的约束下，曲线的上下游形态未来是否会改变？海外成熟市场资管产业链的资源分布是什么样的？下一篇会进一步讨论。

商业银行与投资银行的融合

商业银行与投资银行模式的融合，将成为中国资管模式进化的先决条件。事实上，这种迹象近几年已经出现。

为什么要融合

从长远看，银行与投行的融合，对企业融资结构改善、居民财富增值保值、金融机构长期发展三方面均有利，符合经济转型的方向，并最终服务于经济的高质量发展。

从企业发展看，银行与投行的融合有利于优化企业的融资结构。企业在不同发展阶段有不同的融资需求，企业早期发展阶段，有"好故事"但没有"硬资产"，融资主要靠股权，要以"好故事"打动融资人，这依赖于VC、证券等直接融资中介的参与；而在成熟期，企业有可抵押的"好资产"，但大多缺乏模式创新和转换的可能性，故应依靠信贷、信用债等债权融资方式；到了后期，企业更应该通过分红将利润还给股东，而减少融资，甚至可以探讨通过券商、PE在资本市场业务分拆的可能性。目前中国融资规模主要集中在以信贷融资为主的融资体系中，根据2019年的社融数据，信贷存量融资规模近140万亿元，非标等类信贷融资规模不少于20万亿元，信用债融资规模约20万亿元（产业债口径），作为比较，权益存量融资规模约7万亿元，一级市场融资规模每年不到3 000亿元（据投中集团数据）。银行为投行找到客户，同时投行为银行提供服务，可开拓直接融资，尤其是权益融资的发展机会。

表6-7　企业不同发展阶段需要差异化融资方式

发展阶段	融资方式	适合机构	举例
初创期	天使融资	VC	特斯拉（早期）
发展期	股权融资	证券	亚马逊、蚂蚁金服
成熟期	信贷、信用债	银行	上汽、万科
衰退期	退出或通过盘活资产实现二次提升	PE	通用电气、诺基亚

从居民财富看，银行与投行的融合有利于提供风险收益匹配的资管产品，达到金融普惠的目的。按照麦肯锡的统计，截至2018年年末，中国居民可投资资管规模已近160万亿元。但同时，可以观察到不同阶层的居民可获取的资管产品与风险收益比并不匹配：高净值客户除了可以获得风险收益匹配的各类型资产，也可以通过产品刚性兑付获得中等收益且低风险的信托产品；而低收入群体一方面因为缺乏投资经验，对银行理财和公募基金等资管产品参与较少，同时参与的P2P（大多数是民间理财的线上化）风险收益严重

不匹配。从资管产品的供给角度，银行与投行资管业务的隔阂维持了部分资管产品的刚性兑付，反而造成穷人补贴富人的局面，这最终会拉大居民的贫富差距。银行与投行融合将推动银行信贷文化转向投研文化，促进资管新规的贯彻和净值型产品份额的提升，最终实现资管产品与居民风险收益的匹配。

表6-8 低收入群体接触的资管产品有限且风险收益存在错配

收入水平	主要参与的资管产品
较低收入	存款（低风险/低收益） P2P（高风险/中等收益）
中低收入	存款（低风险/低收益） P2P（高风险/中等收益） 银行理财（低风险/低收益） 公募基金（中等风险/中等收益）
高净值客户	存款（低风险/低收益） P2P（高风险/中等收益） 银行理财（低风险/低收益） 公募基金（中等风险/中等收益） 信托（低风险/中等收益） 私募股票基金（高风险/高收益） 私募股权基金（高风险/高收益）

从金融机构看，银行与投行的融合有利于两类金融机构资源整合赋能，扬长避短。一方面，中国券商在总量上与银行已不可同日而语。截至2019年年初，中国商业银行总资产约217万亿元，投资、融资、支付、结算、资管、托管等各类基础功能完善；而中国证券公司资产规模尚不到6.5万亿元，包括支付在内的较

多基础功能仍在起步期。另一方面，两类机构境遇差异巨大。尽管 ROE 仍处在 12% 以上的较高水平，银行"忧在明天"，持续担心后续资产规模见顶，息差持续下滑，一会儿"慌资金"，一会儿"愁资产"。同时，尽管未来有很多好故事可讲，券商仍"穷在当下"，目前中国证券公司经纪、两融、权益自营收入占比近 70%，均与权益市场 beta（贝塔）高度相关，尚不能摆脱"靠天吃饭"的处境，权益市场熊市时券商 ROE 不足 5%。银行与投行的融合，本质是资源与功能的嫁接，最终落实到为居民和企业提供综合服务，既能"展开故事"，也可"兑现业绩"。

怎么才能融合

金融控股是可探讨的模式。目前国有大行普遍在境外，如中国香港控制券商牌照，普遍定位是离岸的财富管理和股权运作平台，特别通过海外券商牌照可以间接实现国内银行的投贷联动，但在国内业务上与商业银行融合得并不多。事实上，中国国有大行和股份制银行做金控的时机和能力已基本成熟，建议后续在《商业银行法》层面进一步放开混业经营，如考虑设立以银行为主的金融控股集团。从海外经验看，金控集团可以较好地协调银行与投行业务，可以参考摩根大通的组织结构，商业银行（含对公、零售两条业务线）和投资银行（含投行、资管两条业务线）可以成为金控集团下的独立业务条线。

表 6-9　目前中国的金控架构

主导	金控策略	主导牌照	代表机构
银行	为银行的企金和零售客户提供综合服务	银行	四大行下的牌照整合
非银	服务保险或证券的核心客户	证券或保险	中信集团、光大集团、平安集团
产业	为产业获得稳定的融资来源	产业与牌照打通，关注保险和银行	招商局、中航资本、五矿资本、中油资本
地方政府	壮大国有资本，提升证券化水平	一般为非银牌照	上海国际集团、天津泰达、浙江金控、鲁信集团

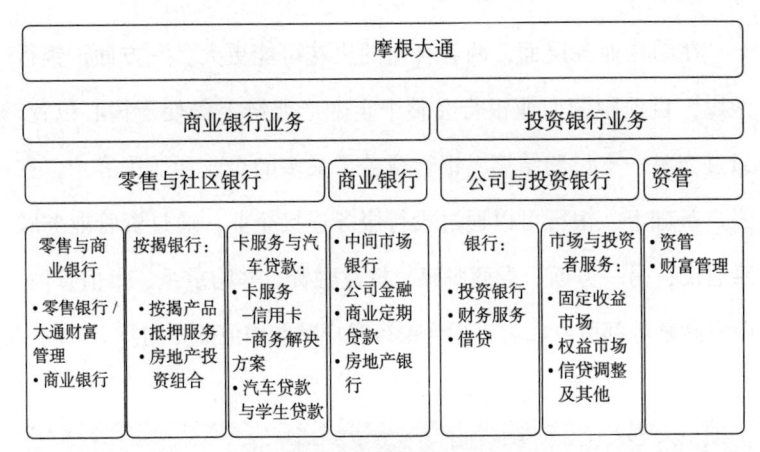

```
                        摩根大通
        ┌──────────────────┴──────────────────┐
     商业银行业务                          投资银行业务
  ┌──────┴──────┐                      ┌──────┴──────┐
零售与社区银行   商业银行              公司与投资银行   资管
```

| 零售与商业银行：
• 零售银行/大通财富管理
• 商业银行 | 按揭银行：
• 按揭产品
• 抵押服务
• 房地产投资组合 | 卡服务与汽车贷款：
• 卡服务
–信用卡
–商务解决方案
• 汽车贷款与学生贷款 | 中间市场银行
• 公司金融
• 商业定期贷款
• 房地产银行 | 银行：
• 投资银行
• 财务服务
• 借贷 | 市场与投资者服务：
• 固定收益市场
• 权益市场
• 信贷调整及其他 | • 资管
• 财富管理 |

图 6-11　摩根大通的组织结构

融合在哪里

更大的机会在机构业务，尤其是投行与资管业务，而非简单的零售份额扩张。基于独特的历史原因，中国当下也有银行控券商的样板。但从经纪业务份额看，简单的"客户迁徙、交叉销售"的经营模式并不成功，相关券商经纪业务份额目前普遍在 0.5% 以内。银行与券商在零售业务上水土不符，原因在于：两类客户本质上需要的是不一样的产品，券商活跃客户风险偏好高、热衷交易，券商的账户只能阶段性沉淀客户资金；银行客户风险偏好低，注重资金安全和资产沉淀。券商营业部和银行物理网点并不能直接"牵手"。

在结构业务层面，两者合作的火花可能更大。一方面，银行做媒，目前中国商业银行在整个金融产业链上仍处于核心位置，通过交易、支付和结算，银行覆盖了最多的企业和居民客户，在账户基础上，银行可以通过投行服务连接企业，通过资管业务联系居民；另一方面，券商脱媒，权益融资、并购重组、市值管理、股权激励等都可以成为投行为银行客户赋能增值的方向。

专题 大类资产特征复盘（2002—2018 年）

复盘可以建体系、知兴替。一切资产价格的表现均是特定历史阶段的产物，尤其在特定的宏观发展阶段，资产价格涨跌是经济增长、产业结构、通胀利率、人口结构和投资者结构对应的结果。

资管的基础资产无外乎权益、债券、商品、房地产等。本节将综述2002—2018年中国相关资产价格的表现，并从宏观经济、企业盈利、利率水平、资产比价等多个维度比照。根据风险和收益特征比较未来可能有潜力接棒非标的资产，具体分为4类：

1. 高收益、低波动。严格说，这属于风险收益不匹配的资产，该类资产最受资管机构的青睐，但随着经济结构的调整，这类"好资产"也在逐渐变少。除去非标，目前房地产，尤其是一线和二线城市的房地产最符合相关特征。

2. 高收益、高波动。这属于高风险特征，且风险收益匹配的资产。在实证结果中，可转债、权益属于该类型的资产，在刚性兑付打破的情况下，未来资管产品应引导这类资产的配置。值得关注的是，可转债的风险收益比似乎高于权益类资产。

3. 低收益、低波动。这属于低风险特征，且风险收益匹配的资产。国债、信用债均属于相关资产，这应属于未来资管产品配置的底层资产。

4. 低收益、高波动。这属于低收益、高波动，且风险收益不匹配的资产，应被资管机构摒弃。

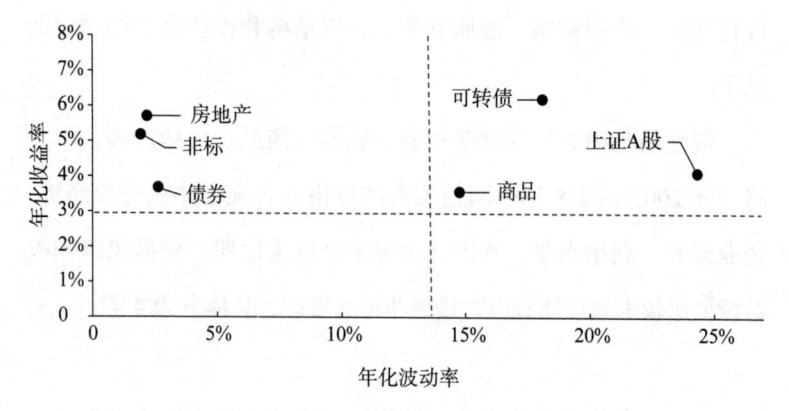

图 6-12 2002—2018 年中国大类资产表现

资料来源：万得。

注：A 股采用上证综指（2002 年 2 月 1 日—2019 年 5 月 8 日），债券采用中债总财富指数（2002 年 2 月 1 日—2019 年 5 月 8 日），房价采用百城住宅价格指数（2010 年 7 月—2019 年 4 月），非标采用对房地产和融资平台的非标准化债权的估算（2005—2018 年），商品采用南华商品指数（2004 年 6 月 25 日—2019 年 5 月 8 日），可转债采用中证转债指数（2004 年 6 月 25 日—2019 年 5 月 8 日）。

为进一步描述相关资产的历史风险和收益特征，下面按照时间序列分类进行讨论，重点分析股票、债券和房地产。

股票市场

由于证券市场产品标准化程度和参与者门槛较低，中国 A 股市场在 20 余年的发展过程中，吸引了大量居民直接参与投资配置，形成了以个人投资者为主的投资结构。一部分个人投资者寄希望于通过股市牛市实现居民社会财富再分配。2003—2018 年中国股票市场发展进程可划分为多个时期：2003—2005年，股市与经济走势背离，轮番出现结构性行情；2006—2007年，市场普涨，A股迎来超级大牛市；2008—2010年，从紧的货币政策转向"4万亿"，市场演绎V形行情；2011—2013年，低经济增速后，股市长期低迷；2014—2015年，"杠杆牛"来得快去得快；2016—2017年，供给侧改革后产业集中度提升，行业龙头崛起；2018年，受去杠杆与中美贸易战影响，全年股票市场阴跌。

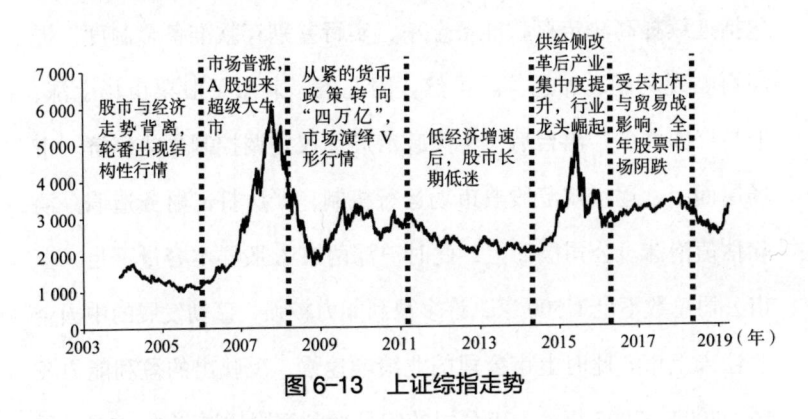

图6-13 上证综指走势

资料来源：万得。

2003—2005年：股市与经济走势背离，轮番出现结构性行情

在2001年经济探底后，2003开始后中国经济增速处于快速反弹上行阶段。即使2003年出现"非典"疫情，GDP（不变价）同比平均增速仍在10%以上。投资增速上涨拉动经济上行，2003—2005年，中国平均固定资产投资完成额累积增速在31.1%。

但是这一时期的股市行情并未反映火热的经济增长，上证综指在1000~2000点运行，2004年4月上证综指由1777点波动下行至2005年7月的1011点。

回顾这一时期，造成股市行情与经济增长出现背离的原因有以下几点：政策层面上，为抑制经济过热，货币政策收紧，宏观调控增强。2003年起，"热钱"涌入和持续贸易顺差使外汇占款增加，相关部门被动投放大量基础货币，货币政策加速货币回笼，包括连续提高法定存款准备金率、实行差别存款准备金制度、提高再贴现利率、加息等。虽然"国九条"刺激了股票市场上涨，但是"国九条"出台后，中央政治局会议定调控制过热经济。市场层面上，逐步规范股票市场运行机制，严厉打击财务造假，消除估值泡沫。公司层面上，此时沪深两市A股样本容量不足，上市公司总数不足1 500家，许多盈利能力较强、蓬勃发展的中国企业还未上市。此时上市公司的业绩增速慢，反映出的盈利能力较弱。2003—2005年，上市公司的归母净利润同比增速约1.7%，平均ROE不足10%，缺乏支撑股市上涨的基本面。

市场行情总体跌幅较大，市场结构分化。2003年出现"五朵金花"行情，即以钢铁、汽车、金融、石化、电力行业的龙头企业为主的蓝筹股上涨，这与中国当时重工业投资快速增长、工业生产加快的基本面一致。2004年，市场开始转向"煤电油运+传媒"的行情。伴随经济快速增长周期，经济发展对煤电油运的需求超过供给。国家各项政策确保加快电源电网、煤炭基地及交通干线的建设。同时受WTO外资开放政策影响，传媒公司成为稀缺的外资并购的对象。2005年，银行板块涨幅排名第一，全年累计涨幅约21%，成为当年的成长性行业。2003年，国家启动全国性大型商业银行股份制改革，通过剥离不良资产、核销已实际损失的资本金以及通过外汇准备注资等手段，大型商业银行存量问题资产被大幅清理。叠加经济快速上升周期，银行的盈利和资产质量边际明显改善。

2006—2007年：市场普涨，A股迎来超级大牛市

2006年，经济运行实现"高增速+低通胀"的美好预期，上市公司盈利增速大幅回升，A股估值逐步恢复，上证综指由年初的1200点附近上升至年末的2700点附近。2007年，上证综指全年涨幅约160%，A股爆发有史以来最大牛市。虽然2007年通胀反弹、货币政策收紧加强、市场利率提升，但上市公司盈利进一步增长、牛市中风险偏好提升、人民币升值等其他因素仍推动估值快速提升。

2006—2007年，全市场普遍上涨，各行业板块年度涨幅基本都在50%以上。除在牛市行情下beta属性最强的券商行业外，2006—2007年涨幅靠前的行业包括受预期大宗商品价格上涨影响的"煤飞色舞"行情（采掘/有色板块）、受消费规模扩张影响的

食品饮料行业、受信贷扩张盈利增速加快影响的银行板块、受全球贸易扩张影响的船舶业（相关上市被划入国防军工）等。

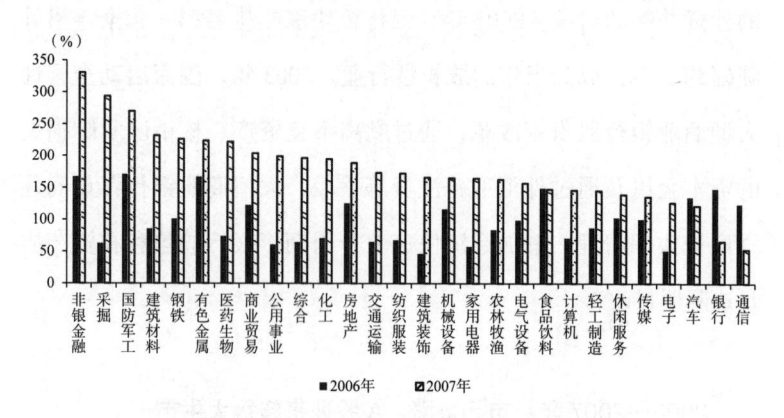

图 6-14　2006—2007 年行业涨跌幅排名

资料来源：万得。

注：行业分类为申银万国行业分类。

2008—2010 年：从紧的货币政策转向"4 万亿"，市场演绎 V 形行情

2008 年 9 月，雷曼兄弟申请破产保护，次贷危机正式向全球范围蔓延。2008 年 11 月，为抵御国际环境对中国的不利影响，扩大内需促进经济增长，国务院常务会议上提出"4 万亿"投资计划，实行积极的财政政策和适度宽松的财政政策。180 度的政策转向后，A 股才逐渐企稳止跌。2007 年 10 月权益市场见顶，随后经历了一整年的快速下跌，至 2008 年 10 月，大部分个股跌幅超过

80%。2008年年底，上证指数为约1 820点，较年初约5 500点下降了近3 680点。

全球市场因2008年金融危机进入量化宽松的时代。2008年9—12月，中国央行先后4次下调存款基准利率，5次下调贷款利率。"4万亿"投资计划推出后，信贷增速超预期反弹，2009年一季度新增信贷达到4.6万亿元，而2007年、2008年全年新增信贷规模分别为3.6万亿元和4.9万亿元。2009年M2平均同比增速达到26.5%。经济形势在2009年完成V形反转，GDP等多个经济指标年内迅速反弹。

在政策刺激下，2009年权益市场大涨，上证综指全年涨幅超过80%，多数板块全年涨幅超过100%。在"4万亿"的催化下，市场对大宗商品价格的上涨形成一致预期，推动"煤飞色舞"行情演绎，采掘（煤炭）、有色行业全年领涨。受家电下乡和汽车下乡政策刺激，汽车和家电销量大幅上涨，对应板块股价累计涨幅全年名列前茅。

2010年，权益市场中的中小板和创业板表现好于主板，中小板指数、创业板指数全年涨幅分别为21%、17%，而上证综指、沪深300指数分别下跌14%、13%。行业板块上，iPhone 4（苹果手机）于2010年正式发布，全球智能手机出货量迎来快速向上周期，电子计算机等电子科技板块领涨。

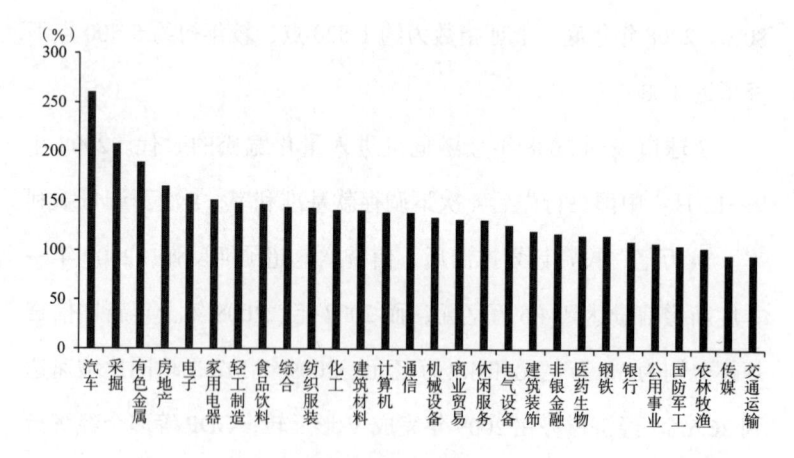

图 6-15 2009 年行业涨跌幅排名

资料来源：万得。

2011—2013 年：低经济增速后，股市长期低迷

2011—2013 年，经济增速较上一年逐渐下滑，GDP 同比增速从 2011 年年末的 8.8% 跌至 2013 年年末的 7.7%。2011 年更是出现"低增速＋高通胀"的局面，大宗商品价格上涨，全年 CPI（消费者物价指数）平均同比增速 5.41%。为保持物价稳定，货币政策收紧，上调大型存款类金融机构存款准备金 7 次，上调存贷款基准利率 3 次。权益市场整体下跌，2011 年上证综指同比跌幅 22%，受前期信贷放量影响而业绩回升的银行板块，及周期属性较弱的食品饮料行业跌幅较弱。

2012 年，物价回落，全年 CPI 平均同比增速 2.65%。为刺激低迷的经济，货币政策由紧转松；财政政策方面，大规模增加项目投资，基建投资增速同比回升，由2012年年初的-2.36%迅速上升至13.7%。2012年，蓝筹表现好于中小板和创业板，在房市政策微调增加和货币政策转松的刺激下，房地产及房地产产业链（家电、建筑装饰）等行业领涨。

2013年风格切换，创业板指数全年上涨83%，总体指数表现一般，上证综指全年下降7%，传媒、计算机、电子板块涨幅分别为107%、67%、43%。

2014—2015年："杠杆牛"来得快去得也快

2014年，经济下行压力增加，二季度货币政策转向宽松，"国企改革""大众创业、万众创新"等政策利好又唤起了人们内心对大牛市的预期。A股权益资产的预期高收益吸引了4万亿~5万亿银行理财资金和场外配资等资金通过各种结构化产品和创新工具流入股市，创新金融工具自带杠杆属性，进一步放大市场规模。2014年整体行情上涨，上证综指全年涨幅53%，牛市行情下的券商板块和受益于"一带一路"概念的基建（建筑装饰）板块领涨。

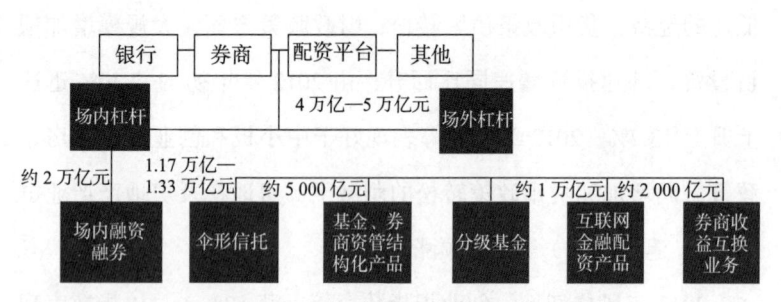

图 6-16　2015 年牛市下主要杠杆资金情况

资料来源:《2015 年中国股市异常波动研究》,万得。

2015 年 6 月,证监会要求券商对外部接入进行自查,各地证监局核实场外配资情况,占据市场融资规模近一半的场外配资受监管清查,引起市场强烈波动。"千股跌停"下,权益市场流动性边际衰竭。因为缺乏基本面支持,短期内股市快速上涨无望,市场恐慌情绪被放大,资产遭抛售。和以往股票市场表现不同,由于杠杆资金的平仓压力,本轮权益市场出现了显著的流动性问题,中小市值公司"卖不出去"的现象持续发生。

2016—2017 年:供给侧改革后产业集中度提升,行业龙头崛起

2016 年,传统上游钢铁、煤炭等行业供给侧改革开始,下半年工业领域摆脱数年的通缩,经济增速回升。这种情况下,权益市场结构上有较好表现,特别在周期性板块、行业龙头标的上,

核心资产、价值投资卷土重来。至 2017 年，经济增长表现出"韧性"，同比增速波动处于较低范围。2017 年，单季 GDP 同比增速分别在 6.9%、6.9%、6.8%、6.8%。同时，与供给侧改革相关的上游行业，如煤炭、钢铁、化工、有色等领域企业利润同比大幅反弹。政策面方面，打好"三大攻坚战"、防范金融风险是当年的主要任务。权益市场上，2017 年上证指数同比涨幅 7%，中小板、创业板指数下跌。从个股特征来看，随着产业集中度提升，大型公司盈利表现优于小公司，白马蓝筹市值走高。行业方面，业绩基面本持续走强的白酒、保险、电子等板块涨幅居前。

2018 年：受去杠杆与中美贸易战影响，全年股票市场阴跌

2018 年"黑天鹅"频出，2 月的美股大跌、3 月的中美贸易战、7 月的长生生物疫苗事件等，叠加 2017 年以来的去杠杆政策的推行使中国经济增长下行压力加大、风险偏好下移，市场加速回调。2018 年全年，上证综指同比下跌 26%。行业分布上，除银行、食品饮料、计算机通信外，其他行业跌幅在 30% 左右。

债券市场

债券作为常用的标准化融资工具，吸引了政府、金融机构、企业等多种类型主体参与，形成了大规模的机构投资者市场。截至 2018 年年末，中国债券市场存量总规模 85.74 万亿元，GDP 占比约为95.24%。2003—2018年中国债券市场发展进程可划分为多个时期：2003—2004年，宏观调控抑制经济过热，10年期国债利率上行；2005—2006年，"高增长+低通胀"的基本面下，债券市场大牛市；2007—2008年上半年，经济基本面过热引发政策面从紧调整，长期利率显著抬升；2008年下半年—2010年，政策大幅转向，债券市场经历大起大落；2011—2013年，严监管周期显现，"钱荒"冲击债券市场；2014—2016年，严监管让位稳增长，债券市场迎来超长牛市；2017年，金融去杠杆下的严监管周期；2018年，从宽货币到宽信用的疏通。

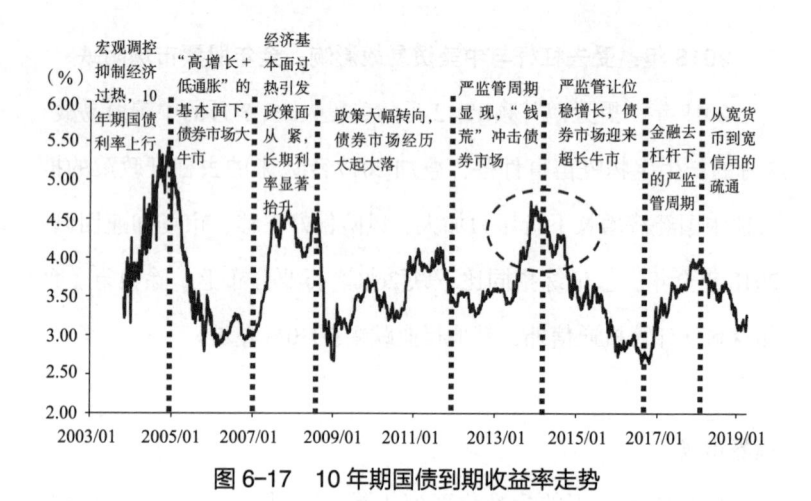

图 6-17　10年期国债到期收益率走势

资料来源：万得。

2003—2004 年：宏观调控抑制经济过热，10 年期国债利率上行

2003 年年末，CPI 加速单边上行，从 2003 年 6 月末的 0.3% 走高至 2004 年 8 月的 5.3%，市场对通货膨胀的担忧提升。2004 年二季度，国务院召开经济形势分析会，正式确定宏观调控，重点解决固定投资增速过快及通货膨胀风险。加上美联储加息预期，2004 年二季度长端利率迅速走高。2004 年四季度，CPI 同比增速回落至 3.17%，11 月底央行主动性牵引票据利率下行，1 年期央行票据发行利率由 3.46% 下降至 3.17%，长端利率逐渐下行。

2005—2006 年："高增长 + 低通胀"的基本面下，债券市场大牛市

2005—2006 年，经济基本面处于"高增速 + 低通胀"的良好运行状态。2005 年，通胀水平较上年下行，前期宏观调控成果显著。2006 年全年，GDP 平均同比增速 12.73%，较上年增加 1.4%，而 CPI 平均同比增速 1.47%，较上年下降 0.35%。货币政策方面，2005 年上半年延续 2004 年年末央行主动性牵引票据利率下行，因此即使 2005 年年末开始收紧货币政策边际、上调存款准备金率、提升存贷基准利率，但由于通胀处于低区间运行甚至较上年下降，2006 年长端利率并没有明显提升，在窄区间波动，10 年期国债利率在 2.9%~3.35% 的区间内波动。

此外，2005年下半年汇改前后，央行本着"利率平价"的思路主动引导票据发行利率向下，长端利率与短端利率同步同幅下行。投资者结构方面，伴随着银行股改，银行在2005年下半年大举增持利率债。

2007—2008年上半年：经济基本面过热引发政策面从紧调整，长期利率显著抬升

2007年，宏观经济出现过热迹象，GDP和CPI高企。10年期国债利率在2007年10—11月突破4.50%。2008年年初的政府工作报告将防止经济增长由偏快转为过热、防止价格由结构性上涨演变为明显的通货膨胀作为首要任务，开始采取稳健的财政政策和从紧的货币政策。2008年4月，CPI同比增速8.5%，达到近10年峰值。2008年上半年，大型存款类金融机构存款准备金率上调6次，共上调3%。叠加海外不断传来的利空消息，经济基本面过热引发政策面的调整，加息和上调存款准备金率等政策手段显著抬升长期利率。

2008年下半年—2010年：政策大幅转向，债券市场经历大起大落

2008年，美国次贷危机蔓延至全球。2008年11月，中国政府推出"4万亿"投资计划，增加国内投资，拉动经济增速迅速回升。2010年一季度，GDP单季增速12.2%，较上年同期增速增加5.8%。从紧的货币政策180度转向，连续的降准降息使得债券市场经历了一轮收益率快速下降近100个基点的"快牛"。2009年，"宽货币+宽财政"带来了经济回暖，通胀和信贷扩张，这在对权益市场产生积极影响的同时，压制了债券市场的表现。同期10年国债利率上行约66个基点，呈现"股牛债熊"的局面。

2011—2013年：严监管周期显现，"钱荒"冲击债券市场

2011年，经济基本面陷入类滞胀的局面，经济整体处于边际下行阶段，通胀水平较高，2011年7月CPI当月同比增速达到6.45%。同一时间，云南省公路开发投资有限公司发生信用危机，叠加通胀因素，长端利率开始走高。监管方面，2011年年初，央行推行差别准备金率动态调整，引导信贷业务平稳适度增长。信贷额度限制下，部分银行开始通过同业业务获得更高生息资产，三方买返业务规模扩张，非标资产配置增加。

2012年开始，非标资产初露头角并开始膨胀。以商业银行为背书的信用模式下，同业和通道业务开始繁荣，非标的供需、监管影响了市场流动性，为2013年的"钱荒"埋下了伏笔。

2013年1—5月，经济回落，但理财"8号文"中对理财产品投资非标资产的占比做出了限制。从经济基本面看，似乎货币有可能再宽松，但6月"钱荒"开始，7月央票持续发行推波助澜，资金紧张最终持续到2013年年底。2014年5月，监管层下发"127号文"和"140号文"，规范同业业务。严监管的持续时间显著长于预期。直到2014年一季度后，强监管才逐步让位于保增长，货币在当年下半年开始宽松。本轮严监管周期从2013年二季度持续到2014年一季度末，持续时间接近一年。

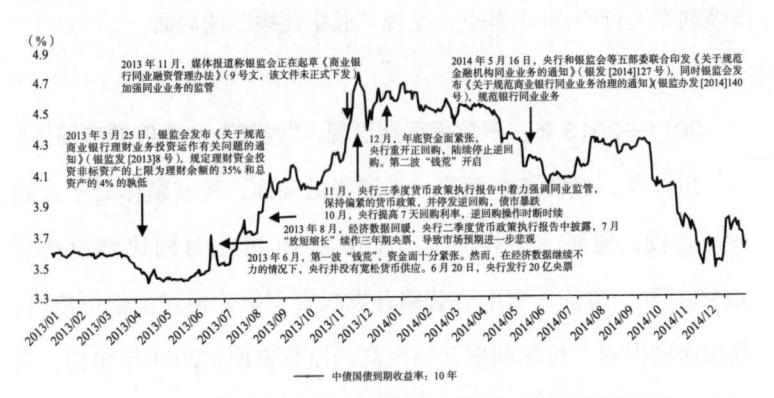

图6-18　2013二季度开始的金融强监管周期持续近一年

2014—2016年：严监管让位稳增长，债券市场迎来超长牛市

2014年，中国经济增速被逐步确认进入新常态，进入"三期叠加"的增速换挡期，GDP平均同比增速7.3%。货币政策上，2014年全年初步放开，从一季度的"定向降准"，到年底的"全面降息"。机构行为上，银行加大金融市场规模。在利率下行周期，信贷业务及债券收益率下行，而债券交易策略的资本利得增加。"钱荒"后严监管让位于稳增长，绕开表内信贷投向，通过SPV结

构投向高收益资产，税后收益率优势明显。2015年前后，城商行、农商行大规模布局金融市场业务。长端利率表现上，10年期国债利率在2014—2016年上半年一路下行近200个基点。

2017年：金融去杠杆下的严监管周期

2017年，经济基本面显现出"韧性"，2017年前三季度GDP实际增速相对平稳，三季度名义GDP超预期反弹至11.2%，PMI（采购经理指数）分项指标持续位于枯荣线上方。2016年末—2017年持续推进的金融去杠杆政策引导债券市场资产价格变动。回顾2017年的去杠杆政策推进过程，监管政策交替进行，大致分为三个阶段：央行主导的去杠杆过程；银监会主导的监管检查；监管层协同各项措施落地。2016年四季度—2017年3月，央行通过货币市场工具及季度MPA（宏观审慎评估体系）考核推进去杠杆。该体系关注广义信贷增速和资本充足率要求，以控制表外理财的过度快速扩张。金融市场资金面紧张，MPA考核导致银行压缩非银拆借，非银开始承受较大的资金面压力。2017年4—10月，银监会通过发布监管文件主导去杠杆，"三三四"系列文件系统归类违规同业业务，直接导致银行相关业务量下降。同业理财规模被压缩，非银机构资管产品面临赎回。2017年10月后，监管层协同各项措施落地。金融工作会议、十九大分别强调金融稳定与"双支柱"调控框架，同时国务院金融稳定发展委员会成立，升级版的"一委一行三会"形成了统一、协调的金融监管格局。

债券市场反应上,长端利率2017年全年上行,10年期国债利率由2017年年初的3.1%上升至年末的约3.9%。质押式回购交易规模未出现明显抬升,加权收益率逐步上升。2017年月度质押式回购成交量约48万亿,与2016年相比增加约3%。收益率方面,2017年质押式回购交易加权利率全年逐步上升,截至12月28日,12月加权收益率较1月增加59个基点,至3.07%。

2018年:从宽货币到宽信用的疏通

2018年一季度延续了2017年的弥补监管短板、控制金融杠杆的思路,2018年1月以来,银监会连续发布《商业银行大额风险暴露管理办法(征求意见稿)》《商业银行股权管理暂行办法》《商业银行委托贷款管理办法》(银监发[2018]2号)等。4月,资管新规也正式发布。在前期去杠杆进程推进下,社融数据中非标融资规模大幅收缩,信用紧缩风险外溢。部分通过表外融资等方式加杠杆进行扩张的民营企业首先爆出违约事件。2018年,信用债市场违约事件创出历史新高。截至2018年年末,信用债市场债券违约金额累计达到1 894亿元,较2017年年末的747亿元翻了一番以上,相对于非金融类信用债存量余额,信用债累计违约率约为0.97%。

为缓解市场对于信用紧缩、基本面疲软的担忧,央行接连出台政策,长期疏通从宽流动性到宽信用的传导。流动性方面,2018

年1月央行普惠金融定向降准全面实施，4月再次降准100个基点促进偿还MLF（中期借贷便利），7月降准50个基点支持债转股，10月降准50个基点，资金面逐渐转为宽松。疏导信用风险方面，2018年6月，央行扩大MLF抵押品范围。但有市场、有前景、有技术竞争力的民营企业债券融资仍存在困难。各地也相继出现民营纾困基金。从支持民营企业融资的政策来看，资金支持不是普惠式的，这也加速了不同民营企业之间的信用风险分化。

从债券市场的资产价格来看，2018年全年利率债出现牛市，10年期国债利率下滑回到2018年年末的3.1%。信用利差方面，各评级利率曲线跟随无风险利率下行，低评级下行幅度不及高评级，低评级信用利差走扩。2018年年末，AAA评级1Y、3Y、5Y信用利差较年初分别变动25个基点、8个基点、-8个基点，AA评级1Y、3Y、5Y信用利差分别变动31个基点、26个基点和45个基点。

房地产

在居民大类资产配置中，房地产居于核心地位，但由于其高度非标准化，除非REITs市场扩容，机构很难参与配置。房地产市场近20年的发展进程，可划分为5个不同阶段：2003—2004年，住房市场化改革见成效，房地产投资需求两旺；2005—2008年，经济快速增长，需求推动房地产市场上涨；2009年，政策刺激房地产市场投资，以对冲经济下滑；2010—2014年，房地产调控政策转向收紧，区域分化明显；2015—2018年，棚改货币化推动房地产去库存，因城施策应对一线和二线城市房价过快上涨。

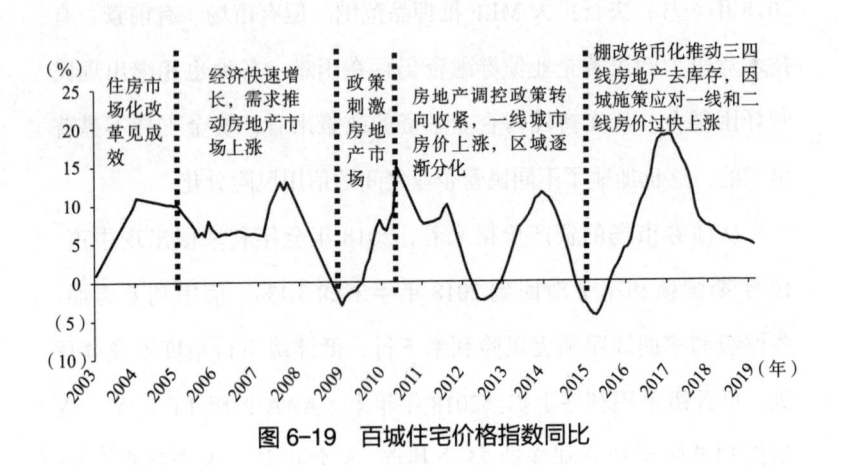

图6-19 百城住宅价格指数同比

资料来源：万得。

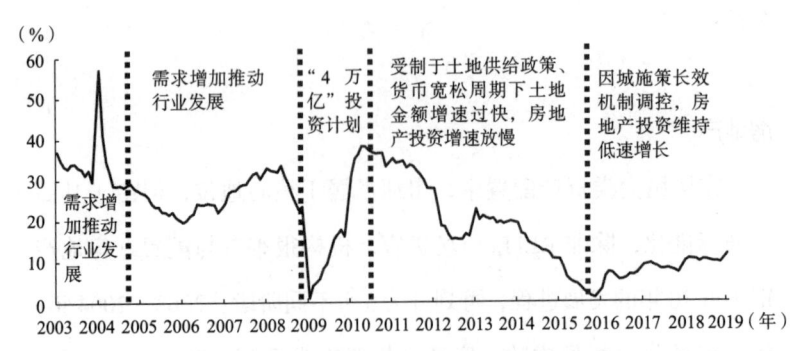

图6-20 房地产开发投资累计完成额同比

资料来源：万得。

2003—2004 年：住房市场化改革见成效，房地产投资需求两旺

1998 年实行房改以来，中国房地产市场开发投资与房价均快速上涨。2003 年，全国房地产开发投资首次突破 1 万亿元，同比增长 29.43%，商品房销售累计同比增长 38.59%。2003—2004 年，全国房地产开发投资增长超过 30%。2003 年 8 月 12 日，国务院发布《国务院关于促进房地产市场持续健康发展的通知》，提出"房地产业已经成为国民经济的支柱产业"。

为控制房地产投资的过快增长，2003 年下半年开始政府连续出台宏观调控政策，包括控制出让经营性土地使用权、调高房地产项目开发资本金比例、上调存贷款利率等。

2005—2008 年：经济快速增长，需求推动房地产市场上涨

2005—2008 年，中国经济受益于内需及外贸的双向拉动，叠加加入 WTO 的红利，经济增长处于"低通胀＋高增长"的良好态势。2006—2007 年，GDP 实际增速在 12% 以上。同时，国际收支顺差失衡显著，外汇储备的迅速扩张导致基础货币投放被动增加。2005—2008 年，居民住房需求推动房地产业快速发展。从房价来看，70 个大中城市房价同比增速由 2005 年年末的 7.1% 上升至 2007 年年末的 11.4%，房价上涨区域从上海、深圳等城市快速扩张到其他一线和二线城市。

为防止房地产市场过热，2006—2007年房地产市场调控加码，监管政策从个人住房贷款利率及首付比率、交易税费、土地供应和限制预收等多个方面着手，2006年年底，商品房销售增速由2005年的20.8%回落至12.20%，但房地产投资增速仍在上升，2008年保持在30%的较高水平。

2009年：政策刺激房地产市场，以对冲经济下滑

2008年，美国次贷危机爆发后，中国经济增速下滑。同年11月，国务院推出"4万亿"计划以刺激经济，对冲金融危机风险。2009年上半年，M2同比增速超过28%，信贷环境宽松。

流动性环境宽松的同时，房地产行业政策也由限制转向刺激，包括降低购买首套房、二套房首付比例，降低房贷利率，减免交易环节税负等。在房地产开发方面，通过调低房地产开发项目的最低资本金比例、支持房地产开发企业合理的融资需求等措施稳定供给，同时加快建设保障性安居工程以拉动投资。2009年房地产政策开始放松后，销售量开始触底反弹，商品房销售面积累计同比增速由2008年年末的-19.7%回升至43.6%，商品房销售金额累计同比增速由2008年年末-19.5%回升至75.5%。从不同城市来看，2009年一线和二线城市全年住宅销售面积同比增速和销售金额同比增速分别达到125%和142%，三线和四线城市分别为24%和36%。

2010—2014年：调控政策转向，区域分化明显

2009年12月14日，国务院出台"国四条"，要求继续综合运用土地、金融、税收等手段遏制部分城市房价的过快上涨。以此为标志，房地产调控政策从刺激转向遏制。2010年，商品房销售面积累计同比增速下滑至10.1%，销售额累计同比增速下滑至18.3%。

不过，2012年货币政策放松使得部分区域的房价从当年下半年开始进入上涨周期。2011年下半年到2012年年中，大型存款类金融机构存款准备金率由21.5%经过三次下调至20%，同期1年期存款基准利率由3.5%经过两次下调到3%。2012年下半年，一线城市房价明显回升。2013年年末，70个大中城市新建住宅价格指数中的一线城市指数同比增速回升至18.2%，明显快于二线城市的10.6%和三线城市的7.7%。

2015—2018年：棚改货币化推动地产去库存，因城施策应对一线和二线城市房价过快上涨

2014年，中国经济再度面临下行压力，经济增速换挡，经济发展进入新常态。房地产市场步入区域分化的阶段，即一线和二线城市高房价与三线和四线城市高库存并存的现象。房地产政策开始针对不同城市情况分类调控，因城施策建立长效管理机制。一方面，对一线城市增加供给，抑制投机性需求；另一方面，对

库存量较大的城市控制供应结构。

对于一线和二线城市,随着2015—2016年城市房价出现快速上涨现象,调控政策逐步收紧。2016年9月30日前后,北京、深圳、广州、厦门、南京等16个一线城市和强二线城市先后发布调控政策,重启限购、限贷。其间有11城出台土拍新政,包括限保证金(10月珠海等)、限溢价率(11月厦门、合肥等)、限土地用途(11月深圳、12月天津)、摇号拿地(11月合肥)等。[①]调控区域主要集中在长江中游城市群、长三角、珠三角的一线和强二线城市。密集的限购限贷政策逐步使一线和二线城市房价增速放缓。

对于库存量较大的城市,棚改货币化安置成为重要的去库存手段。2015年6月30日,国务院发文,首次明确提出积极推进棚改货币化安置。同年年底的中央经济工作会议提出供给侧改革五大任务——"三去一降一补":去产能、去库存、去杠杆、降成本、补短板。会议将"化解房地产库存"提升到供给侧改革五大任务的高度。随后,非限购城市首套房最低首付比例进一步降低到20%,交易环节税负进一步降低。2015—2016年,三线和四线城市房价稳定并持续去库存。2017—2018年,棚改逐渐进入尾声,地产调控政策由一线和二线城市逐步向三线和四线城市扩散。2017—2018年,从热点城市群的非核心城市,如京津冀、长三角、

---

① 资料来源:恒大研究院,《本轮房地产调控的回顾、反思和展望(2014—2018)》,2018年6月。

珠三角的部分城市，到东北及西南等房地产交易较冷清的城市，逐步推出限购或限售政策。

受下半年三线和四线城市成交走弱影响，2018年1—10月房地产累计成交同比增速进一步放缓。从不同城市来看，2018年1—10月，一线和二线、三线和四线城市成交面积分别为3.2亿平方米、7.1亿平方米，分别同比减少0.8%、增加5.3%。

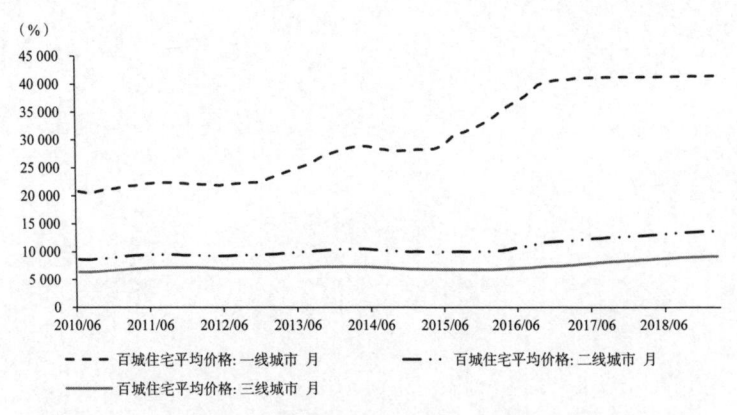

图6-21　2016年国庆后限购限贷政策迫使一线城市房价增速趋缓

资料来源：万得。

第三篇

全球经验

■■■

未来，中国资管机构，尤其是银行理财子公司在股债资产的灵活配置、销售渠道的多元拓展、另类资产挖掘和新产品研发上有较大想象力。转型红利为中国商业银行理财子公司对标贝莱德、先锋基金等全能型资管机构提供了想象力。本章将展示海外优秀资管公司的成熟发展路径。

海外杰出资管机构的发展具体有三个启发。一是重视为资金方提供解决方案，获取资金端黏性，特别是提供针对机构的资产配置（包括风险管理）和针对零售客户的财富管理（包括避税）解决方案，这有利于获得长期资金。二是延伸产品线，重视真实波动产品的设计。对中国资金体量较大的资管公司而言，建议仿效耶鲁基金的经验，通过FOF（母基金）、MOM（管理人的管理人基金）形式精选管理人参与相关资产的配置，甚至参与收购一些精品资管机构，积累优势策略。三是重视销售渠道建设，传统预期收益型产品的销售建立在刚性兑付的预期上，营销策略简单，未来随着产品净值波动加剧，需要提供差异化的客户分层、画像等定制化营销方案。

第七章
全球资管发展前沿快速突破

纵观全球的资管市场，截至2018年年末，世界500强资管机构［此处选取全球资产管理规模（AUM）最大的500家资管机构作为统计对象，以此描述整体的海外市场，历年的数据中，统计对象会随着AUM净值的变化而调整］可支配的AUM总额达到91.50万亿美元，同比上期末下降了3%。2018年，世界500强资管机构的AUM中位数为456亿美元，与2017年的444亿美元相比有所提升。从整体分布情况看，2018年的资管机构AUM是一个存在极大值的显著的右偏分布，数个超级规模的资管机构拉高了整体的均值，两极分化严重。相较于2017年，中位数的抬升和均值的下降标志着2018年资管机构规模的离散程度有所缩小。

纵观世界500强资管机构10年来的AUM中位数变化，整体呈现缓慢上升趋势，同时又伴随着周期性的停滞和衰退。2009—2012年的AUM中位均值数徘徊在300亿美元左右，2013—2016年的AUM中位数上了一个台阶，均值达到350亿美元。2017年，全球资管规模再次出现了跨越式的增长，而2018年的衰退更像是一次均值回归，AUM中位数站上了450亿美元的水平，资管业整体处在一种不稳定的扩张状态。

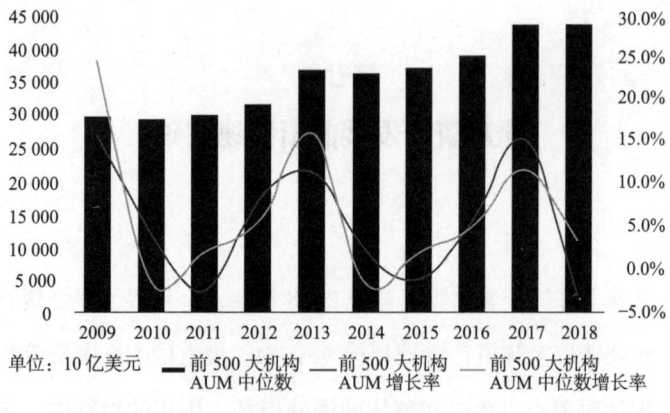

图 7-1 世界 500 强资管机构历年 AUM 中位数变化

资料来源：Willis Towers Watson。

按规模划分，贝莱德保持了其自 2009 年起 10 年来从未被超越的行业龙头地位，其 AUM 高达 5.98 万亿美元。先锋集团和道富也连续 15 年分占前三席中的另外两个席位，2018 年的 AUM 分别为 4.87 万亿美元和 2.51 万亿美元。在排名前 10 的资管机构中，贝莱德和先锋集团的 AUM 净值遥遥领先，超过第三名的道富近一倍，剩余 8 家的净值规模都在 2 万亿美元左右。

2018 年年末，排名前 20 的资管机构的总资产占比从 2017 年的 43% 下降到 42%，AUM 总规模为 387 万亿美元，同比下降了 4.8%，中位数在 1.65 万亿美元，均值为 1.93 万亿美元。过去的 10 年中，排名前 20 的资管机构的 AUM 增速始终领先世界 500 强。2018 年，排名前 20 的资管机构 AUM 增速第一次低于世界 500 强，排名前 50 的资管机构的总资产占比则由 66% 下降到 64%，AUM 总规模为 588 万亿美元，同比下降 5.5%，中位数为 1.18 万亿美元。排名 251~500 的资管机构 AUM 净值同比增长 1.7%，增速最快，占比从 5.6% 增长到 5.9%；排名 51~250 的机构紧随其后，净值上涨 1.3%，占比则从 28.6% 上升到 29.9%；排名 21~50 的资管机构 AUM 下降 6.4%，总资产占比从 22.8% 降低到 22.0%。

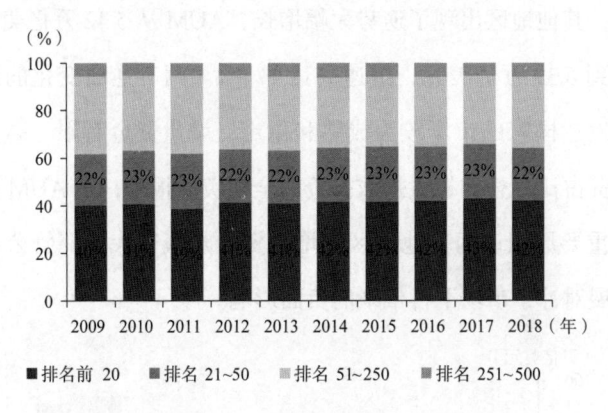

图 7-2 世界 500 强资管机构管理规模分布

资料来源：Willis Towers Watson。

从统计结果看，小型资管公司在 2018 年的表现整体要优于大型资管公司，直观表现为机构规模的离散程度缩小。事实上，2008 年的世界 500 强资管机构中，有 242 家消失在了 2018 年的排名中，排名 251~500 的资管机构存在一定的幸存者偏差。这种现象在整体资管规模缩小的年份尤其明显，大型资管机构的投资管理能力在这个维度的统计上存在一定的低估。

按地域划分，2018年，北美地区的AUM达到51.90万亿美元，占世界500强总AUM的比例为56.72%，同比大幅下降4.9%；欧洲的AUM同比也下降了3.9%，表现相对好于北美，AUM净值从29.84万亿美元降至28.71万亿美元；日本也出现了小幅的衰退，AUM为4.50万亿美元，同比降低0.4%。相比于发达国家的AUM衰退，其他地区出现了逆势大幅增长，AUM从5.42万亿美元大幅增加到6.39万亿美元，增速高达17.9%。两者逆向变化的原因在于，发达国家的市场较为成熟和稳定，增量资金有限，高企的被动投资占比，叠加权益指数投资的全面负回报率，是AUM净值降低的重要原因；而其他地区的增量资金规模巨大，资管公司的蓬勃发展对冲了市场下行带来的负面影响。

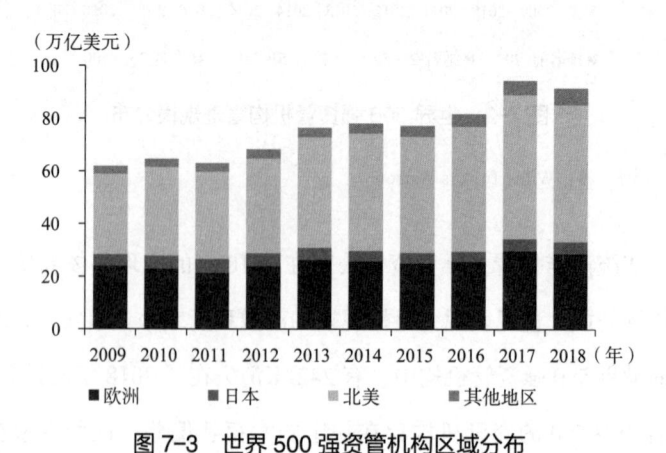

图 7-3　世界 500 强资管机构区域分布

资料来源：Willis Towers Watson。

2017年，美国在排名前20的资管公司中获得了更多的席位，达到了13家，管理着72.6%的资产。其余7家资管公司则全部来自欧洲。在排名前20的资管公司中，无论在公司数量还是在AUM上，美国的资管公司相比较于其他地区都具有压倒性优势。相比之下，世界500强资管机构的地域分布则更为均匀，但历年数据也显示其处在一个逐渐集中的过程中。2008年，美国资管公司的AUM占比在41.26%，到2013年时迅速上升到50.70%，截至2018年，达到51.73%的新高。同期，AUM占比提升的国家还有加拿大、澳大利亚和中国，而欧洲国家的AUM占比则普遍出现了下降。

从2013年起，中国是年复合增长率最高的国家，其次是印度，以美元计增长率高达22.7%，两国大幅领先其他地区。美元的走强对各地区以本币计价的增长率有一定的削弱作用。以加拿大为例，本币计价的年复合增长率为11.6%，而美元的大幅升值导致以美元计价的增长率仅为6.3%。在一些增长乏力的地区，美元的升值大幅对冲了资管规模的扩张。由于本币的大幅贬值，巴西5.9%的名义资管规模扩张速度以美元计价仅为-4.1%。

按公司的性质划分，世界20强资管机构的分布相比上一年没有发生变化。其中独立资管机构的数量最多，达到了10家，银行和保险集团紧随其后，分别有7家和3家。在过去的10年中，独立机构的数量有所上升，从2008年的6家增加到10家，银行的数量则受到挤占，从 11 家减少为 7 家，保险公司的数量保持不变。

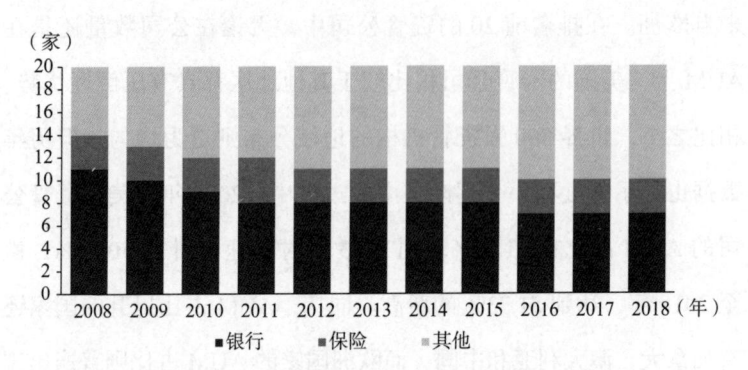

图 7-4 世界 20 强资管机构资产规模（根据机构类别划分）

资料来源：Willis Towers Watson。

不同类别的机构所管理的资产规模也存在差异。2018 年，数量上占比 50% 的独立机构管理 60.8% 的资产，占比 35% 的银行管理 25.6% 的资产，占比 15% 的保险公司管理 13.6% 的资产。从世界 500 强整体的均值来看，2018 年年末，独立资管机构平均每家管理 2 300 亿美元的资产，保险公司和银行的均值分别为 1 700 亿和 1 400 亿美元。

(万亿美元)

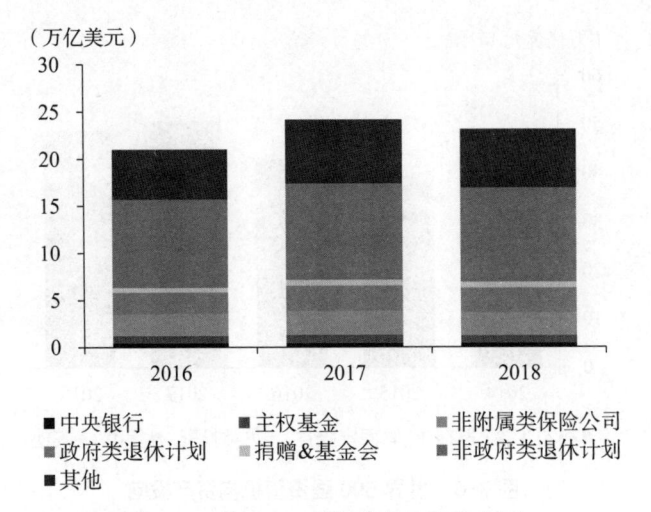

图中图例：
- 中央银行
- 主权基金
- 非附属类保险公司
- 政府类退休计划
- 捐赠&基金会
- 非政府类退休计划
- 其他

图 7-5　世界 500 强资管机构资金来源

资料来源：Willis Towers Watson。
注：样本为 2014—2018 年 AUM 排名均处于世界 500 强的资管公司。

对独立资管机构进行细分，2014 年以来，公募基金占比稳步提升，截至 2018 年，共有 49.3% 的资产由公募基金构成，同比增长 5.2%。从资产规模看，公募基金的 AUM 同比增长 1.6%，而对应的基金专户和其他综合类基金分别下降 3.1% 和 19.9%。公募基金的优势进一步扩大。

(万亿美元)

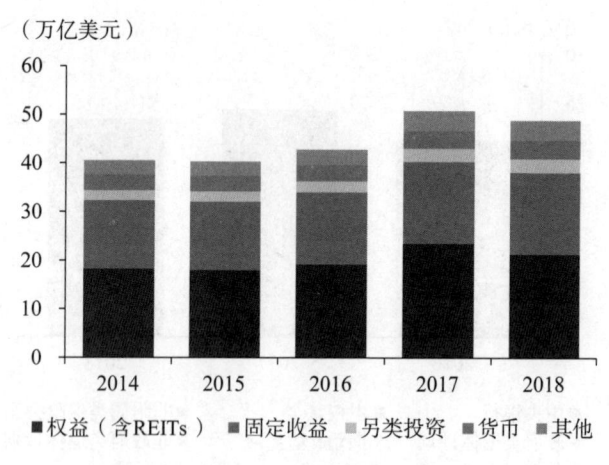

图 7-6　世界 500 强资管机构资产投向

资料来源：Willis Towers Watson。
注：样本为 2014—2018 年 AUM 排名均处于世界 500 强的资管公司。

以 2014—2018 年 AUM 排名均处于世界 500 强的资管公司为例进行说明。从募集资金的来源看，养老金计划以 19.23 万亿美元的净值和 70.25% 的份额成为海外资管资金最重要的组成部分，其中非政府类养老金计划占 9.95 万亿美元，政府类占 6.29 万亿美元。其他组成中，保险类占据了多数，净值达到 2.39 万亿美元，而主权基金、央行和捐赠基金的总份额为 1.83 万亿。由于养老金计划占据绝对多数，整体资管规模的变化基本反映了养老金计划的规模变化。以政府为出资方的央行资金和主权财富基金的份额基本保持稳定。

从资产配置看，2018 年传统资产种类中的权益和固收产品占比合计达到 78%，同比下降 5.6%，但依然处于绝对主导地位，两者净值分别为 21.27 万亿美元和 16.81 万亿美元。另类投资占比 6.0%，货币类占比 7.7%。从历年的变化趋势看，所有类别的变化趋势基本相同，但增长幅度有所差异，2015—2017 年都出现了不同幅度的持续增长，2018 年都出现了下滑。权益类则由于权益指数投资的负回报而出现了 9.35% 的负增长，叠加权益类 43.6% 的占比，造成了 2018 年全球 500 强资管机构 AUM 的下滑。从 2014 年开始，被动投资逐渐蚕食权益投资的份额，占比从最初的 25% 逐步上升到 2017 年的峰值 28.1%。

通过二战后近 70 年的发展，资管业和公司也在持续进化，业务边界已经扩张。目前全球知名的资管巨头已渗透到了资管、财富管理、风险管理、机构方案解决，乃至金融科技等各个领域。

第八章
美国资管：高度竞争，快速迭代

刚性兑付的打破是长期过程

从成熟市场资管机构的经营模式看，理论上资管业不应承担产品的刚性兑付。资管机构与银行、保险机构等其他金融机构相比有4个特征：一是委托代理模式，作为客户利益的保管人，资管机构应代表客户利益进行交易，对客户负有信托责任，资产组合无论收益还是受损都应归属于客户；二是有限的资产负债表风险，受托资产不在资管机构资产负债表内的不应承担风险，而保本类产品由于在资产负债表内应承担风险；三是对客户资产的破产隔离；四是以按照管理资产规模收取资管费为主、超额收益计提为辅的赢利模式，这与银行和保险机构获取利差，以及证券公司获得交易佣金、承销费都不同。

但实际上，客户信任资管机构的专业能力、职业操守，才会将自身财产委托其投资，这也使得资管业在问题上表现复杂。从实践上看，即使不公开承认刚性兑付，但资管机构的确要为投资者保护付出成本。

资管产品的灾区一方面体现在货币基金发起人的支持行为，另一方面体现在可能引起误导的资管产品销售。从美国货币基金的实践看，虽然货币基金是一种理论上应该完全由投资者自担风险的投资品种，但如果净值波动较大或面值低于1美元，发起人或母公司要给予注资支持。据学术研究统计[1]，在2008年金融危机中，至少有36只美国基金和约26只欧洲基金接受了发起人支持，三年间机构发起人至少投入了121亿美元。在雷曼兄弟迷你债券和麦道夫资管产品的销售中，部分银行存在明显的误导，所以也有责任针对受害者予以赔偿。如2014年，摩根大通与法庭指定的麦道夫案受托人以及发起集体诉讼的原告人达成和解，分别支付3.25亿美元和2.18亿美元，以换取对方撤销指控。严格说，在麦道夫案件中，摩根大通的赔付很难称为刚性兑付，但从实践经验看，面对客户可能的诉讼，资管机构证明自己已尽职合规以及流程无瑕疵非常困难，所以一般选择息事宁人。

---

[1] 周琼、陈剑，《从国外案例看打破"刚性兑付"难题》，《当代金融家》，2015年6月。

美国市场

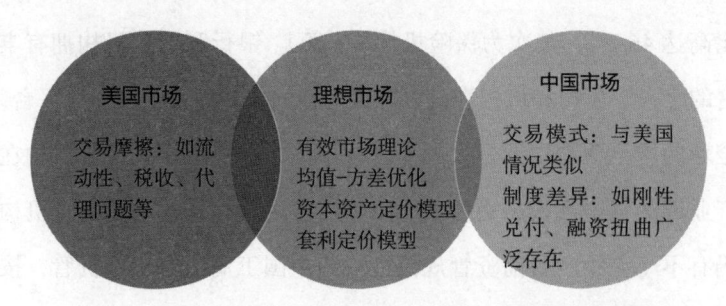

交易摩擦：如流动性、税收、代理问题等

理想市场

有效市场理论
均值-方差优化
资本资产定价模型
套利定价模型

中国市场

交易模式：与美国情况类似
制度差异：如刚性兑付、融资扭曲广泛存在

图 8-1 理想、成熟、新兴市场在资管业务领域有显著差异

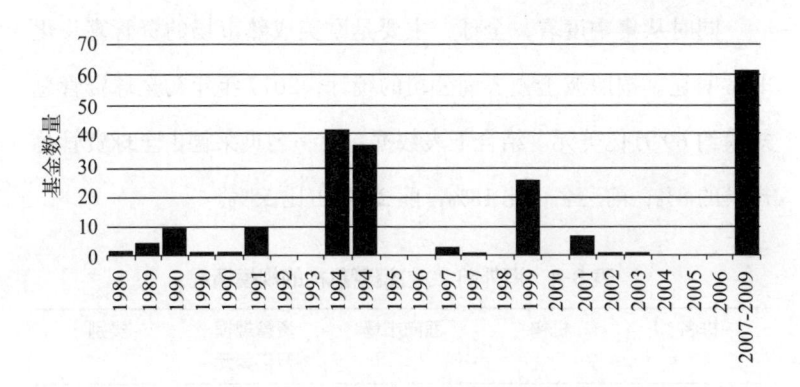

图 8-2 欧美货币基金在 2008 年金融危机时获得发起人支持的数量增多

资料来源：穆迪官网。

资金端仍很重要

根据 Realbanks 和麦肯锡的统计整理，截至 2017 年一季度末，全球排名前 20 的资管机构中有 11 家为银行系资管，管理资产占

比高达46.7%，其次为保险机构（3家）。银行和保险机构拥有丰富的个人、公司和机构客户资源，完整的账户体系，多业务平台，全球的网络覆盖以及强大的品牌公信力，这使得相关资管机构在产业链的资金端拔得头筹。与海外资管巨头相比，中国资管机构仍有不小差距。目前资管规模最大的中国工商银行工银资管，按照2018年年中的数据——约4 500亿美元，尚不能进入全球前20位。

同时从集中度看，全球，主要是欧美成熟市场的资管寡头化非常明显。按照波士顿咨询公司的统计，2017年年初全球资管总规模约69万亿美元。结合下表数据，第一名贝莱德占全球资管总规模的8%，前三名占比18%，前20名占比55%。

表8-1 海外前20位资管机构的规模情况

排名	机构	面向市场	资管规模（万亿美元）	类别
1	贝莱德	美国	5.4	基金
2	先锋集团	美国	4.2	基金
3	瑞士银行	欧洲	2.8	银行
4	道富资管	美国	2.6	银行
5	富达投资	美国	2.2	基金
6	安联保险资管	德国	2.0	保险
7	摩根大通资管	美国	1.8	银行
8	纽约梅隆资管	美国	1.7	银行
9	法国农业信贷银行	欧洲	1.6	银行

（续表）

排名	机构	面向市场	资管规模（万亿美元）	类别
10	太平洋投资管理公司	美国	1.5	基金
11	美国资本集团	美国	1.4	基金
12	高盛集团	美国	1.4	投行
13	瑞士信贷银行	欧洲	1.3	银行
14	安盛保险资管	欧洲	1.3	保险
15	摩根士丹利	美国	1.3	投行
16	美国保德信保险资管	美国	1.3	保险
17	东方汇理资管	欧洲	1.2	银行
18	英国法律综合投资管理公司	欧洲	1.1	基金
19	法国巴黎银行资管	欧洲	1.1	银行
20	北方信托资管	美国	1.0	银行

资料来源：Realbanks。
注1：数据截至2017年3月31日。
注2：资管数据中包含了资管、另类投资及房地产投资的规模。

尽管规模均跻身前列，但相关资管机构的业务模式各有差异。以商业银行和投资银行为例，作为全能型的商业银行，摩根大通等主要依靠"商行+投行"的协同效应，面向最广泛的客户群体，资管部门拥有900多名组合经理、30多名策略分析师和250多名行业研究员，而中国目前即使大型商业银行的资管部门也不超过

300人。瑞士银行的资管部门作为服务型的资管机构，主要面向高净值客户，争取全权委托管理。而拥有纯正投行基因的高盛的优势在于FICC交易—做市业务线带来的资产机会。具体产品线上，摩根大通在主题化投资管理领域体现了特色，太平洋投资管理公司被称为全球的"债券之王"，而先锋集团的低成本ETF基金获得了巴菲特的亲自推荐。

表8-2 不同类型资管机构业务模式上的差异

机构类型	业务特色	代表机构
商业银行—全能型	投融资一体化 商业银行、投资银行、资管下的协同优势	摩根大通
商业银行—服务型	客户关系积累，特别是高净值客户形成的信任感	瑞士银行
投资银行	资本市场信息优势、投研体系、投行业务联动	高盛
信托	另类资管、全权资管委托和家族信托能力	北方信托、美国信托（已被嘉信理财收购）
第三方理财	灵活的产品设计、定制化服务	嘉信理财

资料来源：公司财报。

被动与另类投资风头正劲

美国资产价格的长期表现有利于对标准化风险资产的配置。具体从资产类别的表现来看，根据美国沃顿商学院西格尔教授的研究，1801—2014年，大类资产中，股票可以获得最高收益，剔除通胀后的实际回报率约6.7%，GDP实际回报率约3.6%，债券实际回报率约3.5%，货币市场工具实际回报率约2.7%，黄金实际回报率约0.5%，美元剔除通胀水平后的实际复合回报率约-1.4%，也就是说在美国，长期来看，股票表现最好，而现金在大类资产表现中最差。

西格尔的研究结论在不同的时间场景下也适用，即美国资管机构战略上重视股票配置，尤其是中小市值公司。在配置形式上，根据市场有效理论，由于权益市场是标准化市场，大多数时间资产价格合理有效，故投资者侥幸获利的机会少之又少。同时考虑到幸存者偏差、管理费计提、交易佣金、中间商买卖差价，甚至积极型投资经理参与的都可能是一个"负和游戏"。这种情况下，针对权益的被动投资逐步得到美国资管机构重视，这在长期获得市场系统回报的同时节约了向主动管理者支付的成本。根据耶鲁基金会掌门人大卫·斯文森的10年以上的长窗口研究，剔除管理费用后，固收投资经理基本上获取不了超额收益（-20个基点），大盘股投资经理获得了50个基点的年化超额收益，而小盘股投资经理仅获得了20个基点的年化超额收益。如果进一步考虑投资经理淘汰带来的统计上的幸存者偏差，实际上超额收益会更低。

表 8-3　长周期内（1925.12—2005.12）美国权益资产回报大幅超过债券和通胀水平

资产类别	财富乘数
通货膨胀	11 倍
美国短期国债	18 倍
美国长期国债	71 倍
公司债券	100 倍
大盘股	2 658 倍
小盘股	13 706 倍

资料来源：Ibbotson Associates，Stocks, Bonds, Bills and Inflation，2006 年年鉴。

表 8-4　积极型投资经理与指数对比（不考虑幸存者偏差）超额收益不明显

资产类别	收益的中位数	市场基准	预估费用	扣除费用后的收益
美国债券	7.1%	6.9%	0.4%	−20 个基点
美国大盘股	11.2%	9.9%	0.8%	50 个基点
美国小盘股	14.0%	12.9%	0.9%	20 个基点

资料来源：Pioneering portfolio management，David Swensen。
注：数据区间为 1995—2005 年。

同时面对不那么有效的市场（一般为低流动性的资产），投资经理如果把投资重点放在有潜在投资机会的低效市场上，可以大幅提高成功的可能性。以杠杆收购和风险投资为例，在把一个低效率的公司培养成创造价值的实体公司的过程中，资本运作者可以利用专业技能改善公司经营，但这一价值创造的过程不涉及资本市场交易活动。同样根据大卫·斯文森的研究，各类资产中杠杆收购和风险投资在收益中位数方面并没有吸引力（分别为8.0%和-1.4%），投资收益分化程度最大（前25%和后25%的收益率差距最大），而如果能获得前25%的收益水平则两类资产收益差距明显（分别为13.3%和28.7%）。由于低流动性，同时需要更多的主动管理技巧，杠杆收购和风险投资属于良莠不齐的资产，如果能选到优质的管理人则可以获得不菲的回报，如果做不到这一点就要在相关资产配置上异常谨慎（相关产品的管理费率也非常高昂）。

近年来，另类投资和被动类投资在全球资管中体现了最高的资金净流入。2016年年底全球资管规模近69万亿美元，主动权益和主动固收类资产分别为17.3万亿元和15.9万亿元，是占比最多的两大类（分别为25%和23%）。但同时两类资产近5年的资金流入也较少，固收约1.9万亿元的正流出，与其规模不相称，而权益类甚至有1.5万亿美元的负流出。根据图8-4所示，2012—2016年权益市场整体为牛市，固收市场偏震荡，单纯市场因素不能解释资金的流出情况。相比而言，被动型固收（1.3万亿）、被动类权益（1.2万亿）和另类（1.8万亿元）有较高的实际资金流入。被动类权益和固收在总资产中的占比只有13%和7%，在绝对数量上尚不占有优势。特别是ETF，投资成本低、配置灵活，而且盘中流动性强，规模增速高于传统上用来进行被动管理的共同基金。

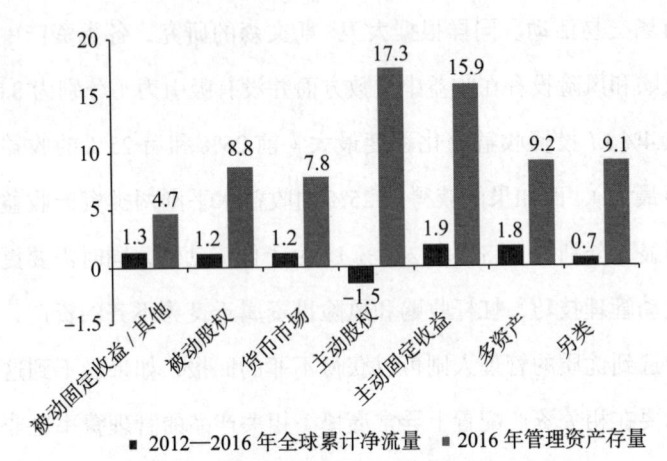

图 8-3 全球各类资产的资金存量和流入情况

资料来源：Simfund 共同基金战略洞见。

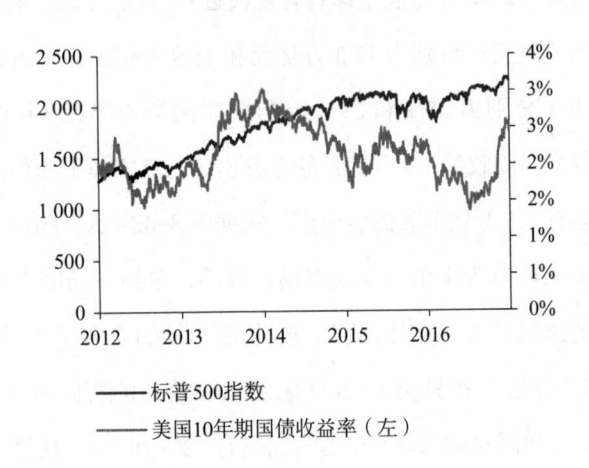

图 8-4 2012—2016 年美国 10 年期国债和权益表现

资料来源：Yahoo Finance。

被动投资规模显著增加，但由于过于低廉的管理费率，未必会给资管业带来利润提升。根据波士顿咨询公司的统计，被动管理占资管规模的近18%，但在整个行业收入中的占比维持在3%。原因在于成长带来了激烈的竞争，而在一定程度上，价格竞争也驱动了高增长。而多元资产策略和另类资管凭借较高的管理费（一般高于权益和固收类产品），都实现了资管份额和收入的双增长。其中另类资管凭借12%的规模占比实现了38%的资管业收入。

哑铃型的机构格局逐步形成

随着策略的差异化使用，资管规模与机构整体盈利的相关性开始凸显。大型资管机构有广泛的渠道分布、口碑优势和庞大的投研支持，而具备优势策略的小型机构可以通过特定策略募集资金，资金体量小也有利于具体策略的使用。根据麦肯锡的调研分析，中型公司既缺乏规模优势，同时业务又分布得太广，故管理资产在500亿~3 000亿美元的中型公司，其平均利润率与大型公司相差5%，与小型精品公司相差3%。

当然规模对解释资管公司的绩效而言是一个相对粗糙的变量，如小型资管机构经营得好的结论，其实带有显著的幸存者偏差，即小且精品的资管机构才有较高赢利水平。如根据麦肯锡专家巴加伊、埃尔赞和奎克（2017）的研究，导致资管机构绩效差异最核心的因素不在于产品总规模，而在于是否拥有具有吸引力的产品线。表8-5展示了全球（主要是美国）有核心策略的精品私募资管机构的情况（累计收益排名表明了长期策略的有效性），除了桥水拥有近1 200亿美元管理规模外，大多数精品资管机构的规模在300亿美元以下，前20位精品资管机构的收益约2万亿美元，尚不足贝莱德的一半。策略选择上，宏观对冲和量化策略是比较容易积累长期资产的策略，这产生了诸如桥水、索罗斯基金等一批耳熟能详的资管机构。

表8-5 全球重要有核心策略的精品资管机构

排名	机构名称	优势策略	创始人	资管规模（亿美元）
1	桥水	宏观对冲、量化	瑞·达利欧	1 178
2	索罗斯基金	量化	乔治·索罗斯	280
3	德劭投资	价值投资	德劭	270
4	Baupost	量化	塞斯·卡提曼	270
5	城堡投资	量化	肯·格里芬	310
6	Appalossaa	宏观对冲	大卫·泰珀	241
7	Och Ziff	固收、房地产	大卫·泰珀	158
8	Lone Pine	宏观对冲	史蒂夫·曼达尔	335
9	维京资本	宏观对冲	安德烈亚斯·哈尔沃森	263
10	Elliott Associates	事件驱动、PE	保罗·辛格尔	278

资料来源：LCH investments 2017年数据。

注：基于创立以来的总收益进行排名。

科技手段创新有待观察

　　资管是金融科技的核心应用场景之一。目前已经被应用的技术手段包括基于大数据的数据建模、基于云计算的计算能力提升、基于区块链的信息保存及共享、基于人工智能的决策模型等。目前各类技术均有所使用，但尚未对资管业产生颠覆性影响。

　　近年来，算法投资、统计套利、智能投顾开始在资管业务中使用。统计套利工具是包含一套定量驱动的交易策略，这些策略通过分析价格模式和金融工具之间的价格差异获利，策略的最终目的是产生 Alpha 的交易利润。统计套利的应用逻辑主要是导入大量相关数据，利用机器学习形成知识图谱或者建立模型，通过不同算法预测交易趋势，发现投资机会。

　　算法投资和统计套利相关的投资方法需要高流动性的资产，适合采取被动型投资的方法。由于单次套利的利差极为微薄，所以必须依赖加杠杆放大收益，这也增加了交易策略的潜在风险。美国长期资本管理公司成立于 1994 年，很快达到近 80 亿美元的资管规模，但在 1998 年，根据历史数据分析结果在俄罗斯债券基差交易中判断失误（出现了俄罗斯国债违约的黑天鹅事件），由于 30 倍以上的杠杆水平最终破产。人工智能技术在挖掘图片、文档、文本等非标准化的数据方面有优势，但也与索罗斯的反身性理论相左：市场本身就是由交易者的行为组成，进而互相影响，这会让机器学习的难度更大，故没有一个独立和不可改变的持续学习过程，能够在市场中永远持续下去。以量化对冲闻名的 Two Sigma、城堡投资等公司近年来一直在扩充自己的人工智能团队，但资管领域的 Alpha Go 仍需期待。

相比算法投资和统计套利用于大规模的资金管理，智能投顾更侧重于面向零售客户。智能投顾即利用数据分析和量化模型算法，根据投资者的个人收益和风险偏好，提供匹配的资产组合建议，并自动完成投资交易过程。在美国，两家智能投顾公司 Wealthfront 和 Betterment 已经发展了近 10 年的时间，各自管理资产约 40 亿美元。相比传统投顾及散户投资，美国的智能投顾主要解决了三个痛点：一是提供零售客户的资产配置解决方案，客户进入网站后，首先填写个人信息（如年龄、收入、期限、目标金额、风险偏好等），然后根据量化模型提供配置比例和配置产品；二是费率低廉，智能投顾以配置 ETF 产品（主要是股票和债券）为主，费用只有 20~40 个基点，而传统投顾要收取约 2% 的咨询费或管理费；三是有衍生服务，美国资本市场工具资本利得税高昂，Betterment 提供了税收筹划方案，根据官网披露，税收筹划可以增加约 77 个基点的投资收益。

总体而言，智能投顾与其说是通过技术手段解决了相关痛点，不如说是在现有资产配置基础上借助网络手段降低了成本。智能投顾让高昂的投顾私行服务落入寻常百姓家，但很难说它颠覆了传统资管的商业模式。

第九章
资管业发展的中国思考

美国资管机构的收入来源

美国资管机构的发展有5个事实：第一，刚性兑付在美国也存在。这主要源于资管机构，尤其是有银行背景的资管机构维护客户关系的导向。第二，资金端仍然重要，银行、保险机构站在顶端。全球排名前20的资管机构中11家为银行系资管，其次为保险机构（3家），同时赢者通吃，寡头化趋势明显。第三，被动与另类投资风头正盛。但是被动投资虽然符合有效市场假设，"叫好不叫座"，费率低廉难以为资管机构获取显著收入，而另类投资量升价高，更受资管机构青睐。值得注意的是，另类投资平均收益并不明显，这要求机构应采取精选管理人策略而非被动策略。第四，哑铃型的机构格局逐步形成。表面看大小机构各有优势，中型机构更受挤压，但考虑到精品机构带来的幸存者偏差后，资管机构的核心竞争力还是在于产品的布局。第五，科技手段可能被高估。目前科技手段在量化交易、智能投顾领域均有较多使用，然而迄今并没有爆款级的应用。特别是智能投顾借助网络解决了资产配置、税收规避等痛点，但仍建立在传统资产配置理论的基础上。

美国资管机构对资金端资源的配置超过资产端，但由于资产配置策略、另类资管人选聘等需要较多资产端的研究基础，曲线的位置相比中国更均衡。同时近年来资产端和资金端出现两头集中的现象，这使得资管产业链曲线出现了位移。

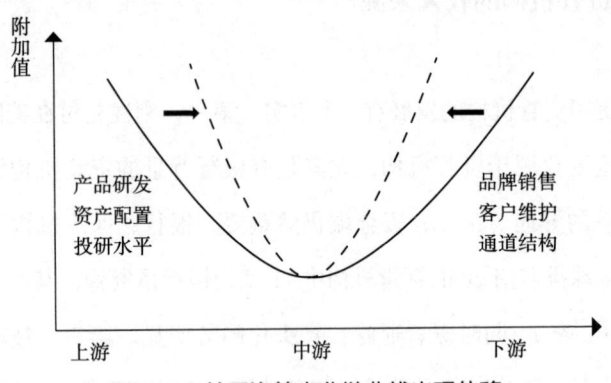

图 9-1 美国资管产业链曲线出现位移

在现有的资管产业链上，4 类优秀机构的布局策略是值得思考的。表 9-1 重点分析了相关资管机构在资金端、产品设计、资产配置、业务优势的布局情况。从这 4 类机构的成功经验看，成熟市场优秀的资管机构的取胜策略体现在资管产业链的布局。摩根大通和贝莱德商业模式的本质是赚 Beta 的钱，由于被动类产品费率较低，通过以量补价的方式实现 AUM 的大幅扩张。相关机构的优势在于资金端的黏性，比如摩根大通资管善于通过兄弟子公司的协同效应获取资金流量，贝莱德通过阿拉丁风险管理系统为机构客户提供解决方案。而耶鲁基金和桥水商业模式的本质是赚Alpha的钱。耶鲁基金利用私募股权等另类投资市场定价不够有效，精选管理人获取超额收益，但耶鲁基金的成功离不开免税以及长期限的资金，资金端的优势不可忽略。桥水的成功来自投资策略的知行合一，如Alpha和Beta收益的分离、风险平价的实现、全天候策略等均在资管实践中有效运用，但桥水前期也花了近15年（1975—1990年）时间通过研究咨询获取了资金方的信任。

表9-1　4个优秀资管机构发展模式总结

	摩根大通	贝莱德	耶鲁基金	桥水
AUM	1.8万亿美元	6.3万亿美元	270亿美元	1 600亿美元
资金	机构占50%、私人银行占30%、零售占20%	机构占60%、线上零售占30%、线下零售占10%	大学捐赠基金，期限长且免税	主权基金等机构基金为主
产品	全产品线	被动管理为主	不需设产品线	阿尔法基金、全天候基金等
资产	均衡，近期增加另类资产配置	权益资产超过50%，固收占30%，另类资产占8%	另类投资占比70%以上，青睐股权投资等，通过精选管理人形式参与配置	通过加杠杆实现多类标准化资产的风险对冲
优势	业务协作，每年协作带来的现金流约占AUM的7%	通过阿拉丁系统等为机构客户提供风险管理方案	借助资金端优势延伸了资产配置的边际，有能力进行另类投资	优势策略一以贯之，通过研究咨询服务获取资金端的信任

注：AUM主要基于2016年年底的财务数据。

资管新规后中国资管产业格局将调整

中国资管产业链有典型的向资金端倾斜的特征,即"募资找钱"比"投资管钱"更为重要。原因是资管产品刚性兑付与融资结构的扭曲,特别是中小房地产企业和地方政府融资平台提供了高收益资产,而银行传统信贷由于监管因素参与难度大,这导致了替代性融资方案(如各类资管计划)方兴未艾。这种情况下,市场有高收益且无风险的资产,资管方获取低成本的资金加注在这类资产上,最容易实现资产规模的扩张,这造成了中国资管业资金端比资产端更重要的现象。

针对这些问题,证监会主席易会满在2018年3月参加中国发展高层论坛2018经济峰会的讲话中对新时代的资管业提出了要求:

一是要回归资管业务代客理财本质,打破刚性理财;二是进一步加强各种金融机构的规范,比如货币基金有的具有投资、支付多重功能,有的无牌经营,存在高杠杆、高收益、高风险问题,要进一步正本清源,把握金融服务实体经济本质,厘清货币基金的真正属性和功能边际,杜绝监管套利,控制杠杆率,引导规范理性发展,坚持商业银行在金融配置方面的主导地位;三是加快推进资产证券化,完善配套政策,盘活信贷资产,增加资金流动性。

2018年颁布的资管新规、《商业银行理财业务监督管理办法》等文件的核心要求在于：统一监管标准；消除多层嵌套，减少监管套利；打破刚性兑付；规范资金池，降低期限错配，减少流动性风险等。资管新规的颁布使得银行表外理财、信托和券商资管计划有了打破刚性兑付的可能性，而未来融资结构扭曲的解决需要依赖监管的放松。资管新规对中国的资管业而言，可以视为一次制度变迁的过程。

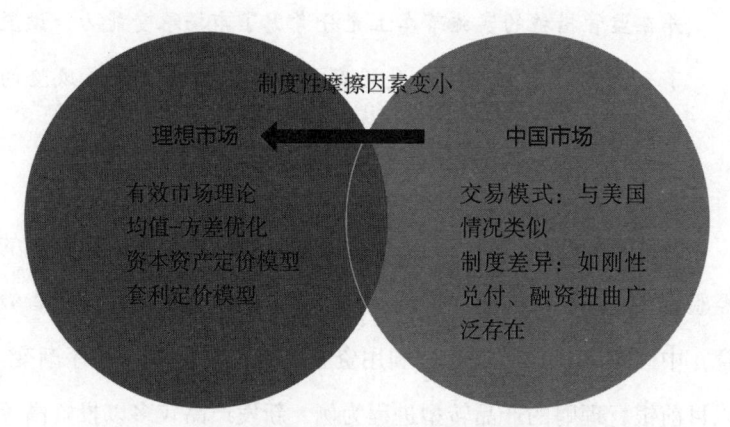

图9-2 资管新规使得中国资管体系向理想市场靠拢

央行行长易纲在2018年5月接受媒体采访时提到资管新规的出台主要是基于4个方面的考虑：

> 首先是有序化解和处置"影子银行"风险，防止过于复杂的产品加剧跨行业、跨市场、跨区域的风险传递；其次是

切实贯彻和坚持金融服务实体经济的根本宗旨和方向，防止资金空转和脱实向虚；另外，提高市场准入和监管的公平性，根据资管产品的类型制定统一的监管标准，对同类资管业务做出统一的规定，最大限度地消除监管套利空间，同时提高监管的覆盖度和有效性，坚持宏观谨慎管理与微观审慎监管相结合、机构监管与功能监管相结合；此外，为了促进金融业更加健康的长远发展，为金融创新和业务发展留出空间，并在监管措施的实施节奏上充分考虑了市场承受能力，设置了合理的过渡期，有序处置存量资产，防范"处置风险的风险"。

但打破刚性兑付并不是一蹴而就的过程。从美国成熟市场的经验看，刚性兑付的边界仍然模糊。除了加强金融风险投资者教育，中国资管机构更应充分利用资管新规的过渡期，循序渐变。以目前银行理财的产品转型进程为例，新发产品较多以投资高等级、高流动性债券的现金管理型产品（类货币基金）为主，相关产品以摊余成本法计量为主，既符合投资者习惯，也符合资管新规要求。从资产配置角度看，除非出现系统的流动性问题，现金管理型产品不会出现估值大幅波动的风险，但长期看相关产品给机构带来的收益有限。从海外资管机构的配置方向看，货币市场工具是逐步低配的资产类别，我们认为现有类货币基金产品应视为银行理财阶段性的产品方案，未来应寻找长期资金，按照大类资产配置导向创设产品。

对中国资管机构而言，海外资管机构带来的启发具体有三方面。一是重视为资金方提供解决方案，获取资金端黏性，特别是提供针对机构的资产配置和针对零售客户的财富管理解决方案。从贝莱德等全能型资管机构的经验看，这将使资管机构有机会获取长期资金。二是延伸产品线，重视真实波动产品的设计。预计未来银行资管子公司相对于银行资管部门将在权益资产投放、资金门槛和产品销售上有更多放开机会。考虑到银行等机构在相关领域积累有限，建议仿效耶鲁基金的经验，先通过FOF、MOM形式精选管理人参与相关资产的配置，甚至参与收购一些精品资管机构。三是重视客户销售渠道的建设。传统预定收益型产品的销售建立在刚性兑付的假定上，不需要专门营销手段，未来随着产品净值波动加剧，可能需要提供差异化的客户分层、画像等营销方案。

资管产业链的上游解决资产形式，下游解决资金形式。产品的销售渠道位于资管产业链的下游，但在传统银行理财分析中，缺乏对资管销售渠道的专门讨论。但在资管新规后，产品的多元化要求银行理财子公司在内的资管机构务必重视销售渠道的建设。

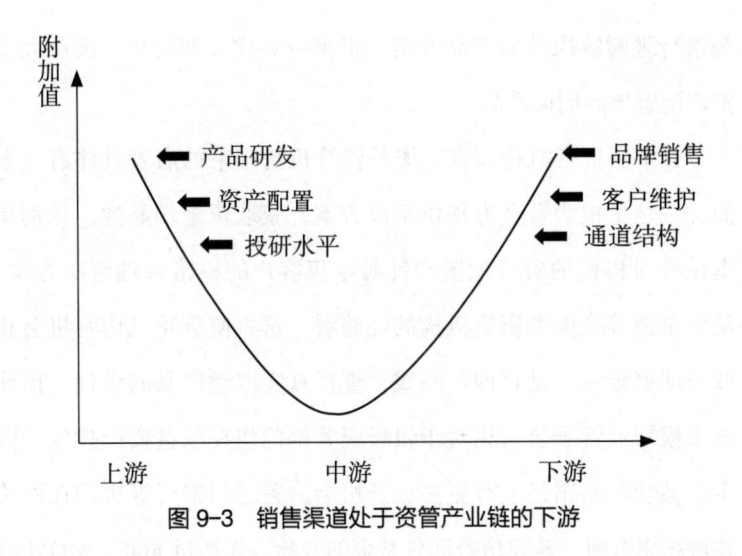

图 9-3 销售渠道处于资管产业链的下游

过去银行理财缺乏独立的渠道，这与传统上银行理财的部门归属（银行资管部门只是作为银行内部的独立部门）和产品形式（银行理财产品有确定的期限和收益水平）有关。一方面，银行凭借物理网点和客户口碑在整个金融生态中处于核心地位，议价能力强，资管作为一个部门可以通过内部分成定价的方式实现内生化营销；另一方面，传统银行理财的产品形式较为简单，特别是传统预定收益型产品的销售建立在刚性兑付预期上，这类"确定期限＋确定收益率＋刚性兑付"的产品不需要专门的渠道进行营销。

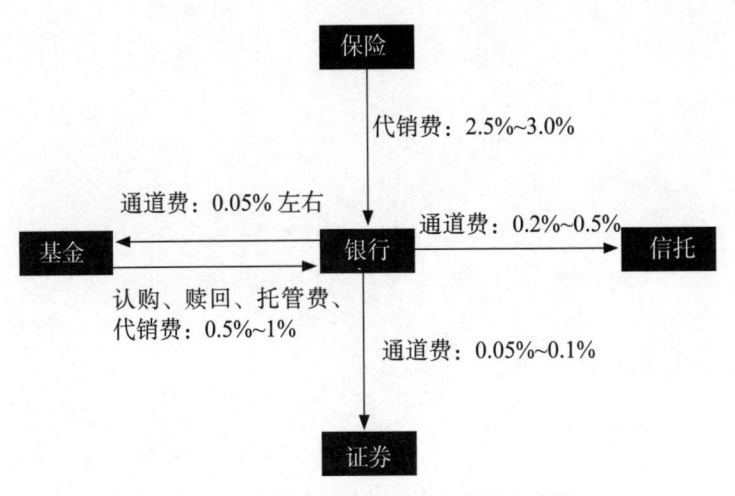

```
                    保险
                     │
                     │ 代销费：2.5%~3.0%
                     ▼
  通道费：0.05% 左右      通道费：0.2%~0.5%
  基金 ◄──────────► 银行 ◄──────────► 信托
        认购、赎回、托管费、
        代销费：0.5%~1%
                     │
                     │ 通道费：0.05%~0.1%
                     ▼
                    证券
```

图 9-4　银行在金融机构中占有核心地位

资管新规下，随着资管子公司的设立，未来产品形式更加多样，这需要子公司构建差异化的营销方案和独立的销售渠道。特别是理财子公司的理财产品销售渠道将放宽至通过监管部门获取代理销售理财产品资格的机构，而不仅限于银行，同时销售门槛降低（如公募理财产品，银行资管部门的基准由5万元下降至1万元，资管子公司进一步下降至1元，且取消了双录标准）。随着后续银行理财子公司发行更多的类货币基金、类债券基金、类信托等净值型产品，银行理财将由过去与其他资管机构的"错位竞争"转向同一赛道赛跑，独立的销售渠道越发重要。

第十章

迈向超级资管:未来中国可能的 5 条路径

本章将参照海外经验梳理成为超级资管机构的可能的 5 条路径,即全能型、精品型、投行型、销售型、科技型。

表 10-1 资管机构发展转型的 5 类路径

类型	机会	局限	禀赋要求	代表机构
全能型	规模扩张	费率较需以量补价	全能产品线、客户沉淀	摩根大通(银行系)、贝莱德(独立系)
精品型	高管理费和收益分成	规模较小、人员高流失	独特的投资策略甚至思想	耶鲁基金(大学捐赠基金)、橡树资本、桥水
投行型	为基础设施融资提供解决方案	产品类型单一	交易结构创新	麦格理投行自管部门
销售型	客户资管规模扩张	寡头特征明显	客户 IP 积累、持续商业模式创新	嘉信理财
科技型	科技策略解决资管业务痛点	单一模式持续被迭代	研发能力、风投支持	目前尚缺成熟对标主体

全能型

摩根大通

摩根大通是美国历史最悠久的金融机构之一。截至2018年年末，摩根大通的总资产规模超过2.62万亿美元，总存款高达1.47万亿美元，占美国存款总额的25%，有6 000多家分行，是美国最大金融服务机构之一。摩根大通的内部持股仅占总股份的0.67%，前十大机构股东持股占比为30%，前十大公募基金股东持股占比约为11%。

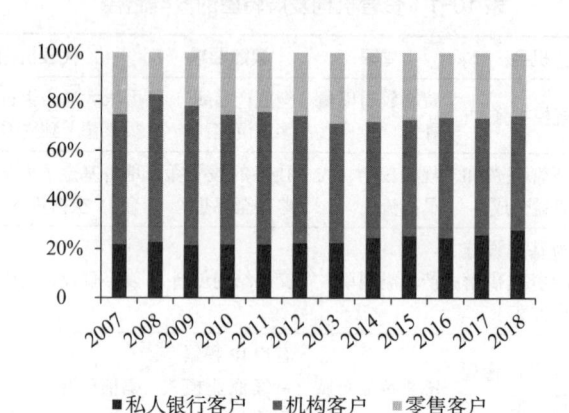

图10-1 摩根大通的资管业务以机构客户为主

资料来源：公司年报。

机构与零售资金各占一半。从资金端来看，摩根大通的资管业务主要面向机构客户，私人银行客户以及零售客户的比例维持在20%~30%。2017年年报数据显示，机构客户占据了近50%

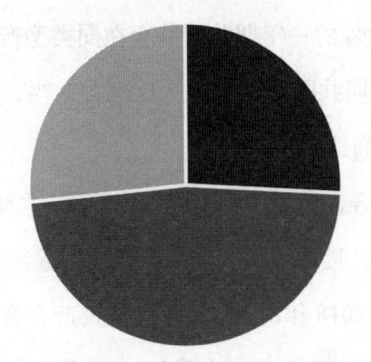

■私人银行客户　■机构客户　■零售客户

图 10-2　摩根大通的机构客户资金占比近 50%

资料来源：公司年报。

的资金来源，零售客户和私人银行客户占比分别为 28.8% 以及 22.6%。机构客户方面，摩根大通资管业务的机构客户包括了保险机构、养老金计划以及主权客户。其中，摩根大通面向主权客户的业务历史最为悠久，超过 60 年，累计为 69 个主权客户管理超过 700 亿美元资产。

提供全产品线。摩根大通的产品线齐全，且各资产类别都具有比同行业更多的产品线。2018 年，摩根大通 58% 的共同基金都被晨星评级为四星或五星[①]，位于市场同类产品的前 32.5%。更具

---

① 分别对应晨星公司为美国、英国、卢森堡；中国香港和中国台湾注册的基金提供的"整体星级评级"，和野村为日本注册基金提供的"星级评定"。仅包括具有评级的资管零售开放式共同基金，不包括货币市场基金、未被发现的经理基金和巴西注册的基金。

体来看，约有 68% 的一年期共同基金在同类型产品中排名第一或第二位，在三年期共同基金中这一比例为 73%，而在五年期共同基金中这一比例高达 85%。

另类配置提升，货币市场工具占比下降，固收权益占比稳定。从资产配置来看，货币市场工具的配置比例逐年下降，由 2011 年的 37.5% 下降至 2018 年的 24.2%。大类资产方案与另类投资占比逐年提高，由 2011 年的 23% 上升至 2018 年的 33%。固收类常年维持在 20% 左右，权益类维持在 10%~20%。

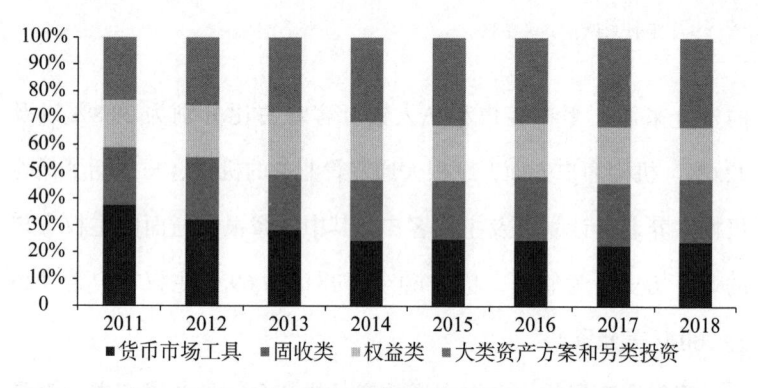

图 10-3 摩根大通货币市场工具比例逐年下降，大类资产方案与另类投资比例逐年提高

资料来源：公司年报。

具体举例来看，摩根大通的固收类投资主要采用"固定收益三角形"框架，该框架与"固收+"的配置框架相关。固收类投资的核心资产流动性较低，追求多样化，包括大比例的高质量中短

期固收类资产以及一部分特定行业的信用资产；其次是一些绝对回报、抗通胀以及超短期的固收类投资，用来对抗固收市场的波动；最后还持有一部分高收益、长久期、新兴市场、全球化以及银行贷款，以寻求更高的收益与回报。

商行条线协同带来千亿美元/年的销售优势。摩根大通各业务协同并举，给产品线带来了销售优势。例如，摩根大通利用其商业银行业务的优势，可以为包括贷款、资金服务、投资银行以及资管在内的业务提供广泛的金融解决方案，满足国内和海外客户的不同金融需求。2018年，资管业务从商业银行客户吸收了1 450亿美元的资产规模，约占当年资管总规模的7%。

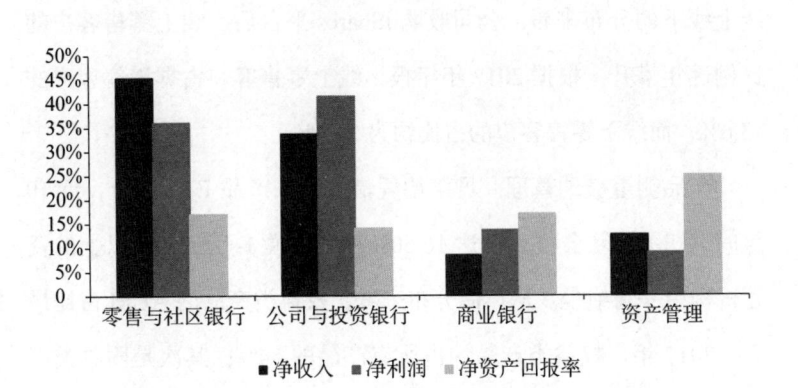

图10-4 摩根大通各业务条线的收入以及盈利情况

资料来源：公司年报。

贝莱德

贝莱德或称黑岩集团，成立于 1988 年。最初是一家风险管理和固定收益机构资管公司，如今已成长为全球最大的资管公司，截至 2017 年年末，AUM 达 6.29 万亿美元。贝莱德内部股东仅持 3.74% 的股份，前十大机构股东共计持股 51%，前十大公募基金股东持股比例为 10%，股权结构较为分散。

资金来源以机构为主，零售以线上渠道居多。 贝莱德的客户当中，各类机构占据了较大比例。[①] 2017 年，机构客户比例约为 60%，机构客户覆盖养老金机构、捐赠基金、基金会、官方机构以及金融机构。零售客户近 5 年都维持在 35%~40%。从零售客户线上线下的分布来看，公司收购 iShares 平台后，线上零售客户的比例逐年攀升，根据 2017 年年报，线上零售客户占据零售客户的 73.6%，而线下零售客户的占比约为 26.4%。

产品侧重被动管理。 贝莱德凭借其拳头产品 ETF 基金，近 10 年间 AUM 的复合收益率达 16.60%，在规模 1 万亿美元以上的资管机构中一骑绝尘。从产品分布来看，权益类产品的 AUM 占比最高，2017 年，权益类产品约占所有产品的 54%；其次是固收类产品，约占 30%；第三位是多元资产类产品，约占 8%。

[①] 贝莱德的年报中将客户来源分为零售机构和 iShares。由于 iShares 作为交易型开放式指数基金的特性，大部分客户是零售客户。此处为了便于比较，一并放入零售客户，并在下文中作为线上零售客户出现。

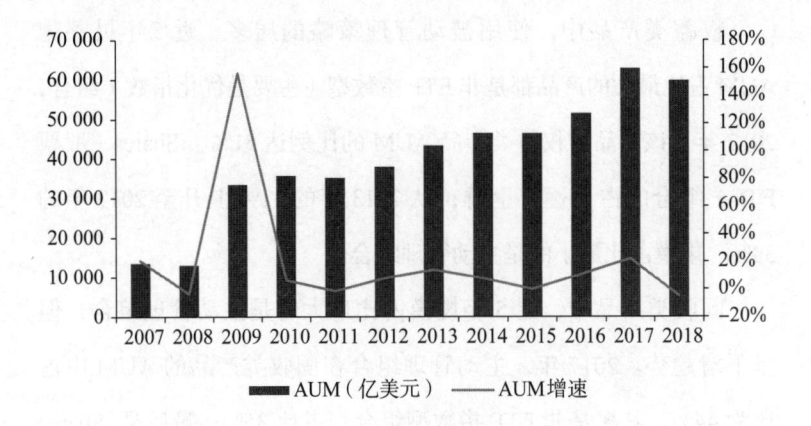

图 10-5 2017 年贝莱德 AUM 突破 6 万亿美元

资料来源：公司年报。

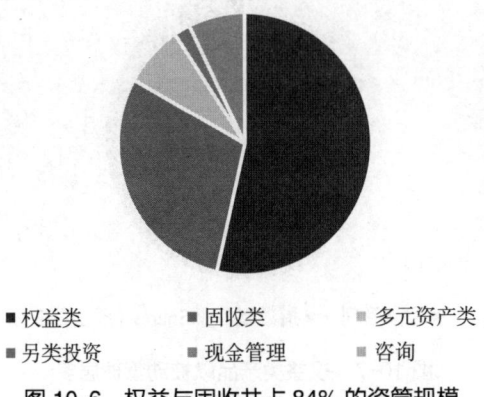

图 10-6 权益与固收共占 84% 的资管规模

资料来源：公司年报。

权益类产品中，使用被动管理策略的居多。近5年贝莱德AUM占比最大的产品都是非ETF指数型（主要是优化指数）组合，2017年，该产品占权益类产品AUM的比例达51%。iShares（股票ETF）组合的占比逐年上升，从2013年的31%上升至2017年的39%。规模占比最小的是主动管理组合。

固收类产品中，近5年规模占比最大的是主动管理组合，但呈下滑趋势。2017年，主动管理组合在固收类产品的AUM中占比为44%。其次是非ETF指数型组合，占比35%；最后是iShares（股票ETF），占比为21%。

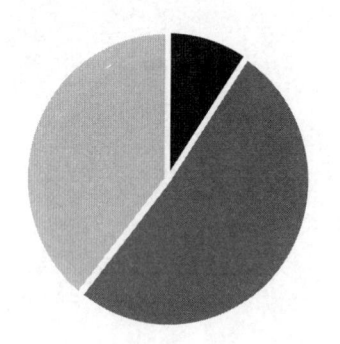

图10-7 权益类产品以被动管理居多

资料来源：公司年报。

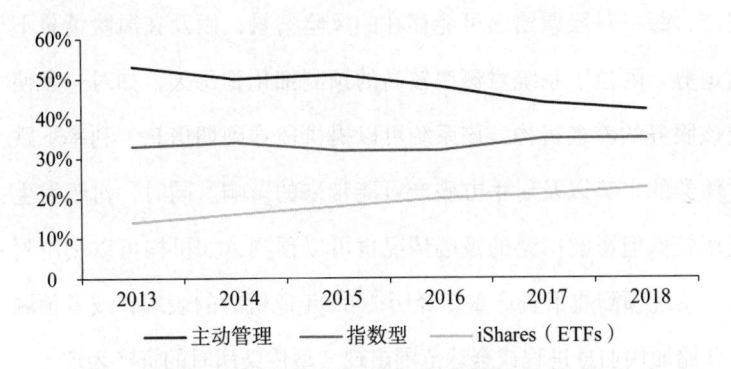

图 10-8　主动管理组合规模占比最大但呈下滑趋势

资料来源：公司年报。

通过阿拉丁系统为客户提供解决方案。 2000 年，贝莱德的创始人拉里·芬克组建了贝莱德解决方案公司，并研发出了阿拉丁风险管理系统。该系统已整合为一体化的投资交易风控平台，称为阿拉丁平台，实现了交易结算、组合管理、风险管理等业务流程和数据的完美融合。根据贝莱德官网的介绍，全球有大约 25 000 个机构投资者依靠阿拉丁平台做出投资决策，并由超过 1 000 名开发人员对系统进行持续的强化。截至 2018 年 9 月末，机构客户的 AUM 占比达 61%，其中不乏摩根大通、瑞银、德意志银行等巨型金融公司，美国以外地区的 AUM 占比达 33%。

阿拉丁系统的基础是一个大型的历史数据库。在这些信息基础上，进行数据分析，通过蒙特·卡罗法则，生成一个大型的随机样本，模拟金融市场的各种可能环境。它可以为投资者的每一项资产、每一只股票给出可能存在的风险情景，以及在风险情景下的走势。阿拉丁系统对概率较高的预测细化到每天，如对一家使用该服务的养老机构，该系统可以提供债券到期信息、利率下跌时债券的走势以及对手方破产可能带来的影响。同时，对于发生概率较低但影响广泛的极端情况也可以预测，如机构可以利用阿拉丁系统预测旗下资产重新经历 2008 年危机时的表现，或者预测美联储加快加息进程或全球范围出现大型传染病时的资产表现。

除了预测具体的资产走势外，阿拉丁系统还可以预测各类资产的关联性，以及特定条件下这一关联性对资产价格的进一步影响，如一些看似没有关联的资产——印度尼西亚银行股票、欧洲能源公司债券和加拿大的抵押债券等，在特定条件下会发生同时下跌。对于一些持有高度分散化组合的基金公司，这种关联性预测有助于掌控风险并及时调仓换股。

贝莱德 2017 年年报中提到，公司技术与风险管理项目的收入从 2016 年的 5.95 亿美元增长到了 2017 年的 6.77 亿美元，增长率达 14%，而阿拉丁系统贡献了其中大部分的收入，这体现了市场对阿拉丁系统持续的需求。

在 2018 年业绩发布会上，贝莱德 CEO 拉里·芬克针对主要证券分析师和机构投资者诠释了资管公司的投资哲学：

> 每当我与客户对话以及履行作为贝莱德领导层的职责时，

我都会坚定地聚焦在长期目标——自1988年贝莱德成立之时起便是如此。

长期以来，资管公司一直专注于销售产品，缺乏更长远、更广泛的考虑。基金经理们都在为跑出alpha而努力，的确，这是非常重要的指标之一，可它却没法切实解决投资者的养老金问题。作为一个企业，乃至我们整个行业，我们的目标应该是让投资者获得真金白银的可持续回报，而不仅仅是追踪误差或收割alpha，也不止是在1年、3年或5年内跑赢一个特定的市场指标。

在最近持续的低利率环境下，我们在客户需求产生之前先行一步进行投资，寻找另类收益和回报来源，并建立自己的低流动性另类投资平台。我们非常重视科技的力量，因此在很早期就开始对阿拉丁风险管理平台进行持续性的投入，因为我们相信它将推动资管业的转型。

我们致力于打造一个最全面的投资平台，包括提升我们在构建投资组合方面的能力，例如ETF和因子投资；扩展低流动性另类投资方案，包括基础设施投资，这类投资能在更长期限内为投资者提供更高回报率；继续提供能够创造价值的积极投资策略；在可持续投资等新兴领域引领行业发展；为现有投资领域，包括退休养老等，提供能够弥补当前不足的全新解决方案。

通过将战略和资源都聚焦于客户需求最迫切的领域，我们将能够在行业的最快增长领域获益，从而使贝莱德的增速跑赢行业3%的平均资产复合增速。

贝莱德长期战略的一个关键组成部分是为整个资管价值链提供领先科技，由此推动风险管理和投资组合构建等关键领域的知情决策，提高客户触及效率并助力业务范围扩展覆盖所有类型的投资者。

每天，来自全球50多个国家超200名客户在使用阿拉丁风险管理平台，以更清晰地识别投资风险，更高效地管理投资组合。为了让阿拉丁风险管理平台适应未来30年的增长需求，我们启动了一项为期多年的改造计划来扩大该平台的规模。

我坚信阿拉丁风险管理平台的最大机遇是成为财富管理公司、理财顾问和个人投资者通用的创建投资组合的沟通语言。将机构风险透明度和投资组合构建能力引入财富管理市场将有助于理财顾问与其客户展开更丰富的对话，并最终让他们获得更好的投资结果。阿拉丁财富为理财顾问提供必要工具，助力他们构建更为灵活的投资组合，实现更好的投资成功，并最终为更多个人投资者提供更有保障的金融未来。

精品型

耶鲁基金

大卫·斯文森和迪安·高执掌的耶鲁基金是最为著名的高校基金之一。2017年，耶鲁基金的市值达到271亿美元。过去30年间，耶鲁基金的年化收益率超过12%，在同类基金中表现出色。

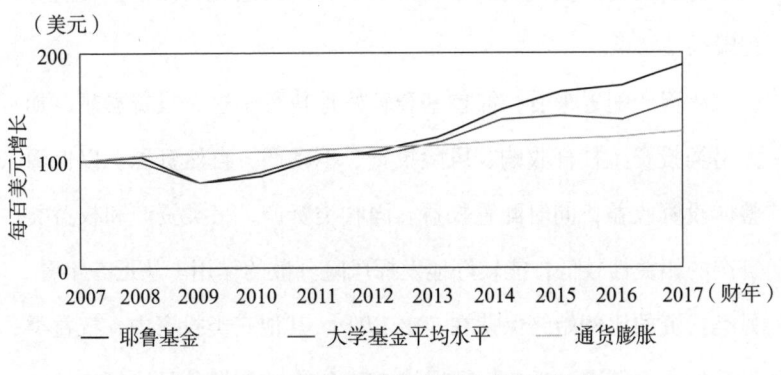

图 10-9 耶鲁基金在同类基金中表现出色

资料来源：基金年报。

作为高校捐赠基金，耶鲁基金资金来源稳定，没有赎回压力且有免税优势。但由于大学运营过程中需要大量长期稳定的收入，故对资金回报要求较高。这种情况下，拥有"最好资金"来源的耶鲁基金必须在资产配置上体现独特竞争力。

《机构投资者的创新之路》一书体现了耶鲁基金的投资思想。

大卫·斯文森认为，信息不对称导致了投资管理机构与最终受益人利益的背离，因而需要构建一套完整的机构投资流程和不受市场情绪左右的投资原则。投资管理机构应该追求风险调整后的长期、可持续的投资回报，投资收益由资产配置驱动，严格执行资产再平衡策略，避免择时操作。斯文森坚持独立判断，时刻都在为最坏的时候做准备，喜欢并鼓励逆向思考，认为越是市场定价机制相对薄弱的资产类别越有成功的机会，同时通过分散化投资避免犯毁灭性错误。

从资产配置来看，耶鲁基金较好地执行了这一投资思想，加大另类投资（杠杆收购、风险投资、不动产、自然资源）以保障整体投资收益，同时配置权益、固收类资产，另类资产和权益类资产的相关性较低，能较好地发挥风险分散的作用。从近5年看，另类投资的比例始终保持在70%以上。其他三类投资中，权益类投资的比例较高，近5年都保持15%以上的配置，且比例连续三年保持增长。2017年，另类投资占比75%，权益类投资占比19%，固收类与现金类分别占5%和1%。从另类投资的细分项来看，2017年耶鲁基金在另类投资方面占比最高的项目为风险投资，占到所有另类投资的34%，其次是杠杆收购和房地产，分别占28%和22%。

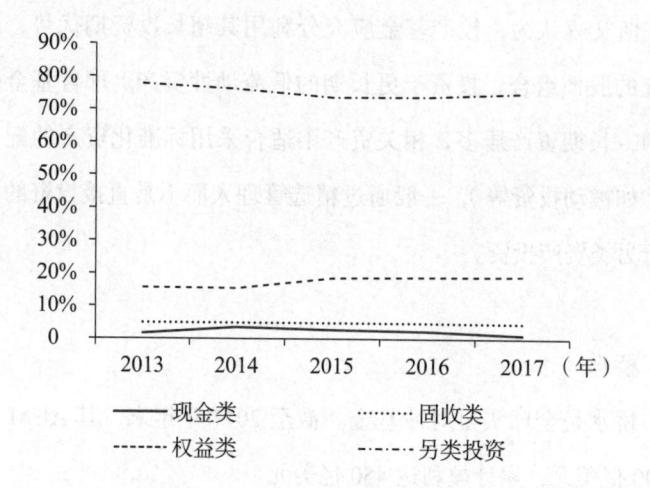

图 10-10 耶鲁资产配置以另类投资为主

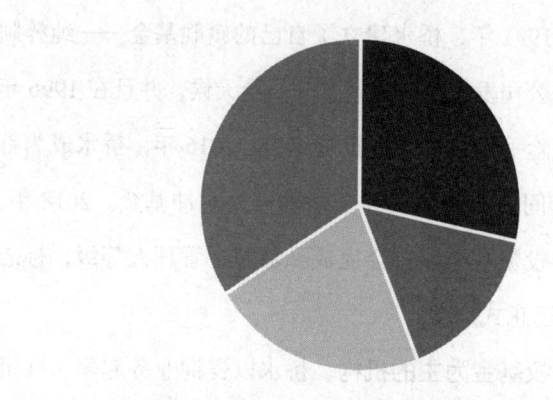

资料来源：公司年报。

图 10-11 耶鲁另类投资中风险投资占比高

资料来源：公司年报。

斯文森认为，校产基金应充分利用其超长投资期优势，超出传统的股债组合，投资于更长期的低流动性资产。耶鲁基金的资产中，长期资产居多，相关资产不适合采用标准化资产的配置方法（如被动投资等），一般通过精选管理人而不是直接投资的方式进行另类资产投资。

桥水

桥水是全球头号对冲基金。截至2017年年末，其AUM约为1 600亿美元，累计盈利达450亿美元。

桥水成立于1975年，以咨询业务起家。20世纪80年代初，公司开始发行付费订阅业务《每日观察》。1978年，公司获得了第一笔投资基金。1991年，桥水建立了自己的旗舰基金——纯粹阿尔法。1995年，公司发行了对冲基金——全天候，并且在1996年开创性地运用风险平价技术管理投资组合。2016年，桥水成为首家获得内地银行间债券市场交易资格的海外对冲基金。2018年，桥水在中国证券投资基金业协会完成私募基金管理人等级，标志其在华私募业务已正式启动。

客户为以主权基金为主的机构。桥水以咨询业务起家，在资金管理渐成规模后，也进入了资管领域。目前桥水的产品主要涵盖各类基金、咨询业务以及付费报告等。根据官方网站披露，目前桥水约有350个客户，几乎都是机构客户，涵盖公共以及公司养老基金、大学捐赠基金、慈善基金、跨国事务所、主权财富基金以及中央银行。

优势策略在配置上一以贯之。桥水是多种创新投资策略的先锋者，如分离 Alpha 和 Beta 策略、风险平价等。可以说桥水通过独特的投资策略获取了 Alpha，这构成了其取胜的优势。

一般认为产品收益率可以分为无风险回报率、与市场相关的回报 Beta 收益以及主动管理的 Alpha 收益三个来源。桥水投资的重要策略之一是将 Alpha 与 Beta 分离，形成了两类基金：追求 Alpha 收益的纯粹阿尔法对冲基金和追求稳定 Beta 回报的全天候对冲基金。

纯粹阿尔法对冲基金采用一种主动型投资方式，目的是形成与市场相关性较低的超额收益回报。这类投资的标的主要包括私募股权、商品以及期货等。

纯粹阿尔法对冲基金的投资策略是建立最优的 Alpha 组合，从而使组合里各种资产的相关性很小，甚至不相关。在这种策略下，无论经济环境如何变化，基金都能够获得相对稳定的收益。其中最流行的策略被称为阿尔法覆盖。1991 年，桥水以波动率为标准建立了两个不同的对冲基金——纯粹阿尔法 I（12% 的波动率，规模 100 亿美元）以及纯粹阿尔法 II（18% 的波动率，规模 230 亿美元）。2006—2011 年的 5 年间，阿尔法覆盖策略所获得的收益率为 10%，远高于其他类别主动管理基金低于 4% 的收益率水平，且波动也几乎落在设计范围内。

全天候对冲基金所追求的 Beta 收益和风险与市场整体情况接近，并且投资产品的成本小、流动性高，集中投资于被动型收益产品，例如指数基金、固定收益产品等。同时采用风险平价的核心投资原则，构建最优 Beta 组合策略。不同于传统的平衡资产配置，桥水通过使用杠杆调整资产的风险水平，使得每个资产都具有相近的预期收益和风险。例如，对于高风险的股票资产与低风险的国债资产而言，为了使二者的风险达到均衡，桥水可能会借款购买国债资产，通过增加杠杆的方式匹配股票资产的风险水平。这样就形成了预期收益与风险相近，但与市场相关性程度不同的收益流。1970 年以来，在相同的波动率下（9%），全天候对冲基金的年化回报率能达到 12%，超过传统的 60/40 组合近 3 个百分点。

另一方面，桥水认为经济增长和通货膨胀两个因素对预期变化的影响导致了资产价格变动。在这种情况下，经济环境可以划分为 4 种状态，经济状态的变化都可以归入这 4 种状态中。桥水在每一种场景中都配置 25% 的风险，这样就能确保无论在何种经济条件下，都可以很好地控制风险敞口。凭借风险配置的核心理念，全天候对冲基金在自 1935 年起的 7 次最严重的市场下跌中都表现出色。

橡树资本

橡树资本是一家国际性资管公司，创立于1995年，是全球最大的不良资产投资者，于2012年4月在纽约证券交易所上市，截至2018年年末AUM达1 195.60亿美元。

资金端以机构投资者为主。橡树资本的客户以机构投资者为主，包括全美国76%的州、超过400家企业及其年金计划（涵盖全美国最大的前100个企业年金中的75个），超过300个高校、慈善机构的捐赠基金，15个主权基金。由于企业年金、保险、捐赠基金等长久期资金占比较高，可以通过牺牲一定的流动性配置久期较长的资产。

橡树资本掌门人霍华德·马克斯在《投资最重要的事》一书中诠释了橡树资本的投资思想：

我们认为人们能够理解的那部分市场，投资者要获得优势去赚钱，是非常困难的；而对于人们通常不能理解的那部分市场，你能够做到相对好一点，像债券、可转债券、个人抵押、基础设施建设、房地产、新兴市场……这些项目获得投资优势相对要容易一点，但也没那么容易，只是相对于充分有效的市场上的产品容易一点。

我们的投资绩效不会今年排名第一，然后明年排名最后。我们一般在中间，因为杰出的风险控制，让我们在艰难的时段能够脱颖而出。我们获得平均的收益，平均收益在牛市已经算是可以了，牛市每个人都赚钱，这已经足够了，但是我们的客户想要我们在熊市的时候业绩能够超出平均水平。非常简单的概括就是：牛市我们获得平均收益，熊市我们获得超额收益。

如果我们能够一年又一年地，数十年地达成这个目标，会出现什么情况呢？我们的业绩波动性会低于平均水平。整体高出平均收益的回报，就是因为我们在熊市杰出的表现让我们把这个目标做到了，这也确实是很有必要的，这样我们的客户就会感到开心。

我认为这就是我们公司成长的秘密，我们经过10年时间达到千亿美元的规模，从2006年的35亿到达2017年的1 000亿，我们真正开始资管业务是在2007年，2008年正是金融危机期间，我们至少在2007年接受了100亿资金，因为我们的业绩在熊市的时候会好过平均水平，我们能够为人们展示这个投资结果，大家就觉得橡树资本值得信赖，有能力交付一个持续的、稳定的投资成绩。我们写下了6条独特的投资哲学：风险控制、稳健回报、相信市场无效性、专业化投资、不依靠宏观预测、不根据市场涨跌操作。我们也写下了我们的商业准则：公平对待客户、公平对待员工、专业化研究驱动等等。

霍华德·马克斯强调了周期的价值。他认为，需要清醒地认识到权益市场高效而且难以击败，知道身处何处比走向何方重要，但即便知晓身处何处，也无法预判未来，即便做很大概率的事，也可能一败涂地。他推崇价值投资、长期投资（跟紧周期而非趋势）；相对于投资优质资产而言，以合意的价格购买更为重要；强调相对的性价比，即安全边际的重要性。

资产端重点投资暂时处于财务困境的企业。橡树资本的投资对象可分为四大类，信贷类资产（包括不良债权、高收益债、可转债、银行贷款、非标债权、夹层融资等）、PE（对陷入困境的企业进行股权投资，介入其经营，助其扭转困境并实现盈利）、不动产（包括房地产、运输及能源类基建企业）、上市公司股票（以新兴市场为主）。橡树资本的资产配置与其投资思想一脉相承，一直专注于全球不良资产的投资机会，投资组合中包括困境企业债务、困境企业股权、困境房地产、银行不良贷款、高收益债券等。2009年，橡树资本参与了美国政府为应对次贷危机发起的不良资产救援计划，并获得了不错的投资回报率。目前的26个策略中，管理资产规模最大的、策略存续期最长的均为不良债权，策略构建始于1988年，截至2018年年末，管理规模占比达26%（扣除DoubleLine的部分）。

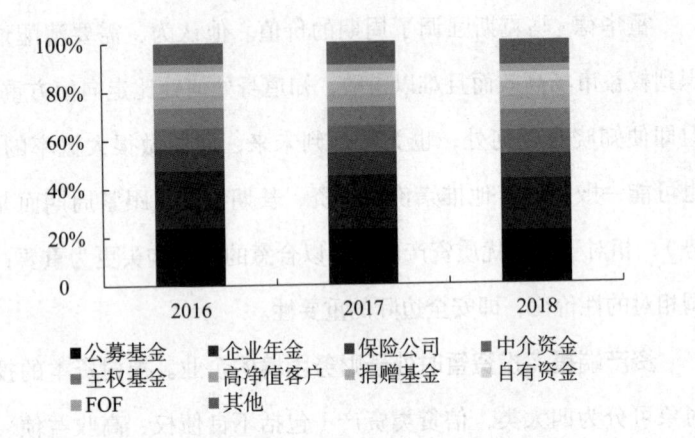

图 10-12　橡树资本的资金主要来自机构投资者

资料来源：公司公告、彭博。

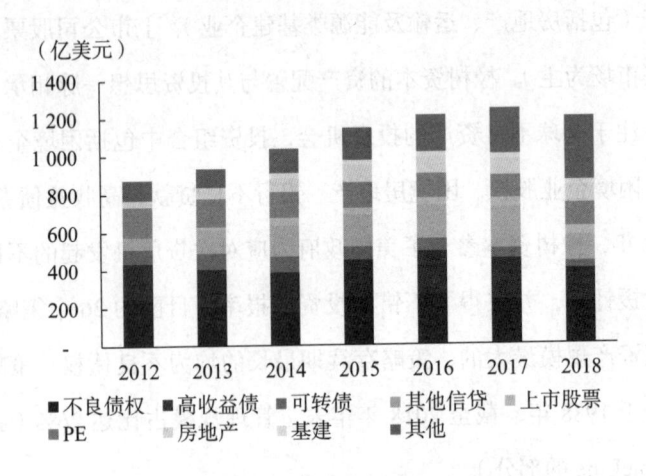

图 10-13　不良债权在托管资产中占比较高

资料来源：公司公告、彭博。

从投资回报情况来看，橡树资本不良债权投资的净内部收益率达到16%，仅次于能源项目，远高于房地产、PE等其他项目。橡树资本的开放式基金主要投向流动性略好的高收益债、可转债、银行贷款、新兴市场的企业股权，在高收益债、可转债等涉及对处于困境的企业的投资方面，业绩显著优于对股权的投资。

表10-2 橡树资本的不良资产投资项目能够获得较高的投资收益率

项目	累计退出资金（亿美元）	起止年度	毛内部收益率	净内部收益率	回收资本乘数
不良债权	437.70	1988—2018	21.9%	16.0%	1.7x
房地产投资	83.72	1994—2008	15.6%	11.9%	1.7x
PE（全球）	100.96	1994—2018	12.9%	9.2%	1.7x
PE（欧洲）	65.60	2006—2018	13.3%	8.8%	1.7x
能源投资	26.68	1999—2018	34.4%	26.0%	2.0x
夹层融资	39.80	2001—2018	13.0%	8.7%	1.4x

资料来源：公司公告。

表10-3 橡树资本的开放式基金中涉及困境企业投资的业绩明显更好

项目	资产规模（亿美元）	起止年度	毛内部收益率	净内部收益率	基准毛收益率
高收益债（美国）	138.22	1986—2018	8.9%	8.3%	8.0%
高收益债（全球）	31.54	2010—2008	6.1%	5.6%	5.9%

（续表）

项目	资产规模（亿美元）	起止年度	毛内部收益率	净内部收益率	基准毛收益率
高收益债（欧洲）	4.21	1999—2018	7.7%	7.1%	6.0%
可转债（美国）	16.58	1987—2018	9.0%	8.5%	8.0%
可转债（非美国）	10.00	1994—2018	7.8%	7.3%	5.2%
高收益可转债	10.22	1989—2018	11.0%	10.1%	7.8%
优先贷款（美国）	6.42	2008—2018	5.6%	5.1%	4.8%
优先贷款（欧洲）	11.43	2009—2018	7.0%	6.5%	7.6%
新兴市场股权	42.20	2011—2018	1.2%	0.4%	0.1%

资料来源：公司公告。

注：数据截至 2018 年 12 月 31 日。

买得好不如卖得好。橡树资本一般在经济下行周期以较低的价格购入不良资产，等经济周期上行时对相关标的进行债务重组或处置，以赚取差价。2009 年之前，橡树资本的业绩都是伴随不良率的上升而下降的，直到 2009 年银行业不良贷款率达到峰值后，公司归属于普通股东的可分配净收入的亏损幅度大幅降低。2012 年，银行业不良贷款率尚未恢复至次贷危机前水平，公司归属于普通股东的可分配净收入已经为正，此后盈利状况一直较好。从橡树资本的普通股本回报率可以看出，银行业不良贷款率的改善促进了橡树资本经营业绩的改善。

投行型

黑石

1978年，投资机构KKR对上市公司乌达耶进行杠杆收购的巨大成功和高额回报，激起了彼得·彼得森和苏世民创建自己的杠杆收购公司的想法。1985年，两人合伙创立了黑石。黑石集团发展至今，已成为世界上最大的独立另类资管机构，业务涵盖私募股权基金、房地产机会基金、对冲基金、优先股基金等。2018年，AUM超过4 700亿美元，在全球的23个分支机构拥有2 615名员工。

黑石多元业务的扩张，不乏传统的金融投资领域，也有黑石金融创新的产物。首先是私募地产领域，基金BREP专门找寻管理不善的商业地产，通过收购、管理和转让获得超额回报；基金BPP则专注于能够获得稳定现金流的地产；还有传统市场上的商业地产信托基金BREIT和房地产债券BREDS。其次是私募股权领域，用于在多个领域布局，比如专注基建的BIP、生命科学的BXLS、为私募二级市场提供流动性的SP和全球战术投资Tactical Opportunities、旗舰基金BCP、亚洲基金、能源基金BEP、控股投资BCEP。再次有对冲基金领域的对冲基金解决方案HFS，包括提供定制解决方案的BAAM。最后是私募信贷，包含广义夹层融资GSO、困境贷款和传统投资标的。

黑石业务种类丰富，叠加只做协议收购积累的口碑，实现了

AUM 的快速扩张。规模效应形成集中优势，反过来吸引其他团队加盟黑石，多元的业务碰撞使得黑石在行业创新方面保持领先，形成正向循环。这种商业模式既做到了平衡整体业务水平，也避免了传统基金的内卷化困境。基金的管理费也成长为黑石最稳定的收入来源，固定比例的管理费和超预期回报的激励费用共同构成了黑石最重要的收入来源。

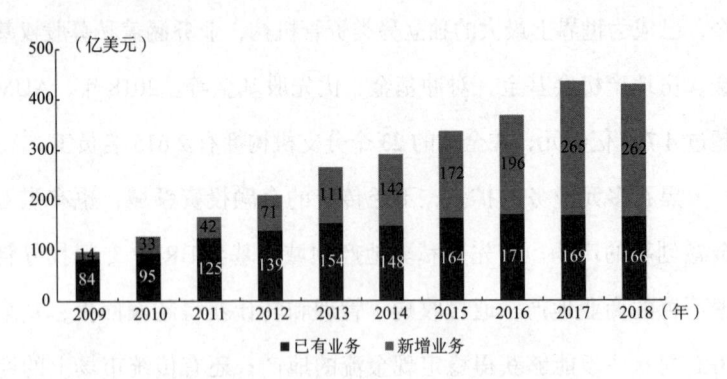

年份	已有业务	新增业务
2009	84	14
2010	95	33
2011	125	42
2012	139	71
2013	154	111
2014	148	142
2015	164	172
2016	171	196
2017	169	265
2018	166	262

图 10-14　新业务的扩张是黑石 AUM 增长的主要原因

资料来源：公司资料。

黑石对私募市场的创新，可以看作一种商业模式的开拓。作为另类投资的一种，早期的私募股权投资形式单一，黑石引入了同时对私募股权的直接投资和为私募股权提供流动性的二级市场基金的投资模式，使其旗下基金在获得私募股权的超额回报的同时对冲流动性风险。在私募地产领域，旗下的 BREP 基金着重一部分因经营问题而没能获得成功的标的，在收购后凭借专业团队的系统化管理，使其增值后转让变现；BPP基金则关注能够产生稳定现金流的物业，以实体资产对冲通胀的同时获得可观的分红。在私募信贷领域，黑石主要投资于夹层贷款和困境贷款，通过对目标公司的深度干预实现主动投资，进行专业化的投后管理，这一模式普及了整个私募信贷领域。

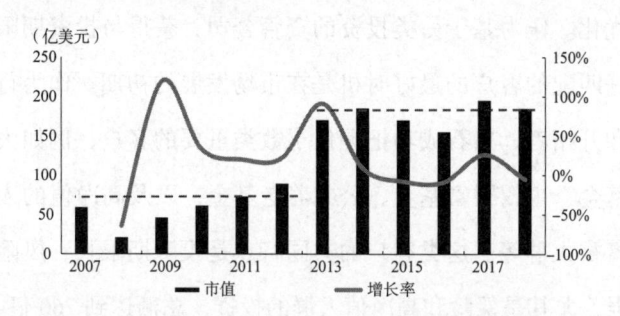

图 10-15　多元业务的完善助力黑石股价中枢的上行

资料来源：公司资料。

黑石的创新同时体现在其对自身公司结构的优化。以共同持有人的形式发行股票上市，限制外来股东的投票权，维持管理的独立性，同时保留 GP（普通合伙人）和 LP（有限合伙人）的做法也合理规避了税收，这种股权结构成为私募行业的模板。完成改制后的黑石在 2007 年成功实现上市，在上市后实现了 AUM 和股价的同步增长，其中 AUM 的扩张带来了稳定的管理费用。黑石重视收入的稳定性，着重关注以管理费用为主的可循环部分的收入，该部分收入对成本的覆盖使得收入的稳定性大大提升。尽管上市后，市场竞争激烈造成综合管理费率下滑，但黑石通过加速扩张 AUM 实现了管理费用净值的增长。新业务的增长，一度贡献了 60% 以上的 AUM。

商业模式的创新带来的边际增量在再保险业务成立后陷入停滞，彼得森开始将目光转向已有业务的深化。最先进行的是负债端的优化。作为基于另类投资的资管公司，获得与投资期限和风险偏好匹配的客户的最好时机是在市场发展的初期。作为行业的龙头和开拓者，黑石成功把握住了数类重要的客户，例如大学的捐赠基金、主权财富基金、公共养老基金，以及高净值的人群和大众富裕人群等。这类客户的共同特点是投资期限长，风险承受能力强，尤其是保险和高净值人群的投资，总额达到 760 亿美元，是另类投资市场的重要参与者。拉长负债端的久期能够有效提高利润率，除了长期客户的负债以外，黑石还发行了永久资本工具以尽可能拉长久期。

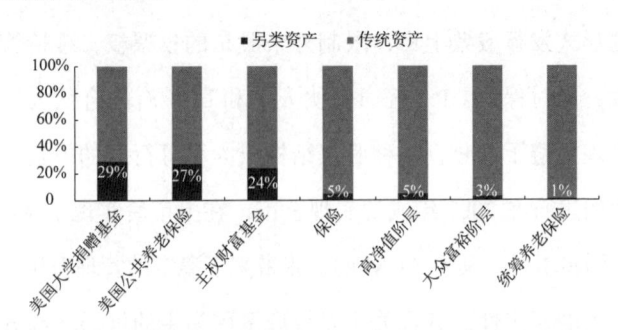

图 10-16 对重要客户的把握是黑石降低负债端成本的重要方法

资料来源：公司资料。

麦格理集团

麦格理集团于1985年成立，集团总部位于悉尼，1996年在澳大利亚证券交易所上市，在1994年到2008年金融危机的十几年间，总资产从46.24亿美元上升到1 672.50亿美元，增长了35倍，年均增长率达32%；总员工人数从1 704人上升到13 107人，增长了6.7倍。正是这段高速增长使得麦格理成为澳大利亚第五大金融集团、澳大利亚最大的投资银行、业务领先的并购顾问、世界排名第七的投资银行。

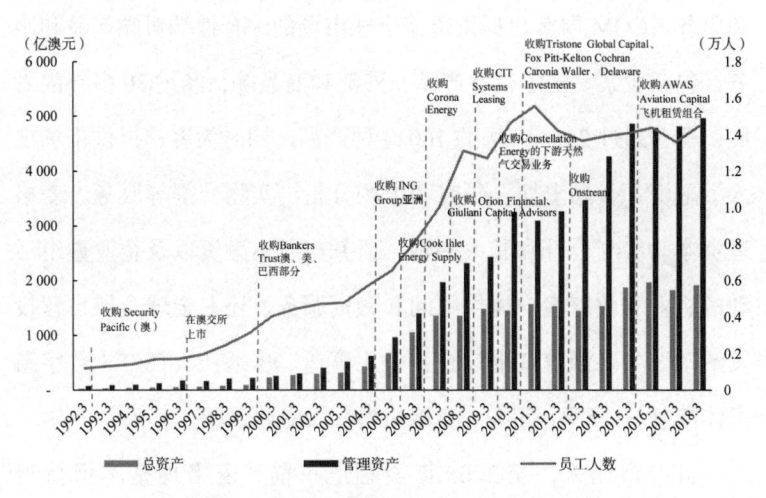

图10-17 麦格理通过外延扩张实现高速增长

资料来源：公司年报、公司官网。

"商行+投行+资管"的一体化模式。麦格理集团的业务可划分为麦格理资管（MAM）、企业与资产融资（CAF）、银行及金融服务（BFS）、大宗商品及全球市场（CGM）和麦格理资本五大部门。其中 MAM 为机构和个人投资者提供资管服务，包括基础设施及有形资管、证券投资管理，以及有关基金和上市股票的定制投资方案。CAF 的业务范围包括为客户提供直接融资、投资二级市场信贷资产，以及相关的融资解决方案；贷款融资业务专注于房地产行业，资产金融业务专注于飞机、汽车、科技、医疗、制造、工业、能源、铁路、采矿等行业。BFS 为零售客户、顾问、经纪人和企业客户提供多样化的个人银行、财富管理和商业银行产品和服务。CGM 向客户提供覆盖全球市场的综合性端对端产品和服务，包括股票、固定收益产品、外汇和商品等，经过 30 多年的发展，覆盖超过 25 个市场的 160 余种产品，同时为客户提供市场准入、融资、金融套期、研究和市场分析、实物交割等服务。麦格理资本为参与公开和私人并购、债务与股本融资以及企业重组活动的企业和政府客户提供顾问和融资服务，还在全球开展自营投资活动，主要涵盖基础设施及公用事业、房地产、TMT（数字新媒体产业）、资源、工业、金融机构六大专业领域。

自上市以来，至 2008 年金融危机前，麦格理基本保持着 20% 以上的净资本回报率。随着次贷危机、欧债危机的爆发，麦格理的盈利也受到影响，2014 年又逐渐回升到 10% 以上的水平。从麦格理的收入和利润构成来看，BFS 占比很低，企业和资产融资、商品及金融市场、资管是麦格理的三大创收部门。2008 年全球金融危机后，麦格理平均 50% 的营收来自年金型业务，即投资金额大、有固定回报的长期项目，这类业务成为公司业绩稳定增长的内核。目前这类业务的比重上升至 70% 以上，并且还在继续增加。

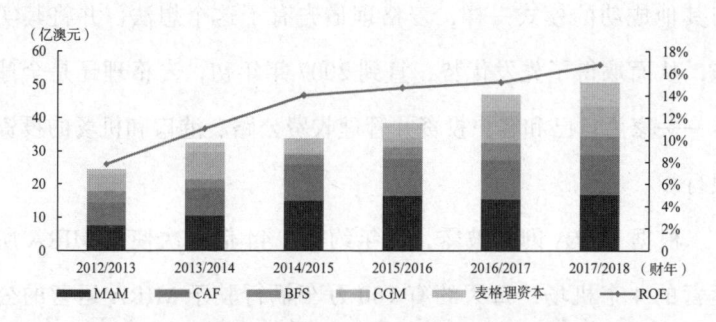

图 10-18　麦格理的传统商业银行业务收入贡献度较低

资料来源：公司公告。
注：财年为前一年 3 月 31 日至本年 3 月 31 日。

致力于投资大、周期长、回报稳健的项目。基础设施及有形资产（MIRA）是麦格理最重要的投资领域，共有 450 位专业投资人分布在 19 个国家。传统上，基础设施投资的痛点在于投资大、久期长、回报率低，而麦格理的模式主要是"商行+投行+资管"一体化，其中商行业务积累了客户关系，资管业务吸引到了长久期的机构资金，投行提供运作（包括私有化或并购）、运营方案（增值服务）和杠杆方案（基础资产收益低，但通过杠杆可以提升总收益）。

在其优势的基础设施领域，麦格理将硬资产打包到专业上市基金中，为长线投资者提供其所需的6%~7%的稳定收益率；然后，通过各种方法从其控制的基础设施中产出收益，直接或间接地利用增加的股权价值支付股东权益。这个方法看似简单，但与其他成功的模式一样，麦格理最先有了这个想法，并将其实施，从而取得了先发优势，直到2007年年初，麦格理还是全球唯一一家为自己和客户投资并管理收费公路、港口和机场的投资银行。

根据MIRA网站披露，每年约有1.44亿人次使用MIRA所运营的4个机场；每天约有100万车辆行驶于MIRA运营的公路；每年约有100万乘客使用MIRA所运营的轮渡；MIRA运营的港口每年要处理约400万标准集装箱的货物；MIRA运营的发电站每年的发电量达到每小时22 000千瓦；MIRA运营的通信设施拥有1.03亿的电视、广播和电话客户（11个电信企业）；MIRA为1 400万家庭提供煤气，为1 300万家庭提供自来水服务，为200万家庭提供电力服务；MIRA运营的养老服务机构拥有4 000张床位。

投资从熟悉的领域开始。中国是澳大利亚最大的贸易伙伴国，其次是日本、韩国、美国、印度。从麦格理的表现来看，这些国家要么是麦格理早期拓展的国家，要么是麦格理当下重要的拓展区域。从澳大利亚的国家贸易优势来看，铁矿石等矿产类出口额占到澳大利亚总出口的四成，其次是天然气，将近三成，铁矿石的延伸产业是房地产、基建等，而天然气代表了能源方面的优势。麦格理善于利用国家的优势，在海外的投资扩展项目也主要分布在基础设施建设、房地产以及能源产业。

麦格理在真正进入一个国家之前会做充分的准备，直到看准机会才肯出手。麦格理的"潜伏"手法大概有三种。第一，在进入一个新领域前，通过收购咨询公司或是和有经验的运营商成立合资企业等方式，获得经营这些业务的专业知识。例如，2000年10月麦格理收购了英国的咨询公司波特兰集团，18个月后收购了第一个机场。第二，投资相邻相近的企业或产品。例如，麦格理在投资澳大利亚的一些小型广播电台之后，在2006年12月以12亿澳元的价格收购了中国台湾宽频通讯顾问有限公司。第三，长期耐心潜伏，一旦时机成熟则当仁不让。例如，麦格理在1994年进入中国，刚一进入中国就盯紧了当时刚刚崛起的房地产行业，成为第一家进入中国从事普通商品房开发的非亚洲基金。在进入的前期，麦格理不断积累房地产开发所涉及的所有关于政府、法律、技术等复杂步骤，这并不是一般的海外基金管理者所能够掌握的东西。

销售型

嘉信理财

嘉信理财成立于1971年，1987年9月在纽交所上市，由低成本折扣经纪商起家。20世纪90年代，嘉信开发网上经纪业务线，主要通过低佣、免佣、灵活交易账户等方式获取客户，是美国折扣券商的代表之一。2000年以后逐渐转向资管业务，获得了更为稳定的利润来源，机构业务成为其拓展方向。

嘉信在业务转型中，遵循了"折扣经纪—资管—机构业务"三部曲。第一步，公司在业内率先降佣并开发网上渠道，这种以量补价的盈利方式帮助公司聚拢了海量客户；第二步，公司聚焦于资管业务，通过多样产品和特色服务把公司打造成资管平台，战略由低成本转向差异化；第三步，公司向大学基金、养老金机构拓展资管业务，同时积极提升杠杆，开始做波动率较低的类贷款业务。

嘉信专注于开发中低收入客户，公司资管规模和账户数量在美国券商业影响力巨大。截至2018年12月末，嘉信持有的客户总资产高达3.25万亿美元，活跃经纪账户为1 160万，公司退休计划账户170万，银行账户130万。公司下设投资服务和咨询服务两大部门，提供经纪、共同基金、ETF、咨询建议、银行、信托服务。

从收入构成来看，传统优势经纪业务的贡献度仅在10%左右。从Robinhood于2015年3月推出免佣金的App，到2018年8月富达、先锋、摩根大通相继发布零佣金产品，券商经纪业务佣金消亡的趋势已显，嘉信的经纪业务从收入主要贡献者转变为聚客引流的角色，资管业务和始于2003年的类贷款业务成为公司收入的支柱。嘉信理财的储蓄账户无月度最低金额限制、无月服务费和全球ATM取现服务费，提供0.4%的年利率；支票账户国外交易服务免费，提供0.25%的年利率，与美国传统银行相比手续费较低，同时利息较高，成为聚客引流的又一端口。

目前资管收入已经成为嘉信理财净利润的主要来源，占比在40%以上。商业模式是基金服务费＋咨询费。基金服务费类似于一个一账通账户，可以理解成各类基金的集成。根据财报表述，这个账户免年费，但要收取客户交易费（如每1 000美元收取4.95美元佣金），并收取基金的摊位费（规模的25个基点）。咨询服务费是比较高端的理财项目（收费约40个基点），客户直接付费给独立的理财顾问，顾问后续返费给嘉信的平台。在这一业务领域，嘉信的优势在于对客户进行精细化管理，提供了9类基础资管产品，客户可根据自己的风险偏好及投资需求选择心仪的资管投资组合。产品差异化使管理费率保持了较高水平，即使考虑了货币市场基金、指数基金等被动型理财产品，公司资管业务费率总体在0.2%以上。

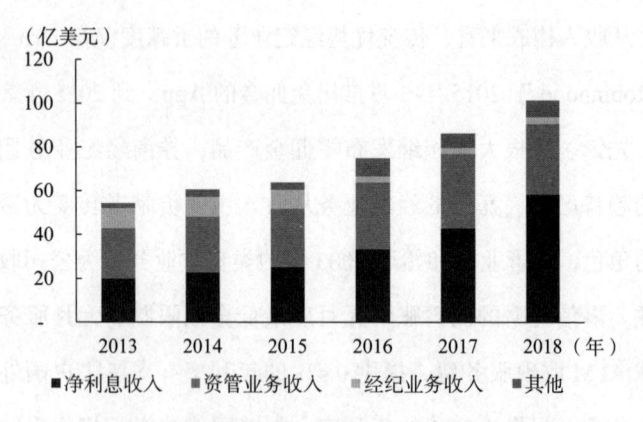

图 10-19 嘉信理财的资管收入占比保持 40% 以上

资料来源：公司年报。

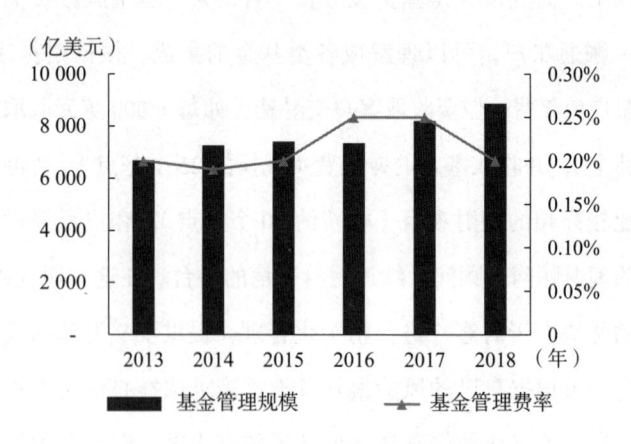

图 10-20 嘉信理财的管理费率基本稳定

资料来源：公司年报。

近年来，虽然资管费率略有下降，但得益于资管规模的扩大，嘉信的资管收入仍然呈上升趋势。2018 年度，嘉信资管收入为 32.39 亿美元，较 2017 年小幅下滑了 4.51%。

科技型

智能投顾起源于金融危机后的美国，在科技成果的基础上，通过量化模型进行资产配置，将个性化较强的投资咨询标准化，以降低投资门槛和交易费用，为中低净值人群等长尾用户打开定制化资产配置的大门。自 Betterment、Wealthfront 等初创公司开启大幕以来，全球已涌现不少成功的智能投顾平台。Statista 数据显示，2017 年全球智能投顾 AUM 达 2 264 亿美元。

Betterment 创立于 2008 年，2010 年获得了 300 万美元的投资，2012 年获得了 1 000 万美元的投资，2015 年 D 轮融资约 2 亿美元，2016 年获得了 1 亿美元的 E 轮融资，截至 2018 年 3 月，AUM 达 135 亿美元。

Wealthfront 的前身是一家名叫 Kaching 的美国投资咨询顾问公司。2011 年 12 月，Kaching 更名为 Wealthfront，转型为一家专业的在线财富管理公司，同时也是非常具有代表性的智能投顾平台。Wealthfront 借助计算机模型和技术，为经过调查问卷评估的客户提供量身定制的资产投资组合建议，包括股票配置、股票期权操作、债权配置、房地产资产配置等，主要客户为硅谷的科技员工，如脸谱网、推特、Skype（网络电话工具）等公司的职员。2013 年以来，Wealthfront 获得了显著增长，AUM 从 2013 年年初的 0.97 亿美元升至 2018 年 3 月初的 100 亿美元以上。

智能投顾一般先以问卷形式收集用户信息，然后根据相关信息对用户的收益风险偏好做出评估，再据此提供投资建议。以 Betterment 为例，用户进入网站填写一些个人信息（年龄、收入、投资目的、期限、目标金额、风险偏好等）后，网站会根据个人状况推荐最适合的投资建议。这种模式的原理是最基础的马柯维茨资产组合理论及其衍生模型，在云端低成本、快速、批量化地解决各种数据运算，再根据用户的倾向个性化地提供资产配置组合方案。这是传统人工理财服务无法比拟的，它使很多人足不出户就可以低门槛、低成本地管理自己的资产。

随着新兴的智能投顾公司在 2013 年之后迅猛发展，先锋、富达、贝莱德、嘉信理财等大型资管机构纷纷布局智能投顾。与传统资管机构相比，新兴公司具备更强的互联网基因，优势在于满足了长期被市场忽视的尾部需求，劣势在于客户基数有限、优质客户较为稀缺。

表 10-4 主要智能投顾运营企业对比

项目	Wealthfront	Betterment	嘉信理财 SIP	贝莱德 FA	先锋基金 PAS	富达 Go
设立日期	2011.12	2010.5	2015.3	2015.8	2013.3	2016.7
类型	全智能	全智能	半智能	全智能	半智能	半智能
投资门槛	500 美元	无	5 000 美元	1 万美元	5 万美元	5 000 美元
目标群体	大众客户	大众客户	大众客户	富裕客户	富裕客户	富裕客户
主要产品	第三方 ETF	第三方 ETF	第三方 ETF	自管 ETF	自管 ETF	自管指数基金
管理费	1.5 万美元内免费；超过部分 0.25%	0.25%；超过 200 万美元部分免费	0	0.5%	0.3%	0.35%~0.4%
ETF 运营费	0.12%	0.09%~0.17%	0.04%~0.48%	0.1%~0.2%	0.05%~0.19%	无
亏损抵税	所有用户	所有用户	5 万美元以上用户	所有用户	无	无

资料来源：公司公告、公开资料。

税收筹划为重要的增值服务。美国资本利得税高昂，Betterment 和 Wealthfront 还提供亏损抵税解决方案。Betterment 根据客户的投资和收入，确定投资方案，获得最大程度的税收优惠，此项服务估计每年可以增加 0.77% 的税后投资回报率。此外，Betterment 可以查看与投资者同龄或同收入的人在投资什么、怎么投资。另外，Betterment 还提供手机应用，客户可以随时随地查看自己的投资账户。Wealthfront 为投资者提供税收筹划、股票卖出计划、借款等增值服务，税收筹划主要包括亏损抵税、直接指数化和高级指数化、股票卖出计划（将单只股票逐步以无佣金、低税的方式卖出并分散投资到多种类型的 ETF 中）、借款（以持有的投资组合作为抵押），这些增值服务进一步提高了投资者的收益水平、增强了客户黏性，为公司构筑了一定的壁垒。

第四篇

资管展望

未来,产品需求和资产供给两端将为中国超级资管的形成提供机会。从产品需求端看,过去报价型产品收益基准偏低,产品的收益曲线需要补全,目前客户已能承受一定波动水平,预计未来面向公募客户、较低回撤、收益基准在 5%~8% 水平的细分产品领域最有发展潜力。从资产供给端看,随着低利率环境的持续与行业龙头乃至超级企业的崛起,优质权益、另类资产将有机会填补现有非标资产的空缺。

行则将至,分羹近 200 万亿元的中国资管和财富管理市场,需要重新认识资管和财富收入的驱动因素,并对运作模式持续革新。在此过程中,一个核心是持续提升投资顾问的买方属性,实现财富收入随客户资金沉淀而增加,调整风险偏好以减少权益市场冲击和信用周期影响。此外，还有三个条件：延伸产品线，完善账户功能，拉长客户负债期限，这样才能成为全能型资管机构。

在此基础上，后续各类机构在大资管市场中扮演的角色各有差异。整体看，国有大行要平衡好表内负债端稳定和表外资管规模扩张双重任务，转型也要跟上；股份制银行要在处置风险资产的基础上加大新资产配置和新产品研发力度，更有可能小步慢跑；头部城商行可以借助理财子公司牌照突破传统分支行和物理网点不足的限制，更多的城商行、农商行可以通过试水"资管＋产品代销"双轮驱动的模式增加中间业务收入机会；对于非银资管机构，公募基金的机会在于"固收＋"策略下的收益增强，而传统围绕母行需求的银行系基金公司在产品研发上受到的挑战最大，信托将逐步由业务撮合和通道服务机构转向另类债权、产业投资等新资产挖掘，沉淀机构和高净值客户资金。我们判断，未来国有大行、股份制银行等在表外资管的资产配置，城商行、农商行表内资产调整和中收机会获取等将成为后续同业机构在资管业务合作方面最大的突破口。

第十一章
超级资管的未来

资管机构的配置行为是决定资产价格的关键，也是承接企业融资需求和居民财富增值保值需求的载体。随着国有大行理财子公司的成立，净值型产品的发行已显著加快，银行理财在资产配置上的调整将是后续影响机构行为和资产价格的边际因素。

中国保险资管业协会会长、泰康集团首席投资官段国圣2019年7月在上海"金融供给侧结构性改革与高质量发展"年会主题演讲中指出：

中国资管业最大的变数就是银行理财子公司。因为银行在中国市场地位太高，导致银行子公司对整个资管业来说是一个很大的变数，我想了半天也没有想清楚将来会怎么走。

所以现在商业银行，包括银行理财基本上是中国信托公募基金，甚至一部分保险资管公司第三方理财的主要来源。我们国内前几年私募基金大规模发展，相当一部分钱来自银行理财。现在银行成立了自己的理财子公司，所以将来的定位与市场化程度决定了银行理财子公司和资管市场未来的前景。

随着房地产投资水平下降，经济增长中枢下移，过去银行理财可以"打底仓"的资产类别（特别是非标投资）日渐狭窄。银行理财新的资产在哪里？下文将结合海外成熟资管机构、主权投资基金的配置范式，对此重点探讨。

不止"资产荒"：为何商业银行理财要调整配置模式

银行理财配置模式依赖于以下两个先决条件：一是资金池模式下理财产品滚动发行，在负债端持续扩张的条件下，这使得理财产品的刚性兑付成为可能；二是非标资产高收益、低违约率的风险收益扭曲特征提供了高固定回报，投资高增长是高收益资产，尤其是债权资产供给的必要条件。2009年以后，房地产和基建投资逐渐成为拉动经济增长的引擎，相关债权在地产价格上涨的预期下保持了高收益和低违约率，同时又难以直接通过信贷的方式获得融资，这是非标资产风险收益特征扭曲的制度性因素。

这种模式在当前的监管政策和产业结构下正在被动或主动调整。一方面，过去商业银行理财主要基于信用债与非标资产"打底仓"的模式配置资产，通过滚动发行的资金池模式实现产品的刚性兑付。从资管和理财新规看，"规范资金池、降低期限错配、减少流动性风险"的监管导向使得过去高收益的产品实现刚性兑付越发困难。另一方面，从资产来源看，城镇化水平逐步饱和使房地产投资渐遇天花板,基建投资受制于地方政府债务无法进一步提升。随着宏观层面的经济增速下降,企业业绩和资产负债率下降,甚至一部分破产出清。在这种情况下,传统高收益的债权类资产越发难以获取。

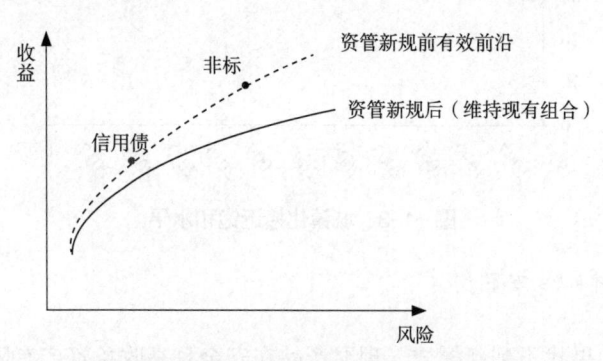

图 11-1 资产风险收益有效前沿被扭曲

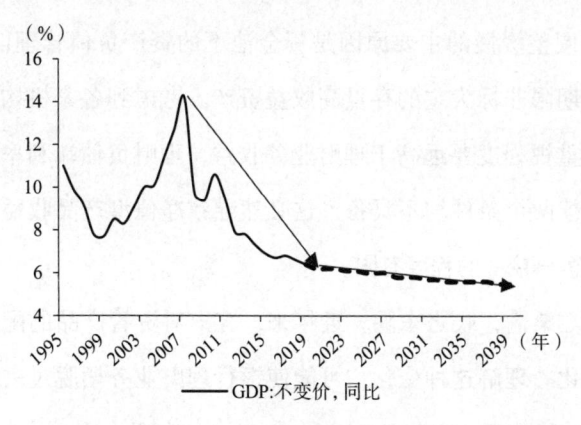

图 11-2 经济增长中枢下移

资料来源:万得。

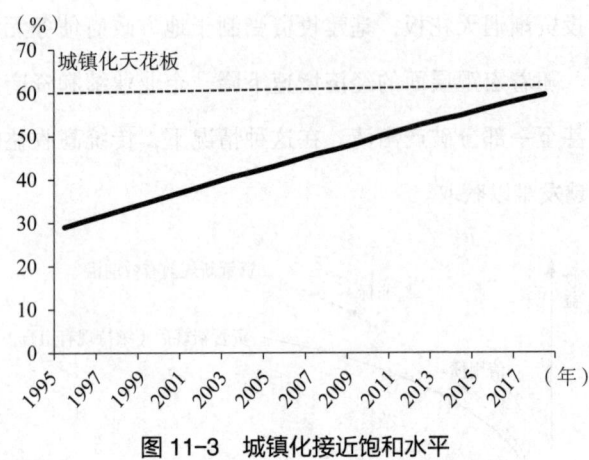

图 11-3 城镇化接近饱和水平

资料来源：万得。

如果找不到新模式，理财产品在安全且高收益资产有限的情况下，后续存在收益率下滑和规模萎缩的可能性。过去理财产品收益率调整缓慢的主要原因是资金池下的资产负债管理旧模式，和以长期限非标为主的存量高收益资产。考虑到各家机构对负债规模的重视程度要远高于理财业务收益，理财负债端利率调整缓慢。后续两个条件均不具备，这必然导致净值型产品收益基准下滑，且客户接受的程度有限。

失之桑榆，收之东隅。近年来，客户对资管产品的配置习惯也在变化。理解这种变化，可能使银行理财业务摆脱过去固有的范式，并找到新的突破口。

需求端：产品收益曲线需要补全

目前的资管产品线可以根据收益基准、规模、类型进行分类。整体看，目前资管产品主要集中在低收益报价型上，收益基准一般在3%~5%，只能满足大众客户现金管理的需要；信托产品可以提供7%~10%的收益，但主要面向高净值客户；权益类产品波动较大，即使长期看平均收益水平较高，但真正持有到期获得收益的投资者寥寥。从这一视角看，随着资管新规后产品刚性兑付逐步被打破，客户已经开始能承受一定程度的回撤。这种情况下，针对公募客户，能提供5%~8%的年化收益，较低收益回撤的产品将对现有资管产品线带来极大补充。

随着人口老龄化的加剧，居民的负债期限正逐步拉长，风险偏好亦在增加，这是相关产品创设的有利环境。根据社保基金披露，截至2017年年底，社保基金自成立以来的年均权益投资收益率达到8.44%，扣除通货膨胀率之后的实际投资收益率达6.15%，较好地实现了居民资产保值增值的目的。而基本养老金在2015年以前，长期只能投资于国债和银行存款，投资收益率常年偏低，部分年份跑输通货膨胀，2016年以后也通过委托全国社保基金理事会的模式加大了风险资产配置，2017年获得了5.23%的投资收益率。目前银行理财的净值型产品主要布局类货币基金、类债券基金等期限短、收益确定的报价式产品，这种有一定回撤但长期预期收益较高的类社保产品应是下一步资管产品的布局方向。

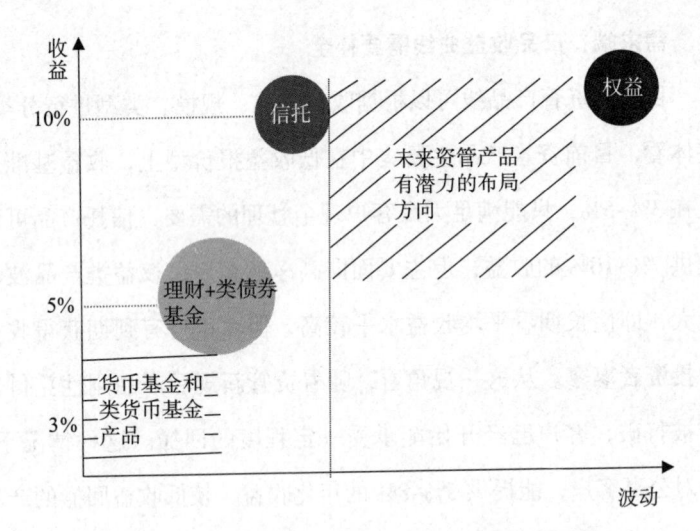

图 11-4　现有资管产品线可以进一步挖掘的领域

供给端：产业结构调整下新资产涌现，可能填补非标资产空缺

长周期（10 年左右的视角）看，大类资产价格的表现与行业格局的调整共振。表 11-1 对不同阶段美国资本市场表现较好的行业进行了梳理，整体上阶段性权益或股权市场表现好的标的均是产业上获得竞争优势的企业。即使在日本，1990 年后资本市场长期萎靡（从 1990 年的 38 957 点一路下跌到 6 994 点），除了雅虎日本（互联网）、软银（高科技创投）外，市场表现好的标的也是大众消费（尤其是降级消费）产业，相关标的包括艾斯蒂克（机器人与自动化）、方针公司（廉价服装连锁）、鹤羽集团（药妆连锁)、明光网络（K12教育）、讯销集团（廉价服装连锁、优衣库母公司）等。

表11-1 美国百年来的产业结构调整与资本市场标的形成了共振

时间段	美国优势产业（也是资本市场表现较好的板块）
1930—1945	钢铁、机械、船舶、银行
1945—1966	汽车、电子
1966—1980	行业龙头、上游资源品
1980—1990	消费与服务
1990—2000	消费、互联网（硬件）
2000—2008	上游
2008年至今	互联网（应用端、偏软件）

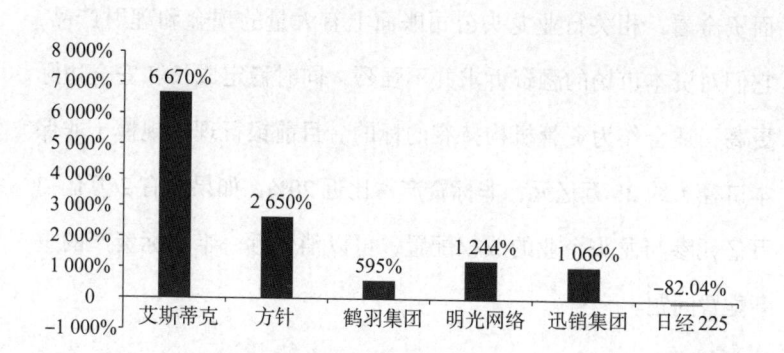

艾斯蒂克 6 670%
方针 2 650%
鹤羽集团 595%
明光网络 1 244%
迅销集团 1 066%
日经225 −82.04%

图11-5 1990—2010年日本大众消费类股票市场表现远好于大盘

资料来源：彭博。

当前来看，低利率环境与行业巨头崛起将是现阶段和未来资产环境和产业结构特征。一方面，产业格局从自由竞争走向寡头垄断，行业集中度提高。在此过程中，具有竞争优势的龙头将不断蚕食竞争对手，即使行业空间达到了天花板也能开辟自己的市场空间。另一方面，随着竞争地位确立，大部分企业不需要大量资金完成产能和基础设施建设，对资金需求降低，龙头企业会选择将赚取的现金投入资管市场（如购买理财）或资本市场（如回购股票和债券、并购标的）。而国家出于去杠杆的动机，也会选择通过低利率环境缓解付息压力。

行业龙头乃至超级企业将成为合适的投资标的，这将填补现有非标资产的不足。从茅台、格力，乃至腾讯、苹果等企业的账面资金看，相关行业龙头公司账面上有大量的现金和理财产品，它们对资本市场的融资诉求并不强烈，同时稳定成长和安全边际更高，适合作为资管机构持有的标的。目前银行理财规模（非保本口径）约25万亿元，非标资产占比近20%，如果能有2万亿~3万亿元参与龙头企业的股权配置，可以消化近一半非标资产的重新配置问题。

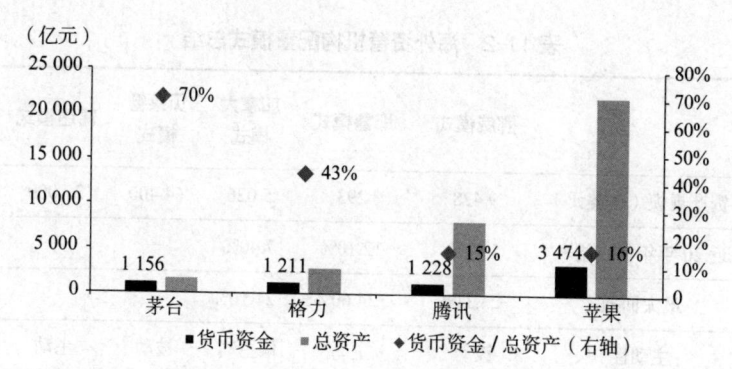

图 11-6 行业龙头公司投资与财富增值属性已大于融资属性

资料来源：万得。

配置新范式：选择与执行

海外资管机构配置模式的启示在于：第一，资管机构普遍以标准化风险资产为主，主要配置股债被动型产品（挪威模式）；第二，适时适当增加另类资产配置，本质上是牺牲流动性，从而拓展资产配置的有效前沿，获取系统性回报（耶鲁模式和加拿大模式）；第三，被动型产品费率低廉，容易实现规模扩张，但这一过程中需要获得客户长期信任，需要专门的方案解决和投资顾问团队（贝莱德、先锋模式）；第四，平衡好资管和财富管理，前者赚取管理费和投资收益分成，后者基于销售规模获取佣金，两种商业模式需要差异化的资源和解决方案（富达模式）。

表 11-2　海外资管机构配置模式总结

	挪威模式	耶鲁模式	加拿大模式	贝莱德模式	富达模式
资产规模（亿美元）	9 428	293	5 026	64 400	27 000
近 20 年年化收益率	5.50%	12.10%	7.40%	—	—
最大回撤	−23.31%	−24.60%	−21.10%	—	—
主动性	被动	主动	偏主动	被动	主动
股权投资占比	69.3%	18.5%	33.2%	50.8%	>60%
债券投资占比	28.0%	6.5%	19.1%	31.5%	13.9%
另类资产占比	2.7%	75.0%	47.7%	2.4%	—
是否再配置	是	否	是	否	否

如何将这 5 种模式运用到中国资管机构，尤其是商业银行的转型中？对于中国商业银行的理财模式而言，后续新增的资产配置类别和模式应符合三个标准：第一，可容纳大资金，一般在万亿元以上；第二，证券化（标准化）程度高，符合资管新规后的监管导向；第三，回撤可控且有赚钱效应。

基于这些标准，纯指数投资和纯另类投资可能均不适合中国商业银行理财新的配置模式。一方面，从回测结果看，基于上证指数、创业板指数的纯权益指数回撤巨大（最大回撤在 40% 以上），风险收益比不佳，以此"打底仓"的产品客户难以接受；另一方面，除了中小房企和地方融资平台的非标资产，中国可选的另类投资类别也很有限,且低流动性资产不符合资管新规中对公募产品的要求。从耶鲁模式的经验看,另类投资主要集中于PE投资,海外已经有了财务杠杆、资产价值提升和市场套利等多种策略,而中国除了Pre-IPO阶段有较多PE基金外(主要是赚套利的钱),成长期(VC)和成熟期(Buy out)基金规模均非常有限。

图 11-7　上证综指走势波动较大

资料来源:万得。

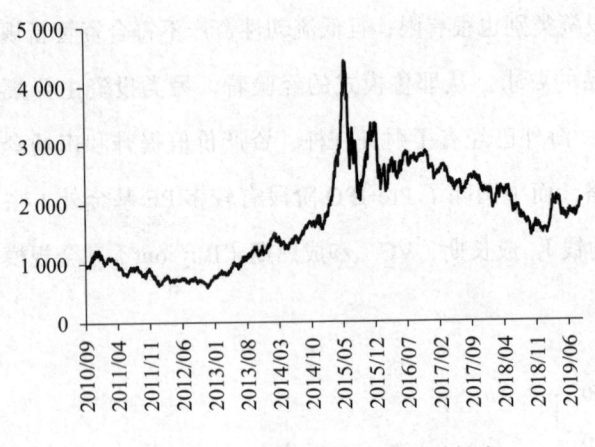

图 11-8 创业板综指走势波动较大

资料来源：万得。

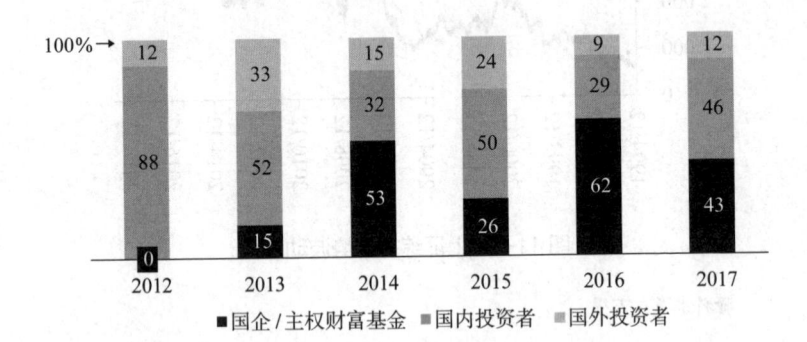

图 11-9 PE 在中国资管机构的配置中占比很有限

资料来源：麦肯锡。

综合考虑中国金融市场、投资者的现实背景和海外先进机构的经验，有4种可能的解决方案。

方案一：优化指数 + 被动投资

考虑到单纯基于现有指数难以直接研发产品，未来优化指数产品可能是产品创设的基础。相关产品可能包括以下类型：一是大类资产指数，如股票、债券、商品等各大类资产的代表性指数；二是每大类资产主题或细分子领域指数，如权益中包括大小盘、价值风格、成长风格、高股息风险，债券中包括利率、信用、长短期限、产业债、城投债、地域等；三是对一些主动量化策略进行被动化复制（即 Smart Beta 策略），比如目前在投资界影响较大的 PB-ROE 模型。

一个例子是万得全 A 指数长期表现优于上证指数，主要原因在于上证指数是按照市值加权平均的指数，市值高的股票（如银行保险、石油石化等板块）权重较大，而万得全 A 是根据股票的自由流通市值来确定权重的，规避了市值因素的影响。从数据结果看，2013 年 1 月—2019 年 9 月，上证综指年化收益率为 4.40%，期间最大回撤为-52.30%，夏普比率 0.17；而万得全 A 年化收益率 10.28%，期间最大回撤-55.99%，夏普比率 0.38。

表 11-3　2013—2019 年不同策略年化收益及波动性比较

	上证综指	创业板指数	万得全 A	二八轮动策略
年化收益率	4.4%	17.5%	10.28%	20.55%
最大回撤	−52.30%	−67.38%	−55.99%	−29.54%
夏普比率	0.17	0.57	0.38	0.86

资料来源：万得、Joinquant。

同时，一些简易的量化策略也值得关注。以二八轮动策略为例，该策略的成分标的为沪深 300、中证 500 和国债指数，本质是运用了股票和债券的简单轮动效应。方法为：对比当前交易日的收盘数据与 20 个交易日前的收盘数据，选择沪深 300 指数和中证 500 指数中涨幅较大的一个，于下一个交易日收盘时切换为持有该指数；若两个指数均为下跌，则于下一个交易日收盘时切换为持有国债指数。

简单回测结果如下：以 2013 年 1 月 4 日—2019 年 9 月 20 日作为回测区间，初始本金为 10 万元，回测的基准收益为沪深 300，结果如图 11-10 所示，回测区间内二八轮动策略收益 239.45%，年化收益 20.55%，基准收益 55.99%，Alpha 0.150，Beta 0.496，夏普比率 0.855，胜率 0.488，盈亏比 1.843，最大回撤−29.54%，整体表现也比纯上证或创业板指数要好。

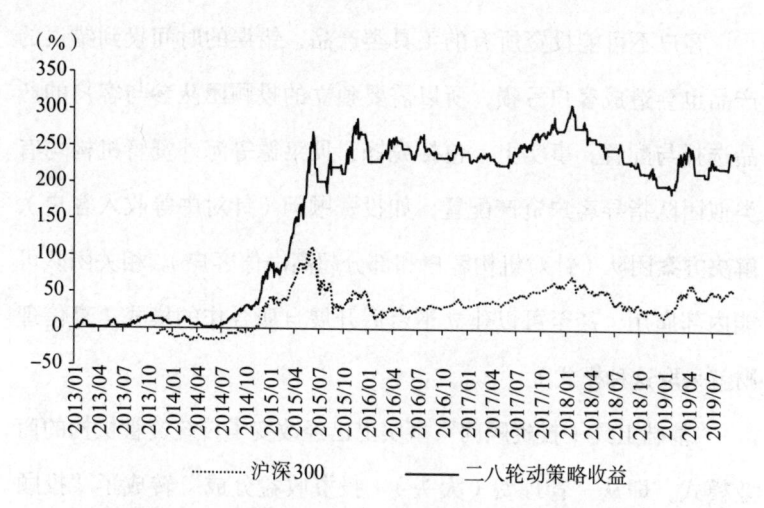

图 11-10 长期来看二八轮动策略可获得超额收益

资料来源：JoinQuant。

"优化指数 + 被动投资"的投资范式，好处在于费用成本相对低廉，配置的资产流动性较好，可以容纳大资金，同时回撤可控、能提供稳健收益，产品适合最广泛的客户。难度在于优化本身就意味着主动管理，这其实考察了各资管机构的投研水平，简单且效果良好的策略是稀缺的，高研发投入成就了相关资管机构的壁垒。

方案二：基础工具投资 + 投资顾问（包括零售和机构客户）

这类范式也是以基础工具为主的被动类投资，考虑到交易要求，一般产品以 ETF 投资工具为主。与方案一不同，这种策略淡化优化，而注重提供全面的产品线。

客户不可能投资所有的工具类产品，错误的时间投到错误的产品也会造成客户亏损，所以需要独立的投顾团队参与客户的产品选择与配置。事实上，包括先锋、贝莱德等海外资管机构均有类似团队指导客户资产配置，如投资顾问（针对中等收入客户）、解决方案团队（针对机构客户和部分超高净值客户）。相关团队可能内部雇用，甚至可以建立平台后开展自雇合作的模式（嘉信理财就采取这种模式）。

"基础工具+投资顾问"事实上已经改变了传统资管机构的商业模式，即从"管理费（大头）+投资收益分成"转成了"投顾咨询费（大头）+管理费"。由于产品以工具类为主，必然收不到很高费率（海外ETF费率一般在10个基点以下），这种情况下基于客户的管理规模按照一定比例收取的咨询费将成为资管机构的主要收入来源。海外投顾费率一般在30个基点左右（如果非内部雇用还要双方分成），采取先咨询收费后配置产品的模式。这种模式的好处在于可以给客户提供多种解决方案，可以容纳较大资金，但壁垒在于要建立有效的投资顾问（或方案解决）团队。同时，除少数私人银行高净值客户外，目前中国客户对这种付费习惯接受度不高，需要持续进行资管产品消费习惯的培养。

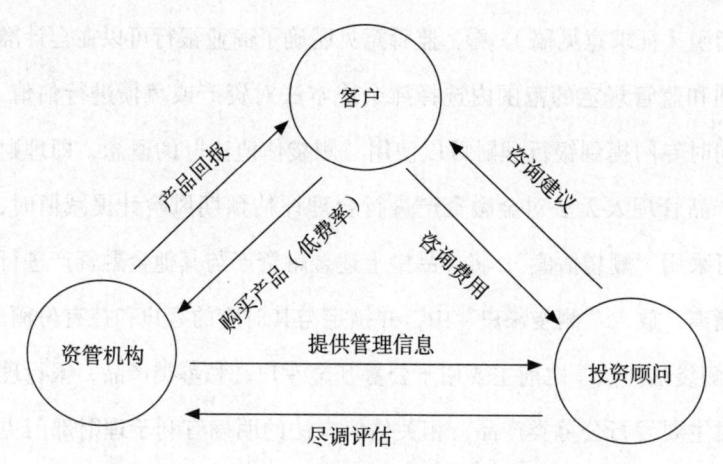

图 11-11　投顾引入后资管产品收费模式将发生变化

方案三：债券"打底仓"+ 另类投资做辅助

在资产配置过程中，通过牺牲一定的流动性换取较好的绝对收益有合理性。事实上，目前银行理财子公司有能力配置一定比例的另类资产。从草根调研看，目前各家银行新推出的净值型产品中也有 15%~20% 不等的非标资产。

理财子公司配置另类资产的优势，一方面在于资本金较为充足。目前国有银行的注册资本均在百亿元左右，股份制银行普遍在 50 亿元左右，即使城商行也在 10 亿元左右，而公募基金资本规模仅在亿元水平，这使得理财子公司面临流动性冲击时更为从容。同时，目前监管政策对相关配置策略的规定较为务实。从中国银行业协会于 2018 年 8 月发布的《商业银行理财产品核算估值指引（征求意见稿）》看，监管意见明确了商业银行可以在会计准则和监管规定的范围内选择摊余成本法对资产或负债进行估值，同时专门提到银行理财可以使用"侧袋估值法"的概念，即理财产品管理人无法对金融资产进行合理评估预期风险计提减值时，可采用"侧袋估值"，将产品中上述金融资产与其他金融资产进行隔离，放入"侧袋账户"中，并锁定与其对应的客户和持有份额。"侧袋估值法"之前主要用于公募基金专户、私募类产品，银行理财主要发行公募类产品，相关估值方法的明确有利于理财部门更从容地配置另类资产。

事实上，这种债券"打底仓"提供较低且稳定的绝对收益，另类投资增厚收益的配置策略是银行理财部门较习惯的。解决资本和估值方法后，未来这种模式最大的壁垒在于另类资产策略的研发和采集。除房地产和融资平台的非标在 2010 年后一直长盛不衰外，中国目前缺乏长期有效的另类资产配置策略。阶段性看，2013—2015 年的两融收益权、股票质押，2014—2015 年的分级产品优先级、定增、打新股，2017 年后的消费金融、商品 CTA 策略、转债/交债等均取得了媲美于传统非标资产的风险收益水平。

表 11-4 对相关另类资产策略进行了总结，有的是赚取资产配置轮动的钱（如可转债、商品 CTA 等），有的是赚取制度套利的钱（如打新股），有的是赚取居民习惯变化的钱（如消费金融）。当然，这个过程中也有失败的案例，如 2015 年后的新三板、2017 年

后的股票定增，事后看均是消灭客户的过程，这从一个侧面体现出另类资产策略研发的价值。

表 11-4　近 10 年来另类资产整体阶段性有效

资产	优势	局限
中小房企或融资平台债权	容纳资金量大，提供刚性兑付及较高的收益水平	主要靠刚性兑付信仰，受城市化水平饱和和政府债务约束，后续可投资产规模下降
两融收益权、股票质押	股票上涨或平稳状态流动性较好，收益确定	受资本市场周期影响，中小市值公司流动性丧失，股票质押等资产难以平仓或成为有毒资产
定增	折价融资条件下，安全边际强且股东事后有产业转型等资本运作机会	制度调整后折价不再，这增加了获利的不确定性；中小公司估值中枢下降造成投资者锁定损失
打新股	发行管制定价获得确定性的制度套利机会	受制度约束（如放开市盈率定价）和供求关系影响（如注册制下放开企业上市）
消费金融	居民储蓄率下降造成相关融资需求增加，基础资产收益在 20% 左右且小额分散	受经济周期影响，可能因客群、风控选择问题造成大规模坏账风险
商品 CTA	对冲策略选择适当可以获得显著收益，与股债等品种相关度低，在商品上游供给侧改革阶段有 Beta 收益	受经济周期影响，保证金交易下收益水平有大幅波动的可能性

（续表）

资产	优势	局限
转债/交债	债底带来安全边际，股东出于减持或补充资本的需要有相对确定收益机会	受资本市场周期影响，资本市场下行时期转债仍会有较大回撤幅度
并购等事件驱动套利	以并购为例，利用买方收购价格高于卖方目前市价获得确定收益	以并购为例，中国并购估值受风险偏好影响较大，套利机会较少，难以容纳大资金
新三板等股权投资	通过配置成长性股权增值，通过IPO、并购重组等多种路径退出获益	制度层面因参与门槛过高（如散户需达到500万元以上的投资门槛）流动性较低，除少数转板外，大多数股权缺乏流动性

方案四：主动管理+产品销售

基于银行的物理网点和客户口碑积累，理财子公司自带平台和销售属性。这使得理财子公司有可能像富达基金一样，实现主动资管和产品销售两合一。

这种模式要打通资管和财富管理两类业务：资管靠近资产，通过投资策略研发实现理财产品创设，获取管理费收入；财富管理更靠近客户，除收益风险达到客户要求外，也要通过更软性的增值服务（如避税、传承、移民等）达到客户要求，获取销售佣金或投顾收费。

这种模式有较大想象力，即通过主动类产品获得高毛利水平，同时借助资管产品销售获取高客户存量。考虑到主动类产品实现爆款销售需借助市场行情表现，这种模式可以实现牛市中有显著高增量、熊市可平滑规模的发展模式。但这种模式对资管机构的要求也最高，即要求机构在上游（投研能力）、下游（销售能力）均有竞争优势，同时还要协调与母行零售、私人银行等有销售能力的部门利益分配，实现这一模式最大的难度实际上在于管理体系。

第十二章
资管子机构转型之路

近年来,资管市场主体不断增加,竞争愈演愈烈。金融业的对外开放加速,外资保险、证券机构纷纷在中国设立独资或控股机构,并将发展资管业务视为重点。外资资管巨头通过各种形式进入中国市场,发行多策略私募产品,其在量化投资、被动投资、高频交易等方面优势明显。

中国资管业正处于巨变时代,杰出的资管机构已跃然升起。虽然目前尚未有在规模上能与海外巨头抗衡的资管机构,但中国超级资管的壮大已拉开大幕。随着资管机构的不断增加,资管市场的新一轮竞争在所难免,费率、产品、服务等领域将成为逐鹿的重点。

在公募基金领域,嘉实基金凭借"全天候、多策略"构建了资管的"护城河"。嘉实基金成立于1999年3月,是国内最早成立的10家基金公司之一。秉承"远见者稳进"的理念,嘉实基金AUM从最初的21.8亿元增长至2019年年末的4 823.02亿元(不含基金子公司),涵盖公募基金、机构投资、养老金业务、海外投资等"全牌照"业务。20年来,嘉实基金依托"全天候、多策略"

的投研体系，从单一投资策略裂变为数十个投资思想、上百个细分领域，实现不同情境下均有可应对的优质投资策略。资产端由单一权益资产，发展至覆盖股票（国内及美股）、指数、债券（本币及美元债）、商品（黄金、原油）、另类资产、FOF等全资产类别。从客户视角出发，产品端扩展至养老金业务、机构业务、财富管理等业务，形成了产品深度制造与客户精准匹配的有机结合。

在保险资管领域，泰康资管形成了从保险资管到养老第三支柱的完整资管业务闭环。泰康资管是第二批获准成立的保险资管公司，于2006年3月正式挂牌营业。目前，泰康资管与超过100家保险同业机构建立业务联系，开展实质业务合作的保险机构客户超过60余家。AUM从不足500亿元增长到2018年年均超过1.4万亿元，第三方业务规模从零扩张至2018年年末的超过7 500亿元。公司从无闻小卒发展成为声誉卓著的国内最大机构投资者之一，目前是国内最大的企业年金投资管理人。

在银行理财子公司领域，招银理财也开启了净值化转型之路。招银理财成立于2019年11月，主要承接招商银行原资管业务。2019年年末，招商银行理财产品余额达2.19万亿元，同比增长11.73%，其中符合资管新规导向的理财产品余额6 851.96亿元，同比增长200.27%，占理财产品余额（不含结构性存款）的31.22%。招银理财目前正逐步完善客户画像，未来可能根据不同的风险承受能力，为客户定制不同预期回报的产品。在产品准备上，既有传统的现金管理类、固收类，也有目标收益型，还有股票策略、平衡策略、多资产配置策略、另类投资（如非标资产）等。

不只是余额宝，互联网金融机构蚂蚁金服研发了"帮你投"，实现了资管产业线的持续迭代。2020年4月2日，蚂蚁金服和全球最大公募基金公司之一先锋集团合作的基金投顾服务"帮你投"正式上线支付宝。"帮你投"本质是一款买方投顾下的被动类产品销售组合，在收费、配置等方面较以往财富管理模式实现了突破。该产品探索低利率环境下居民的理财解决方案，即通过承担系统性风险获得收益补偿，同时又寻求收费模式创新，即基金公司不再支付销售渠道费用（之前约占管理费一半），投资顾问赚取顾问费。未来该产品能否持续沉淀客户资金体量，取决于"资产配置—指数研发—降低成本"的系统化流程机制能否完善。

成为管理资产规模万亿元以上的全能资管公司是每家资管机构的梦想。但事实上，资管业是一个头部集中的行业，大多数资管机构要根据自身禀赋做出选择。全能型资管机构本质是通过聚拢客户的资金，赚市场Beta的钱，机构在发展过程中一边要用"以量补价"的策略，同时也要通过为客户提供解决方案沉淀资金。其他资管机构的成长路径也有多种，如成为精品型机构，根据自身策略研发产品，注重超额收益的挖掘；如成为投行型机构，解决企业融资，尤其是非传统信贷、也非股债资产的夹层融资问题；如成为独立的资管产品销售渠道，培养客户黏性的同时赚销售佣金的钱;如通过独特的科技工具和策略,向智能型机构发展,除了传统投资顾问费外还可以获取 VC 机构的投资。

不同的资管机构禀赋不同,"梦想"各异,很难给出统一的解决方案。表 12-1 探讨了资管机构差异化的发展定位模式。

表 12-1 各类资管机构转型策略

机构	资产	产品	资金	匹配类型	关注策略
银行理财—国有、股份制大行	标准化与非标资产均有,增厚收益主要靠非标	传统预定收益型产品,未来转型为净值型产品	零售客户为主,部分为企金和同业客户	全能型	子公司设置;建立大类资产配置体系;拉长负债久期,延伸产品线;为客户提供资管等解决方案;打通与母行、其他银行的渠道
银行理财—区域小行	标准化与非标资产均有,增厚收益主要靠非标	传统预定收益型产品,未来转型为净值型产品	零售客户为主	销售型	设置事业部;与本行渠道打通;健全产品准入与评价机制
公募基金—如头部前十	标准化股债资产,增厚收益主要靠权益	公募基金、专户	在零售与机构间有较强的口碑效应	全能型	建立大类资产配置体系;延伸产品线,尤其是被动类投资产品;为客户提供资管等解决方案;树立品牌 IP
公募基金—其他	标准化股债资产,增厚收益主要靠权益	公募基金、专户	零售和机构部分客户	精品型	激励机制,聚拢人才;针对某一类资产研发独特的策略

（续表）

机构	资产	产品	资金	匹配类型	关注策略
信托—银行系	通道业务与非标资产为主	预定收益型产品，未来转型为净值型产品	高净值客户、同业机构	销售或投行型	投行型：投行交易结构创新；与能承受高成本融资机构保持关系，如房地产、融资平台、消费金融等；资产证券化等转标工具资格；销售型：与母行私行联动，积累高净值客户，夯实销售渠道；为客户提供综合解决方案
信托—独立系	通道业务与非标资产为主	预定收益型产品，未来转型为净值型产品	高净值客户、同业机构	投行型	投行交易结构创新；与能承受高成本融资机构保持关系，如房地产、融资平台、消费金融等；资产证券化等转标工具资格；资本运作能力
券商资管	除少部分依托保证金场景外，大多数是通道业务	主要是预定收益型产品	同业机构客户为主，少部分是高净值客户		缺乏独立模式，要么转换为公募基金，要么未来随通道业务的萎缩而消退

银行理财

现状：净值化渐进布局

银行理财产品是为满足居民追求更高的存款利率的诉求而生的。低风险偏好的天然特性导致其从一开始就打上刚性兑付的烙印。无套利的环境下，更高的收益必将伴随更高的风险。面对高流动性、收益高确定性的资金端，和较低流动性、收益较高波动性的资产端，在信贷文化的主导下，"资金池+预期收益"成为过去银行理财的运作模式。

这种模式的银行理财因同时满足资金端和资产端的风险收益特征而迅猛增长，但对银行来讲仍存在较大的隐患。资产配置方面，银行可以绕过对表内信贷的监管，借助信托或基金子公司、券商资管的通道，投资流动性较弱但收益更高的资产，以"借短贷长"的方式进行期限套利。由于资金池的存在，原则上只要"借新还旧"滚动运转就能实现兑付。从某些角度讲，这种方式使得资产池中可能隐藏了一定的潜在不良资产。一旦"借新还旧"的节奏把控不好，将增大业务周转对同业理财的依赖度，增大系统性风险。

资金方面，由于刚性兑付的存在，银行理财对于投资者而言等价于无风险资产，投资者将会选择收益率更高的产品。银行为保证"借新还旧"而提升产品的预定收益率，这一方面导致逆向选择，即资产负债期限错配严重的银行更愿意提供较高的预定收益率产品；另一方面导致道德风险，即较高的资金成本倒逼资产端为获得更高的收益下沉项目资质。

在资管新规要求下，银行理财，尤其是公募理财产品与公募基金监管标准有相似性，净值型产品的广度和深度大幅拓展。一方面，银行理财大类产品线已扩充至股票资产，理财新规放开了过去公募理财产品不能直接投资于股票的限制。另一方面，理财产品销售起点大幅降低，银行理财业务中的公募理财产品起售点由5万元降至1万元，理财子公司则不设置理财产品起售点。同时，银行理财子公司可以挖掘自身优势，包括销售渠道更加多样化、仍可以配置一定比例的非标资产等。

资管新规之后，银行理财规模在2017—2018年基本没有增长。2019年起，理财子公司的设立可能是资管规模新一轮扩张的起点。银行理财子公司注册资本规模远高于同等规模和地位的非银资管机构，同时相对过去行内部门，制度红利明显。理财子公司在组织架构、渠道建设、投研体系上将有更多发展机遇。但其转型也面临较多现实束缚，涉及与母行各业务部门的利益分割、风险隔离程度、销售渠道、流动性管理、设立地点等。理财子公司后续转型仍是潜在收益与转型成本权衡的结果。

到2020年年初，全行业净值型产品占比不足50%，尽管已有部分产品（预计在新产品中的占比在10%以内）通过股债指数配置、科创板打新、转债等途径参与了风险资产配置，存量产品对非标资产、同业借款依赖度仍较高，银行理财的转型仍在路上。

转型：权衡表内表外，探讨组织选择

2018年以来，《关于规范金融机构资管业务的指导意见》《商业银行理财业务监督管理办法》《商业银行理财子公司管理办法（征求意见稿）》等文件相继出台，核心内容包括：打破刚性兑付，实行净值化管理，明确鼓励市值法估值；去资金池操作，降低期限错配风险；消除多层嵌套，统一杠杆水平，向上穿透至资金来源、向下穿透至底层资产均需合规等。银行理财原有商业模式的两大基石——资金池和预定收益被动摇，原有的产品体系在估值系统、信息披露、资产投向等方面将受到颠覆，商业模式有待重构。

根据银行业理财登记托管中心和中国银行业协会联合发布的《中国银行业理财市场报告（2018年）》，截至2018年年底，国内非保本理财产品存续余额22.04万亿元，与2017年年底基本持平；债券仍占主导（占全部非保本理财的53.35%），其中以信用债为主（占全部债券的84.46%），按新规要求，需要陆续在2020年年底前回表或处置，这将导致较大的资本占用或抛售压力；对于第二大投向的非标资产（占全部非保本理财的17.23%），新规要求到期后不再由老产品续做，或到期收回、或回归表内、或以新产品接收，但融资企业资质相对较弱，以其他融资方式替代非标实现债务周转的可能性不大，全部收回或回表可能对银行造成较大的损失。

因此，设计合理的路径、创设适当的新产品、以较为平稳的方式实现新老产品之间的过渡，是新规下银行理财转型的关键所在。我们认为，银行出于资本占用、对某一或某类资产投资比例限制等方面的考虑，可能会将风险相对较低、标准化程度较高的资产回表，以大额存单或结构性存款等产品进行对接；对于非标、信用资质相对较弱的信用债、权益等资产，可由专门设立的理财子公司通过创设定期开放型基金或股债混合基金等产品进行对接。

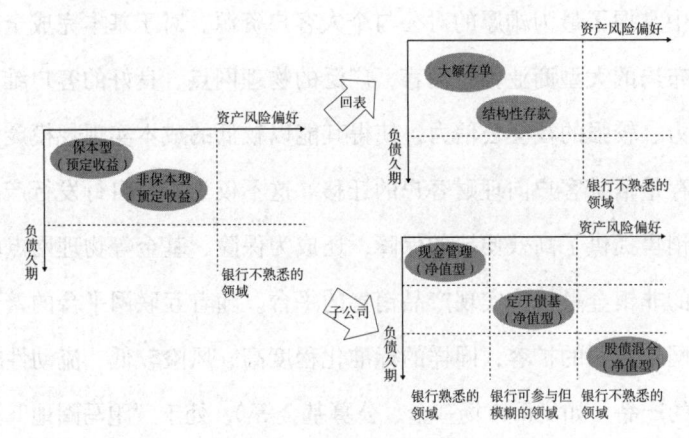

图 12-1 银行理财转型路径

由于国有六大行（工农中建交邮）、股份制银行，与区域性的城商行、农商行在资本实力、产品结构、渠道布局、团队建设、系统支持等方面存在较大的差异，下面我们分别分析这两类商业银行的理财业务可能的转型路径。

全国性商业银行

全国性商业银行包括工商银行、建设银行、农业银行、中国银行、交通银行、邮储银行等国有六大商业银行，以及以兴业、招商、中信、浦发等为代表的股份制商业银行。这些商业银行的资产规模处于行业领先水平，基本完成对全国主要城市的布局，业务体系比较完备，在国内以银行为主导的金融体系下占据举足轻重的地位。

渠道方面，银行基于其结算账户功能，在所有类型的金融机构中掌握了最为雄厚的对公与个人客户资源。对于基本完成全国性布局的大型商业银行而言，广泛的物理网点、良好的客户维系能力、较强的社会公信力，使得其能以较低的成本实现规模庞大的存量信贷客户向理财客户的迁移。这不仅为本行自行发行产品的销售提供了高效便捷的保障，还成为保险、基金等物理网点匮乏的非银金融机构实现产品销售的平台。随着互联网平台的繁荣和网销牌照的扩容，同样的标准化程度高、风险较低、流动性较好的产品（如货币市场基金、公募基金等），处于"跑马圈地"阶段的线上渠道以更为"亲民"的费率冲击着银行的原有线下渠道。

资产配置方面，银行在其传统的信贷业务领域拥有成熟的管理流程，因此在债权类资产的开发、投资、管理上形成了绝对优势，以持有到期为主、交易型为辅。主要配置非标类（包括产业基金、信托贷款以及股票质押式回购等）、固收类，对于资本市场类（包括员工持股计划、并购基金、结构化定增等）、权益类、另类投资（交运及公用事业基础设施、不动产、林木等）涉及较少。换言之，债券、非标债权是银行最擅长的资产类型，而其在权益类资产、另类资产等方面目前并不擅长。

产品方面，银行多在信贷的思维模式下开展金融业务，因而对于采用摊余成本法的预定收益类产品的投资和管理拥有较为丰富的经验，而对于净值型产品（无论底层资产属于债权类还是股权类、是否标准化产品）涉及较少。

监管强调"回归主业"，即专业的机构做专业的事。商业银行需要回归到以传统信贷为基础的业务，资管、投行等业务可能会从母行独立出来。结合成熟经济体的实践经验，与全国性商业银行较为匹配的转型路径在于，将原有资管事业部的投研和管理业务剥离，设立独立的理财子公司进行经营，原有资管事业部直接裁撤或仅保留协调职能，形成在大的银行集团框架之下，独立经营、风险隔离的资管机构。这不仅符合当下监管政策的导向，在短期内也能在一定程度上分享政策红利。

具体操作上，还需要考虑以下几个方面的问题：渠道构建方面，在依托母行集团广泛的物理网点和客户资源的同时，可以加大力度开拓移动端，其中线下渠道以标准化程度和流动性较低、投资门槛相对较高的产品为主，线上渠道以标准化程度和流动性较高、投资门槛相对较低的产品为主。

表 12-2 净值型理财产品的差异化定位

项目	商业银行理财子公司管理办法	商业银行理财业务监督管理办法
投资品种	公募理财可投股票，但不超过上市公司流通股的 15%；非标投资规模不高于理财产品净资产的 35%；可投他行发行的理财产品	公募产品需通过公募基金投股票；非标投资不高于本行总资产的 4% 或理财产品净资产的 35%；单一债务人及关联方投资小于本行净资本的 10%；禁投同业理财
销售渠道	拥有相关销售牌照的机构均可	本行或他行
产品购买	公募产品无最低认购限额；可发行分级理财产品；首次购买不用临柜	单一投资者认购金额不少于 1 万元；不得销售分级理财产品；首次购买需临柜
风险隔离	建立风险隔离机制，防范风险传染、内幕交易、利益冲突和利益输送等	—

资产配置方面，理财新规对银行理财子公司在资金门槛、投资范围等方面的监管相对宽松，可以先以原有团队较为擅长的固定收益，尤其是非标项目的产品为起点，夯实市场地位。在此基础上建立大类资产配置体系，拓展并延伸产品线，实现全品类产品，拉长负债久期，为客户提供资管等解决方案。

对于目前相对不熟悉的权益类、股权类等资产，一方面可以先代销在基金、信托、券商等领域具备相对优势的非银金融机构的成熟产品，实现对相关资产的覆盖；另一方面可以先通过委外的方式，借助于基金、信托、券商等经验相对丰富的机构实现对相关资产的覆盖，并在合作中逐步培育自己的投管团队。

目前银行理财子公司多通过 FOF 或 MOM 模式参与权益配置，也有机构通过优化指数（如区域优化指数、股债联动策略）等方法参与。采用 FOF 和 MOM 形式的好处在于能够选择优质的权益管理人，这在银行理财子公司在缺乏风险资产投资能力时是试水的第一步，是一种有益的尝试。不足之处在于相关产品存在双重收费问题，以及投资评价难于管理的问题。利用指数化投资，好处在于费率低廉，容纳大资金参与；不足之处在于与直接融资占比高的市场相比，目前权益指数赚钱效应一般，后续仍需在优化指数上进一步发力。

表 12-3 长期来看指数化投资比 FOF/MOM 更占优

项目	FOF/MOM	指数
成本投入	需持续投入，存在双重收费问题	初期需搭建资产配置体系，投入较大，后续投入减少
收益	争取获得 Alpha 超额收益	获取市场平均收益
合规	存在向委托人利益输送可能性	限制较少
容纳资金	较小，需要分散	较大

从海外实践看，对于流动性和有效性不那么好的资产（一般为另类资产），通过 FOF 形式参与配置是挖掘超额收益的可能手段。在中国，另类资产涉及领域较多，包括房地产、中小企业融资计划，乃至 PE 投资等。长周期看，债券和权益是风险收益较

为均衡的资产，对应了低风险低收益、高风险高收益的特征；而房地产、可转债等资产有明显获得超额收益的机会，对应了中低风险较高收益的特征。盘活相关资产是后续获得超额收益的前提。这是理财产品，尤其是公募理财后续加大相关资产配置的主要方向。

产品设计方面，可以从三种路径进行探索：一是可摊余成本法的类货币基金，这类产品定位于高流动性和低不确定性的大众需求，目前市场竞争激烈，但市场规模也相对较大；二是定期开放型理财产品，这类产品仅在申购赎回日公布净值，减小净值波动带来的成本，通过配置短久期的非标博收益，兼配标准化股债保持流动性；三是FOF或MOM产品，FOF产品便于形成具有风险梯队的理财产品，有效利用底层资产，尤其是私募债、资产证券化等品种降低价格波动，在有一定配置能力的情况下，可以采用运营成本更低的MOM模式。

在组织架构方面，从资源禀赋看，银行在资管业务上占尽先发优势。但最终能否胜出，还是要看资管的本源，即人的因素。

传统上，商业银行的内部体制（即前、中、后台设置）需要更多地向交易端以及相应的中后台管理倾斜。从"躺着吃饭"到"跑着吃饭"，从"人追着钱跑"到"钱追着人跑"，内部结构将重新调整。这种情况下，投研可能由中台向前台靠拢，资产配置能力和相应的风险管理能力将成为银行资管机构的核心竞争力。

表12-4 净值型理财产品的差异化定位

机构	资产投向	业务定位	竞争对手	业务策略
现金管理类（实时赎回）	货币市场工具	客户体验好，但收益水平低	货币基金	作为流动性管理工具营销，引入更多场景
定期理财类（定期开放）	债券型资产，可以配置期限一致的非标	赚取中间业务收入	债券型基金	通过收益率和高分红（避税）吸引机构和个人投资者
债权投资类（封闭式）	投资于非标资产，期限较长	赚取中间业务收入	信托	面向高净值客户
股债混合类（定期开放）	固收、权益仓位灵活调整	赚取管理费	权益和混合基金	面向中等净值客户，明星产品更有吸引力
股权投资类（封闭式）	私募股权产品，面向合格投资者	赚取管理费和超额收益分成	PE/VC	期限长、收益不确定，面向少数高净值客户

在团队建设方面，在承接母行集团相关部门原有固收类产品投资管理团队的基础上，面向市场吸纳在权益投资、流动性管理方面拥有一技之长的优秀人才；另一方面，考虑到将来面临的竞争环境涵盖参与资管业务的各金融机构，而且本质上是人才的竞争，因而需要对原有的银行框架下的薪酬体系进行改革，逐步向基金、券商等非银机构靠拢。

区域性商业银行

区域性商业银行主要包括城商行和农商行，经营范围集中在一市或一省，表内资产规模中位数不足 2 000 亿元，以传统信贷为主要业务，在本地有较好的经营网点布局和客户资源，但表内交易范围主要局限在本地。基于银行财报、中国银行业协会、普益数据，过去几年区域性商业银行在自营或资管业务部门的发展相对积极，但资管产品一半以上通过非银机构委外形式，同业机构是相关银行理财的重要销售对象。

城商行和农商行资产端的投资能力和负债端的渠道布局的不足，很大程度上依赖本地高收益的非标资产来弥补。随着资管和理财新规的出台，同业业务的规范和多层嵌套的限制使原有的资管运作模式难以为继。产品的净值化和资产投向的限制，对于银行的产品设计和管理、主动投资和研究能力要求，以及业务风控合规和后台系统支持方面都提出了较高的要求，而这些方面也是区域性商业银行相对于全国性大型商业银行而言较为薄弱的。

设立子公司、维持事业部、转型财富管理代销是区域性商业银行可探讨的转型方向。资管新规对城商行和农商行原有业务模式的冲击更为强烈，资管、同业、票据等相关业务占比较高的商业行将面临更大的转型压力。尽管设立独立的理财子公司短期内可以获得一定的监管政策红利，但长期来看，母行本身投资管理禀赋一般，新建团队成本较高、难度较大，可以先在对原有投资管理业务部门进行整合的基础上完善资管事业部。此外，考虑到城商行和农商行的客户资源禀赋，未来转向财富管理的代销业务也未尝不可。

资管与财富管理的权衡

事实上，资管新规后，预计银行理财子公司赚钱并不容易。与基金公司的经营做类比可知，从收入端看，根据基金公司财报，目前基金公司管理费占营业收入的90%，其中股票型和混合型基金管理费年费率多为150个基点，债券型基金管理费年费率多为60个基点，货币型基金管理费年费率多为30个基点；同时手续费约占收入的5%，主要为所管理产品的认购费、申购费、赎回费、销售服务费等。从成本端看，基金公司属于人力密集型行业，最大成本为人力成本，占比50%以上；同时基金公司缺乏物理网点，营销费用高昂，手续费及佣金支出占营业支出的20%左右，产品的平均营销费率约为30个基点。

和公募基金相比，银行理财子公司的人均收入差距会小一些，但在开办初期也会产生额外费用。一方面，银行理财子公司投研人员费用会低于基金公司，但差距会缩小；另一方面，考虑到银行资产配置的需求，未来在非标投资、分支营销方面仍要设立独立的部门。以某中型银行系基金公司为例，目前该基金人员约350人，资管规模约2 000亿元，近65只产品由近20位投资经理管理，从业人员中包括投资人员约50人、研究人员约20人、产品研发人员10人，此外在重点省市设有分支机构，每个分支设置5~10人。我们预计银行理财子公司人员规模至少应向中型的基金公司看齐，核心业务人员要保持在100人以上。

在100名员工的假设下，测算理财子公司的资管规模盈亏平衡线约为450亿~600亿元，对应银行表内资产规模约为2 000亿~3 000亿元。测算过程如下：

表12-5 银行理财子公司保本规模测算

员工数人数	100
人均薪酬（含费用摊销）	80万元
薪酬占总营收占比	50%
盈亏平衡营收	1.8亿元（含每年摊销开办费0.2亿元）
产品平均管理费	30~40个基点
对应资管规模	450亿~600亿元
表外表内对比	20%
表内资产规模	2 000亿~3 000亿元

注：产品平均管理费率与产品类型有关，如类债券基金产品费率（约60个基点）要高于类货币基金产品费率（30个基点），我们假定银行资管产品以类货币基金为主、类债券基金为辅。

基于2018年的资产数据，对于城商行，2 000亿~3 000亿元对应的规模分位数为20%~35%，代表有九江银行、汉口银行、富滇银行等；对于农商行，2 000亿~3 000亿元对应的规模分位数为

2%~4%，代表有青岛农商行、武汉农商行、深圳农商行、广东顺德农商行等。结论表明，只有前25%的城商行和前5%的农商行设立理财子公司才可以保本，有设立子公司的必要性。

按照理财子公司规定，如果不设立子公司，退而求其次继续维持银行资管事业部的形式，银行在投资、产品和营销端会受到区别对待，具体体现在：

1. 理财新规明确"本行理财产品不得直接或间接投资于本行或其他银行业金融机构发行的理财产品"，子公司办法明确"银行理财子公司发行的理财产品不得直接或间接投资于本公司发行的理财产品"，这表明理财子公司的产品可以嵌套投资其他银行机构或理财子公司发行的理财产品，而银行资管部门在投资他行理财产品方面仍受到限制。

2. 由于已经是独立法人，子公司与母行实现了真正意义上的脱节，因此理财业务投资非标资产不再受到4%的银行总资产要求和10%的集中度要求，只受到"理财子公司全部理财产品投资于非标准化债权类资产的余额在任何时点均不得超过理财产品净资产的35%"的约束，而银行资管部门仍然要受到总资产和集中度的要求。

3. 理财子公司可以自行发行分级理财产品，在开户等问题也能解决的情况下，理财子公司若可以找到劣后资金，理论上可不再借助其他SPV发行分级理财产品，而银行资管部门不能发行分级产品。

4.银行资管部门的私募理财产品可直接投资股票，公募理财产品需要通过公募基金间接投资股票，进一步允许银行理财子公司发行的公募理财产品直接投资股票。

5.理财子公司的投资有可能不需要比照母行的自营贷款进行资金流向审查和风险管理。理财子公司后续资金投放非标资产，在房地产、地方政府融资以及风控标准层面，有可能有独立的规定。而银行资管部门相关投资行为仍然受到表内统一授信限制，在资产选择上更受限制。

6.银行资管部门的操作风险资本是按12%~15%的比例每年进行计提，而理财子公司按10%进行计提，且达到一定余额可不再计提，计提资本水平更低。

7.银行理财子公司渠道要求参考公募基金要求，而资管部门在销售起点、渠道下沉、网点面签、公开宣传等方面有较多限制。

总体看，相对于子公司，如果继续坚持设立资管部门的话，相关产品在资产配置、营销体系、资本计提等方面均有诸多限制。这种情况下，未来产品将长期缺乏竞争力，后续可能需要行内进行持续补贴，经济效益不高。

财富管理（理财产品代销）可能是区域银行权衡后的理性选择。资管新规后，理财产品的形态也在发生变化，特别是产品净值波动和刚性兑付的打破，会降低理财渠道的资金黏性。为保持甚至提升渠道的价值，提高资管产品的交易频率和产品多样性就显得非常有必要，银行进行财富管理（理财产品代销）的动力将会增加。特别是《商业银行理财子公司管理办法》相较于理财新规，对银行理财子公司的渠道管理更宽松，这使得在渠道上，银行理财子公司具有与公募基金竞争的赛道。我们认为区域性商业银行仍会坚持开展资管业务，但业务重点将从以产品创设为主的资管，转到以产品销售为主的财富管理上。国有大行、股份制银行有较大的业务发展空间。

具体而言，不成立理财子公司，转而代销资管产品，尤其是银行理财产品有 4 个方面优势：

第一，即使资管新规落地，银行理财产品相对于公募基金、理财型保险产品而言，客户基础更好。目前商业银行净值型产品以实时赎回的类货币基金产品和定期开放式的类债券基金产品为主，前者客户体验好，后者以追求绝对收益为主，不会给客户带来净值大幅回撤的风险。

第二，若代销其他银行理财产品的规模超过本行原有规模，在手续费率相同的情况下，销售手续费对中间业务收入的贡献将会更多。

第三，代销产品减轻了中小银行的自身风险，除了减少资管体系建设投入外，特别规避了表外产品的运作压力（例如打破刚性兑付风险、声誉风险等）。

第四，对股份制银行而言，由于物理网点有限，且净值型产品与传统保本理财、结构性存款等产品形式差异较大，代销股份制银行产品给相关银行带来的表内负债端压力相对小一些，避免了相关银行对行内客户大幅流失的担心。

公募基金

现状：货币基金规模最大，权益等随市场周期波动

截至2018年年末，国内货币基金的规模达8.15万亿元，占基金市场总规模的71.4%，远高于股票基金、债券基金及混合基金。货币基金的快速扩张源于2013年"钱荒"大幅推升货币市场利率，一方面，公募基金与互联网平台合作推出余额宝等产品，迎合居民高流动性、收益高确定性的资产配置需求；另一方面，央行较为宽松的货币政策推动银行同业负债（同业存单）速升，凭借流动性较好、免税等优势，货币基金成为机构的重要配置对象。

公募基金扩张的过程中，基金投资者赚钱效应并不强。普通投资者购买基金，尤其是股票型基金，往往是追涨杀跌，牛市高点入场，熊市低点大规模赎回，长期持有和坚持定投的投资者较少。这种情况导致了权益类基金10多年规模滞涨。不论是公募持股市值在A股流通市值的占比，还是相比货币类基金的增速，权益类基金都显著落后。万得数据显示，公募权益类基金规模近10

年来呈震荡下滑趋势，在2018年年末触底，约2.1万亿元，之后开始回升，最新值为2.9万亿元，持有A股流通市值的占比也从最高点的27.93%降低到当前的13%。产品结构方面，截至2019年年末，权益类基金（股基和混基）规模为2.91万亿元，为2015年年末以来的新高，其在当前13.90万亿元公募管理规模中的占比为23.07%，低于货币基金的56.99%，高于债券基金的19.04%。

权益基金规模停滞不前、权益基金与固收基金的结构失衡，这凸显了公募基金行业缺少长线资金以及投资盈利模式的困局。这也造成了公募基金投资行为短期化的弊端，长期看既不利于基金行业的发展，也不利于中国资本市场的稳定。以债券基金为例，机构投资者占比九成以上，其中大部分机构为银行。考虑到未来税收优惠政策存在较大不确定性，银行很可能会将资金从公募基金中抽出，转投银行理财子公司产品或自主投资。这种情况下，公募基金固收产品有较大被替代的可能性。

货币基金的监管限制趋于严格。2017年9月，证监会发布《公开募集开放式证券投资基金流动性风险管理规定》，规定基金管理人新设货币市场基金，拟允许单一投资者持有基金份额比例超过基金总份额50%情形的，应当采用发起式基金形式，在基金合同、招募说明书等文件中进行充分披露及标识，且不得向个人投资者公开发售；还应当至少符合以下情形之一：（1）不得采用摊余成本法对基金持有的组合资产进行会计核算；（2）80%以上的基金资产需投资于现金、国债、中央银行票据、政策性金融债券以及5个交易日内到期的其他金融工具。

发起式基金形式意味着公募基金需要以自有资金参与，提升了货币基金对接银行资金的成本；对摊余成本法核算和投资品种的限制，则降低了货币基金的收益率，并加大了其流动性管理的难度。2017年下半年以来，货币基金规模增速开始放缓，过去快速扩张的局面难以继续维持；余额宝7日年化收益率已降至2.41%，接近历史低位。在新的监管环境下，货币基金将逐步回归流动性管理的本源，公募基金亦亟待开拓新的业务模式。

相对于货币基金，根据上一章的分析，债券和权益型基金的占比并不高，且周期特征明显，但相关产品的收益差距更多体现了机构的主动管理能力。对公募基金而言，相关产品代表了机构转型的方向。

表12-6　前十大公募基金2019年管理资产规模

公司名称	总规模（亿元）	股票型（亿元）	混合型（亿元）	债券型（亿元）	指数型（亿元）	QDII（亿元）	货币型（亿元）
天弘基金	12 584.07	140.11	72.92	291.94	135.34	0.23	12 078.87
易方达基金	6 961.74	869.34	1 339.85	1 346.16	754.01	148.55	3 070.31
南方基金	5 969.99	645.79	795.83	1 208.79	842.29	74.23	3 083.34
工银瑞信基金	5 208.53	413.06	256.89	1 192.23	426.10	19.76	3 242.67
华夏基金	4 998.32	1 226.10	934.40	734.65	1 365.53	132.13	1 824.10

（续表）

公司名称	总规模 （亿元）	股票型 （亿元）	混合型 （亿元）	债券型 （亿元）	指数型 （亿元）	QDII （亿元）	货币型 （亿元）
汇添富基金	4 947.68	502.37	1 202.44	929.18	429.19	15.43	2 045.18
嘉实基金	4 823.02	882.90	654.88	706.38	554.34	96.78	2 365.70
广发基金	4 590.55	468.81	769.53	1 074.80	524.41	38.33	1 707.22
招商基金	3 622.50	273.09	458.52	1 334.97	301.08	0.17	1 553.88

资料来源：东方财富 Choice。

针对公募基金发展中存在的问题，中欧基金董事长窦玉明 2018 年 8 月参加中国财富 50 人论坛时曾经指出：

> 基金行业是金融业中的制造公司，如果打个比方，基金公司就类似造汽车、造手机的，银行如果说在某个定位上是类似渠道，是为客户服务的，它是销售商，为客户提供各种产品、服务的。我们是前端的制造商，我们制造产品。对制造商要求来讲，基金行业走到今天，目前还有很大的提高空间，我们还没达到那种能够大规模产出质量稳定的产品的程度。

转型：主动被动各取所长

通过发挥主动管理和创设产品的优势，未来公募基金在大资管产业链条分工中，将更多定位于提供收益增强和工具型产品的角色。随着金融市场有效程度提升,传统投资依靠信息不对称获取超额收益日益困难,而指数、量化投资具有快速高效、成本低廉、收益与风险平衡等特点与优势,后续有较大发展空间。在大资管业向净值化、科技化演进的背景下,伴随着投资者机构化、资产配置需求增加,投资者对被动指数、量化投资等工具型产品的需求将持续增长,而公募基金在这些产品的投资、风控与运营方面具有明显优势。

与银行理财子公司等资管机构相比,公募基金在二级市场,尤其是权益市场已有超过20年的投研积淀,投研体系规范,形成了专业的投资理念、投资方法和投研团队,已发行并形成包括ETF、股票与债券指数基金等在内的比较完善的工具产品系列。作为专业的投资管理机构,未来很多财富管理机构和资产配置型机构,会委托公募基金进行细分资产的投资管理,公募基金将扮演重要的投资管理人角色。

公募基金物理网点和实体营业部稀少,侧重品牌宣传功能(如在地铁、机场发布宣传资料),实际变现效果相对有限。网点稀缺就只能依靠当期赚钱效应吸引客户,客户黏性并不强,最终导致基金对银行、券商、第三方平台的代销渠道依赖度较高。

资产配置方面,公募基金对标准化程度较高的股票、债券等产品的投资管理较为擅长,对于非标债权有所涉及,对于股权、另类资产涉及较少,其比较优势在于对权益类资产的投资管理。

产品方面，公募基金以货币基金为主，权益型、债券型、混合型共同发展，多为主动管理型产品，比较优势在于流动性管理的经验较为丰富。与海外成熟市场的同业机构相比，指数型、被动型产品占比较低。此外，公募基金可以享受转让股票、债券差价收入免税。

我们认为，对于管理规模处于行业领先地位，已拥有较好的品牌认知度、较为完善的运作体系和团队，且掌握一定规模的优质客户资源的头部公募基金，可以尝试拓展全产品线，致力于为客户提供解决方案，在指数型或指数优化型产品方面发力，扩充规模；管理规模偏小的公募基金可以选择"小而精"的发展路径，即构建核心投资管理团队并分享股权，专注于某一个细分市场或细分类别的资产，开发某一类独特投资策略以实现"弯道超车"。

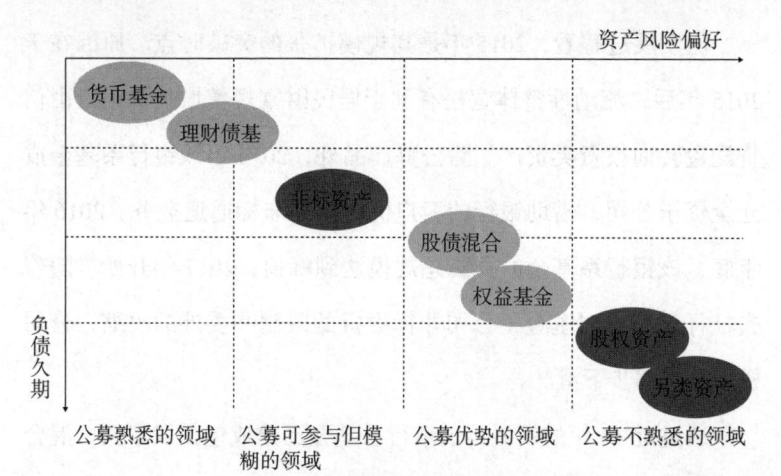

图 12-2　公募基金的产品线设计

国内某知名银行系基金公司的案例

2005年2月,中国人民银行、银监会和证监会联合发布了《商业银行设立基金管理公司试点管理办法》,鼓励商业银行采取多元化股权方式设立基金管理公司,银行系基金公司正式出现在公募基金行业的历史舞台。

该基金由某国有大行(持股83.5%)和某全球知名资管公司(持股16.5%)联合创立,是业内最早创设的银行系基金公司。截至2018年10月底,中国已获批并完成设立的公募基金管理机构共有134家,包括119家公募基金管理公司和15家取得公募资格的资管机构。该时点该银行系基金管理总资产规模(公募口径,来源于天天基金网)约4 500亿元,发行公募基金131只,在行业排名前十、银行系中排第三。

从发展过程看,2015年是其规模扩张的突破时点。原因在于2015年后,流动性整体宽松有利于居民财富规模增长和银行由信贷配置转向投资类资产。除公募产品外,2014年该银行系基金成立全资子公司,借助银行的客户优势拓展非标通道业务。2016年年底,该银行系基金的资管总规模达到峰值,2017年开始,随着去杠杆过程中对基金子公司非标融资的限制和委外的收缩,公司资管规模逐步下滑。

通过近14年的发展,该银行系基金已建成包括股票型、混合型、债券型、货币及短期理财等各品种在内的完备产品线。根据业务结构分解，基金子公司的通道业务下滑是其规模下滑的主要原因。但由于通道类业务费率很低（一般为2‰以下），对公司净利润负面影响有限，2017年公司资管规模下滑约11.4%，但净利润只下滑2.9%，受到的负面影响并不大。

表12-7 某银行系基金公司的管理规模和盈利情况

年度	资产总额（亿元）	净资产（亿元）	净利润（亿元）	年末资管规模（亿元）	公募基金规模（亿元）	非货币公募基金规模（亿元）
2013	10.37	8.72	2.80	未披露	1 217	未披露
2014	13.25	10.39	3.79	未披露	1 609	未披露
2015	20.12	14.85	7.43	6 764	2 778	未披露
2016	26.27	18.61	10.09	9 280	3 421	未披露
2017	38.25	28.38	9.80	8 220	3 624	2 328

资料来源：公司财报。

固收类产品占绝对优势，其中短久期固收类产品（主要包括货币、理财）占比约50%，久期更长的债券类产品占比约35%。固收类产品需求主要来自银行和保险机构，特别是2016年以来银行负债端的利率市场化，同时资产端的配置方向从信贷转向投资，固收类产品规模持续扩张。而权益类产品需求主要来自零售客户和部分保险机构，实际规模与市场周期波动高度相关，规模保持增长比较困难。整体看，产品以满足银行等机构客户需求为主。

表 12-8　固收类产品占该基金公司绝对主体

		公募基金规模	产品结构							
			股票型	混合型	债券型	指数型	QDII	保本型	货币型	理财型
2013	规模（亿元）	1 217	10.61	199.29	199.51	10.61	2.91	26.81	201.44	576.51
	占比（%）		0.87%	16.37%	16.39%	0.87%	0.24%	2.20%	16.55%	47.37%
2014	规模（亿元）	1 609	15.85	223.56	265.24	15.85	1.88	16.72	994.68	75.38
	占比（%）		0.98%	13.89%	16.48%	0.98%	0.12%	1.04%	61.81%	4.68%
2015	规模（亿元）	2 778	89.10	332.82	431.14	3.87	9.66	67.05	1 804.65	43.67
	占比（%）		3.21%	11.98%	15.52%	0.14%	0.35%	2.41%	64.96%	1.57%
2016	规模（亿元）	3 420	54.14	279.71	1 220.19	3.46	11.35	90.45	1 693.50	71.60
	占比（%）		1.58%	8.18%	35.67%	0.10%	0.33%	2.64%	49.50%	2.09%
2017	规模（亿元）	3 624	49.47	249.52	1 526.48	4.34	6.50	54.94	1 297.03	440.94
	占比（%）		1.36%	6.88%	42.11%	0.12%	0.18%	1.52%	35.78%	12.16%

资料来源：公司财报。

按照份额计算，机构和个人份额各占50%左右，结合规模和份额看，机构客户产品规模占比约80%，但份额只占一半，体现了机构业务的规模经济效应。同时，公司内部人员持有的份额从

2017 年起开始显著增加,由过去的平均约 0.04% 增至 0.16%,这体现了公司对基金产品管理人的激励要求。

表 12-9　机构客户产品规模占比约 80%

年度	公募管理资产规模(亿元)	持有人结构(按份额计算)		
		机构持比	个人持比	内部持比
2013	1 217	84.29%	15.71%	0.06%
2014	1 609	72.58%	27.42%	0.04%
2015	2 778	73.58%	26.42%	0.02%
2016	3 420	53.91%	46.09%	0.02%
2017	3 624	47.65%	52.35%	0.16%

资料来源:天天基金。

机构化和国际化是该基金公司的亮点。受益于银行资产配置转向,2015 年后其资管规模显著扩张,近几年子公司业务(主要为通道)收缩明显,而公募业务规模稳定。公司重视机构业务,准备将机构销售业务线独立,分管领导有母行托管部工作背景。母行对该基金的支持力度较大,体现在销售渠道和总行委外配置上。海外某大型资管机构持股公司约 20% 的份额。近期该基金积极布局海外业务,通过兄弟公司某在港券商的关系在业内较早进行了香港基金互认。

从公司核心管理层的履历看,公司董事会领导有深厚的行内背景,而投决会领导多为专业人士。公司领导层在国有大行总行金融市场、投行、人力资源等多部门有任职经历，而核心投资层领导来源丰富，从简历情况看，包括嘉实基金、联合证券、母行金融市场部，以及自主培养。目前公司员工约400人，权益和固收领域均有优秀的基金经理。

与一般基金公司相比，该银行系基金公司对机构业务更为重视，这在组织调整上有所体现。该基金的机构业务一直划分在市场板块，但由于机构业务越来越受到重视，未来将分拆为单独一个板块。

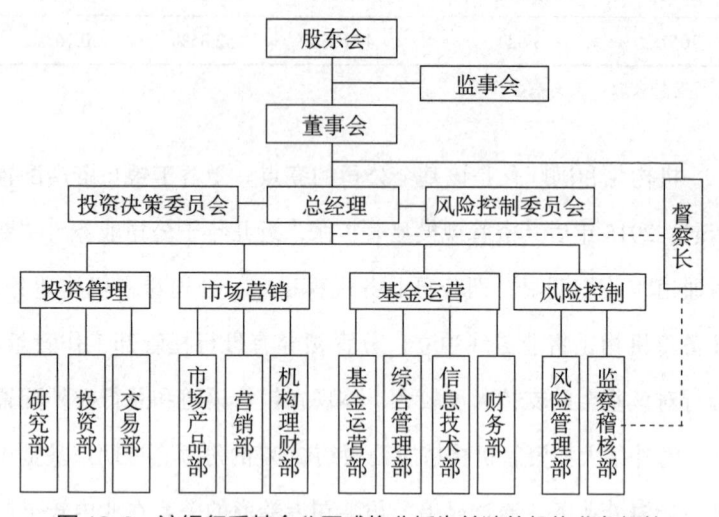

图 12-3　该银行系基金公司或将分拆为单独的机构业务板块

资料来源：财务报告。

从人员培养看，根据披露，该银行系基金公司的投研人员培养周期长于一般基金公司。研究员到真正能管钱至少需要6年，与一般基金公司相比，要长3年左右。投研人员一般按照星级打分，投资和研究员在一起办公，以便更好地发挥研究服务投资的职能。

从调研结果看，母行对该银行系基金公司支持力度较大，主要体现在销售渠道和总行委外配置上。从营销渠道看，银行凭借丰富的渠道和客户资源，具有天然的渠道销售优势。2016年开始，机构委外显著增加，银行委外资金成为各家基金公司业务发展的重点方向。在争夺资源的过程中，有公司股东背景、具有天然渠道优势的银行系基金公司竞争优势凸显。

未来如何整合母行旗下的资管牌照仍是开放式问题，母行对该银行系基金公司的扶助方式或将有所调整。该银行系基金公司的母行除理财子公司（筹建）外，旗下还有两个资管公司。

总体看，银行系基金公司的资管规模水平与母行渠道优势和委外意愿显著相关。

从该银行系基金公司发展情况看，相关特点如下：资管规模行业靠前，其中非公募资金以子公司通道业务为主，公募资金以固收产品为主；固收产品源于以母行为主的同业机构委外，2016年开始规模增长显著；权益产品整体表现平平，但有若干明星基金经理；核心管理层都有较深的母行工作背景，而投资端业务领导经历多元，包括非银金融机构、本行、自主培养等；与其他银行系基金公司比较，总体规模水平、业绩与母行的渠道优势和委

表 12-10 银行系基金公司规模比较

	公募基金规模（亿元）	资产总额（亿元）	净资本（亿元）	营业收入（亿元）	利润（亿元）
五大行					
工银瑞信基金	5 498	77.4	63.0	NA	18.4
农银汇理基金	1 885	10.5	9.1	NA	2.2
中银基金	3 629	38.3	23.4	NA	9.8
建信基金	4 924	44.2	37.1	NA	10.2
交银施罗德基金	1 376	35.6	25.6	NA	5.4
主要股份制银行					
招商基金	4 086	66.5	39.8	27.5	8.0
浦银安盛基金	1 110	NA	NA	7.5	2.5
民生加银基金	1 060	17.7	15.0	NA	2.3
兴业基金	1 816	28.4	18.5	15.4	5.7

数据来源：公司财报、2018年中报。
注：营业收入和利润数据进行了年化处理。

外需求高度正相关；战略上重视机构业务线，设为独立销售部门；投研人员培养周期长，激励水平业内中游，事业部改革动力偏弱，但近年来通过鼓励内部人持有产品的方式实现了利益绑定；进行海外布局，如较早参与中港互认基金销售等；外资股东对公司的战略指引似乎并不明显，以财务投资为主。

随着资管、理财、子公司新规接连落地，中国资管业将在投资方向、产品形式乃至销售渠道方面发生革命性变化。银行未来进行主动管理的意愿增强,传统的简单粗暴的委外模式将消退。在此情况下,基金公司的压力也将倍增。我们建议基金公司,尤其是银行系基金公司积极把握机会,迎接大资管市场的挑战。

发展建议具体为:第一,充分利用但不依附股东,特别是母行资源。尽管银行系基金公司整体具有较大优势,但是目前各家基金公司的发展水平差异较大。银行系基金公司中,目前公募规模最大的工银瑞信近6 000亿元,最小的恒生前海基金(恒生银行控股约70%)约5亿元,规模相差千倍,这主要是因为股东背景和股东支持力度差异。未来银行旗下将有若干资管平台,如理财子公司、基金公司、券商资管(有公募基金牌照)、以不良资产处置为主的资管公司、以债转股为主的投资管理公司,银行系基金公司应找到自身的正确定位。

第二,以增厚收益为主要目的,实现与母行其他资管平台的错位竞争。对于公募基金机构业务来讲,尽管在监管趋严的态势下,银行委外规模面临缩减的压力,但未来银行参与金融市场业务的力度将增加。在银行理财和自营资金总量增加的前提下,银行端委外仍然会有较大需求。目前基金委外需求一部分来自资管产品避税需求,另一部分来自利用非银金融机构在权益、衍生品、另类固收产品(如可转债、可交债等)的优势,增厚投资收益。我们预计,随着政策变动,避税优势存在较大不确定性,银行系基金的机会更在于后者。特别是未来银行资产配置将以固收为主，权益、衍生品和其他另类投资为辅。如何利用标准化金融资产的投研优势，深耕细分市场，利用"固收+"策略增厚收益，将是银行系基金公司下一步的发展方向。

第三，固收产品重视同业渠道，权益产品重视零售渠道。从长期基金产品的发展经验看，短久期的固收产品的需求主要来自利率市场化下零售客户需求和机构避税需要，长久期固收产品的需求主要来自银行资产配置需要，权益产品的需求来自零售客户。

第四，夯实满足银行客户需求的产品线。目前各家银行系基金公司产品同质化现象非常严重，特别是在牛市后期一窝蜂发行权益产品，最终导致众多基金面临清盘线，同时损害了客户利益。我们认为，未来银行理财子公司应定位于固收类产品，其中大多数为现金管理型产品。考虑到自身渠道和交易结算的劣势，我们建议基金公司逐步退出或减少相关产品发行（如货币基金），同时在有优势的领域（如权益、量化、税收递延、年金型产品等）发展精品型资管产品。

信托

现状：通道收缩后寻找新立足点

2018年4月，《关于规范金融机构资管业务的指导意见》提出严控风险的底线思维，即减少存量风险，严防增量风险。2018年，全国68家信托公司受托资产规模持续下滑，截至2018年四季度末，减少到22.70万亿元，比2017年四季度末下降了13.50%。因资管新规加大了信托贷款合规要求，政信和银信通道业务收缩，最终导致社融规模新增远低于M2增速。2018年，房地产信托资金余额逆势上涨，这可能与地方棚改的高融资需求有关。2017年以来，房地产企业拿地热情高涨，特别是中小房企通过非标融资渠道获取融资的需求增加。

在资管新规要求打破产品刚性兑付、打破资金池运作的要求下，未来资管产品应该按照募集资金的方式（公募、私募）、产品配置方向（权益、债券、商品、混合等）构建标准化产品结构。公募基金基本投向标准化产品，产品转型无压力；银行理财目前非标准化资产的占比在15%左右，信用债等标准资产的占比在50%以上，净值型产品转型正在推进。

目前信托业务的传统三驾马车，即银信、政信和房地产信托，获取无风险且高收益的回报，这与中国过去政府隐形担保下的刚性兑付制度环境有关。其中，银信、政信两驾马车自2017年受降杠杆、去通道的密集监管政策影响，规模萎缩。长期看，中国经济增速换挡，高收益且无风险的资产将越发稀缺，传统信托资产方向难以为继。

而按照资管新规导向，信托应"腾笼换鸟"，即在大力压缩非

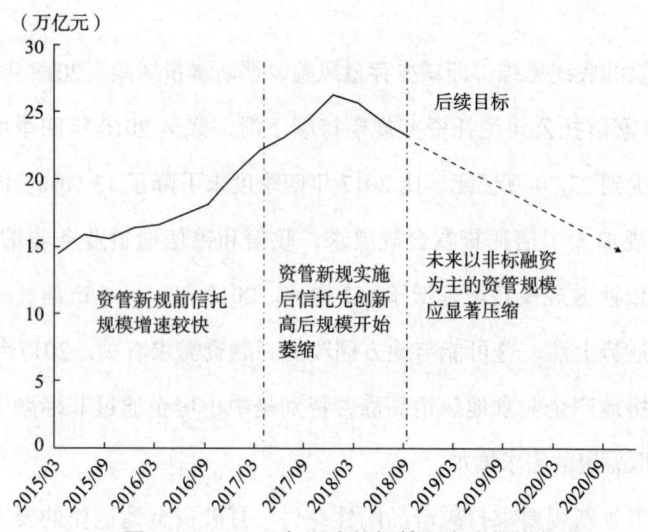

图 12-4　2018 年以来信托管理资产规模收缩

资料来源：万得。

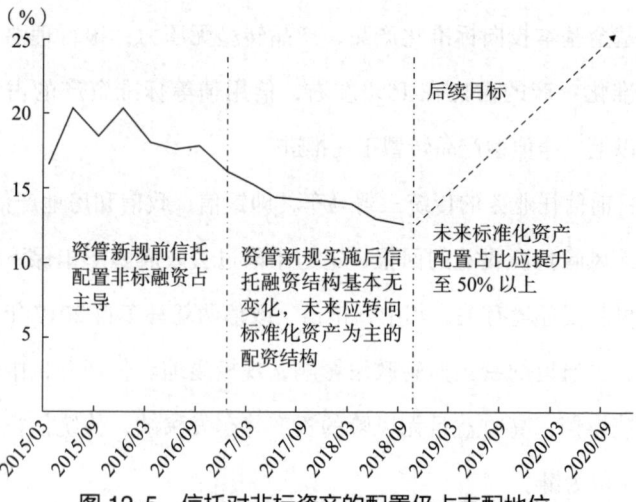

图 12-5　信托对非标资产的配置仍占支配地位

资料来源：万得。

标准化资产的同时，大幅增加债券、权益等产品的占比。从近期的产品配置方向看，非标准化融资仍是信托融资主体，资产投向也维持以类信贷为主的结构，标准化资产配置不到20%。资管新规实施以来，信托在资产配置、产品结构调整的进度上落后于其他资管机构，按照目前的结构看，较难实现资管新规的转型要求。

转型：选择私募投行或财富管理

信托机构多从事类信贷业务，其中通道业务占主导，面临较大的监管压力。打破刚性兑付和净值化管理的规定对于信托而言是一把双刃剑，一方面，明确资管人仅承担尽职管理的职责，使其为违约产品兜底的风险下降；另一方面，由于信托的资金成本较高，对于股东背景较弱、优质项目资源匮乏的信托而言，产品吸引力或将下降，反而导致资金募集的难度提升。

信托在资产配置和资管产品设计方面有优势。资产配置方面，信托可以横跨货币市场、资本市场、实业领域。投资方式涵盖债权、股权，甚至二者之间的"夹层"，以及各类资产的收益权。产品方面，信托产品设计灵活多样，一般能较好地实现风险隔离，是资产证券化类产品较为合意的组织形式。信托牌照对银行的特殊使用价值为：设立SPV结构，实现交易风险隔离；布局新类型资产，特别是股权资产；实现高净值客户财富管理的服务闭环；作为交易通道，规避信贷监管、银行理财开户交易等要求。整体看，在表内流动性管理趋严和表外资管新规下，通道价值将逐步消退，而前三个职能的价值日益凸显，分别对应了风险隔离、权益配置、客户服务三大职能。

在新规下，信托的通道价值将大幅下降，其模式亦将回归代客理财的本源，预计未来信托类资产再配置或将增加权益类等标准化金融资产的配置，或投向消费金融、供应链金融等"小而美"的细分领域。预计信托转型可能存在两种路径，一是参与资产证券化项目，向投行运作转变；二是发展养老信托、家族信托等具有销售属性的业务，向财富管理转变。

表12-11　目前代表性信托机构的经营模式

信托机构	2017年年末管理规模（万亿元）	2017年净利润（亿元）	业务模式	模式特点
某银行系信托	1.5	18.52	最大的银行系信托机构，以通道类业务为主，项目报酬率低	代表了银行系的普遍业务模式，风险偏好较低，通道业务占比高
某金控系信托	0.65	64.54	金控系信托公司，在产业投资和运作上参与较多	与集团协同，财富管理体系搭建和产业投资作用值得参考
某地产系信托	0.25	36.68	通过股东背景参与较多房地产业务，固有业务因参与权益投资产生亏损	房地产占比较高，控制固有业务的风险敞口

（续表）

信托机构	2017年年末管理规模（万亿元）	2017年净利润（亿元）	业务模式	模式特点
某资本系信托	0.70	28.05	资本运作平台，投资项目参与了一二级市场联动	存在一定的监管风险
某央企系信托	0.50	16.21	小微金融、消费金融是其业务特色	基于某一领域的成长性业务，做精做细，形成品牌

资料来源：信托业务协会财报分析。

沿资管产业链向上：投行化运作

基于风险隔离机制、产品设计灵活、投资范围广等特性，信托可基于基础资产为客户提供融资方案，赚取承销费。若具备资产端定价能力，信托也会参加更多项目夹层端的投资，这有助于获得管理费收入和投资收益分成等多种收入。

非标转标将是信托投行化运作探索的方向。目前信托主要参与信贷资产证券化 SPV，也会参与部分企业信贷资产证券化双 SPV 结构。从交易结构看，信托财产的独立性与资产证券化中破产隔离和风险隔离的制度设计是十分契合的。资产证券化的破产隔离是通过设立 SPV，并将资产从原始权益人转移到 SPV 实现的。通过信托设立的 SPV 称为信托型 SPV，又称为特殊目的信托（SPT）。证券化的信托财产权利与原始权益人的交易基础关系分离，从而使证券化资产的所有权与处分权不再属于原始权益人，不再遭受原始权益人及其债权人的追索，切断原始权益人对SPV的实际控制。

信托直接走向标准化投行的难度较大，且相关融资主体也不可能只通过债券融资。未来机会在于夹层融资方案，模式包括：拓展资金资源，如外资地产基金、国企/民营资金，拓展优质项目的股权投资机会；充分利用信托SPV功能，推进非标资产证券化或挂牌，盘活持有型物业；结合信托结构化层级设计优势，择机参与不良基建、危困地产的重整，以及与小开发商优质项目投融资代建合作。

沿资管产业链向下：财富管理

信托的核心优势在于其财富委托管理制度，凭借风险隔离的机制、灵活的产品设计、广泛的投资范围，为高净值客户提供资产避税、保值、增值等一体化方案。现有信托产品需求集中在偏高端客户（产品门槛多在100万~300万元）上，随着资管新规的推进，通过转标工具，预计未来一部分下沉为中等净值客户（如销售起点降至30万~40万），另一部分上升至超高净值客户（如可投资金融资产在千万级别以上），以提供综合财富传承和管理方案为主。具体可能的路径探讨如下。

面向中等收入客户的产品创设机会。受制于流动性管理和资产获取机会，预计低起点的公募信托发行难度大，但借助转标工具，在细分收益和期限的产品领域有填补机会。一方面，公募信托门槛不宜太低。在当前以非标融资为主的资产配置下，出于流动性考虑，相关公募信托产品难以自由申赎，同时做标准化资产投资的信托机构普遍没有明显的超额管理能力，预计该类产品实际发行难度大。同时，结合自身在房地产、城投、消费金融等领域的资产优势，借助银登中心等平台将相关资产转标（前提是监管层放宽对标准化资产的定义），相关资产有机会包装为收益率在5%~7%、期限不短于一年的资管产品。这将填补"收益—期限"的产品空缺，且满足资管新规要求。草根调研显示，目前银行理财收益率普遍在4%~4.5%，期限在一年以内；传统信托产品收益率在6.5%~8%，期限普遍在两年左右。如果能借助非标转标的机会，鉴于相关资产的流动性偏弱，建议以30万作为产品销售起点。

表12-12 借助转标工具，在细分收益和期限的产品领域有填补机会

项目	传统银行理财	传统信托	信托产品的可能创新
收益基准	4%~4.5%	6.5%~8%	4.5%~6.5%
期限	一年以内	不短于一年半	一年至两年定期开放
资产方向	信用债、协议存款、非标	类信贷资产	传统非标资产转标

面向高收入群体的服务创新机会。通过提供财富传承的解决方案，锁定长期限资金，面向超高净值客户的财富管理将改变现

有业务模式。与银行私行等财富管理部门相比，现有信托机构重视产品创设，但提供综合服务、沉淀客户资金（如全权委托能力）的能力不足。在市场后续风险偏好提升的情况下，纯固收产品对客户的吸引力有限。为高净值客户提供包括股权、二级市场权益等财富管理的一揽子解决方案，相关产品预计更多以"FOF产品+咨询服务"的形式提供。这种情况下，信托的运营模式将由赚类息差转向轻资产。

第十三章
再造销售渠道

本章专门探讨资管渠道的模式。从收入角度看，资管机构的渠道佣金来自三方面，即资产保有规模、资产周转率和产品佣金率。三个因素中，任一因素的提高（如提升保有规模、加快客户购买产品频率、提高产品的佣金水平）均可以提升资管机构的当期表现。

资管渠道的模式并不适合评估渠道价值。本质上，价值源于长期重复交易形成的现金流预期，而不应仅是当期收入等数字的反映。

由于资管产品与销售渠道的信息不对称会导致逆向选择和道德风险问题，单期的资管销售收入甚至会与渠道价值相背离。有瑕疵的产品（如隐含了较多信用风险但没有被揭示）可能会凭借最高的佣金水平被渠道部门优先卖掉。没有销不出去的金融产品，只有给不了的销售佣金。即使是有瑕疵的资管产品，只要有足够的销售佣金，个别销售渠道也会努力卖出去。这种情况在2016年之后P2P产品爆雷浪潮中也被社会广泛认识。

这种杀鸡取卵式的销售模式损害了金融体系的声誉。在资管产品倾向于刚性兑付的环境下,后续如果出现风险事件,相关渠道要被迫拿出自有资金赔偿客户损失,不利于其长期的发展。

评价渠道价值的四维模型

为平衡长期渠道价值和短期产品销售收入的关系,我们创造了4个维度指标,即A、S、T、P。

A,即规模(Aum),包括资管存量规模和新增潜力两个维度,前者容易量化评价,而后者需要考虑其延展潜力。类似于Hao123等导航网页保有了最广泛的客户规模,但未来扩张潜力有限;而今日头条等移动客户端把握了用户的碎片时间,后续会有更高的新增潜力。

S,即黏性(Stickiness),衡量客户资金端对资管产品端的黏性,特别是评价客户是否信赖相关机构,如在单一渠道重复购买,将资金长久托管在该渠道上的可能性。类似于客户会在支付宝等入口滞留较多时间,但在视频通话软件、天气查询软件滞留时间较短。

T,即周转率(Turnover),衡量资金端对于资管产品的交易频率。如一般客户对权益产品的交易频率会大幅高于固收类产品。

P,即产品多样性(Product Diversity),衡量渠道提供的资管产品的多样性。

相对于渠道收入三因素(保有规模、周转率、佣金率),这4

个维度更能衡量渠道的长期价值,故我们基于此来评估资管的销售渠道。

四维评价模型的验证

我们选择商业银行私人银行部、券商账户、第三方财富管理机构、互联网资管等几类资管销售渠道进行验证。考虑到零售需求的复杂性,我们重点分析资管的零售渠道。特别是为总结相关成功经验,我们重点选择了有代表性的资管销售渠道,如某零售型银行的私人银行部、某头部券商公司、某第三方财富销售机构、某在线基金销售平台、某线上金融生态体系等做重点分析。

私人银行的产品渠道

私人银行的本质在于结构化的财富管理。对于高净值客户,结构化财富管理的含义在于,通过一系列组织形式(如信托、家族办公室)将高净值客户的原始资产(如金融资产、实物资产、社会资本等)集合起来构成一个资产池,并对资产池的收益和风险特征进行重新构造。结构化财富管理的流程包括资产打包、资产构造、风险隔离、权益重构。

保密制度是私人银行发展的重要保障。16世纪,为了避免泄露新教徒的财产状况,瑞士私人银行家逐渐建立起可以替客户保密并相互约束的行规。1934年，瑞士政府通过《银行法》，将银行保密制度提升到法律层面。2008年后，欧盟、美国等围绕税收、洗钱、恐怖主义融资等问题对保密制度进行抨击，但由于银行保密法律并未变化，保密制度仍是私人银行赖以发展的基础。

中国商业银行的私人银行业务始于2007年，第一批私人银行业务由中国银行与苏格兰皇家银行合作推出，目前已有20家银行设立了私人银行部。私人银行的收入来源包括产品销售佣金、经纪业务佣金、融资融券业务利差等。

我们以某零售型银行的私人银行部情况为范例重点分析。

规模：从存量规模看，截至2018年6月末，该零售型银行管理的私人银行客户总资产为2.02万亿元，较上年末增长6.76%，在公布数据的银行中排名第一；客户的户均资产为2 833.84万元，是当前唯一一家客户户均资产超2 000万元的银行。从规模扩张潜力看，中国高净值客户的财富管理市场仍分散，有整合机会。根据贝恩的研究，2017年年底，中国可投资资产1 000万元以上的高净值人群约187万人，持有的可投资资产规模约为58万亿元。以此为基数，该零售型银行私人银行的客户数占所有高净值人群的3.74%，资产规模占市场份额的3.45%。考虑到银行在客户中建立起的信任度，未来份额仍有扩张潜力。

黏性：私人银行需要为客户提供除资管产品外的全方位的服务，除投资、税务、法务、并购、融资、清算等正宗金融服务外，还需要提供客户资信证明、法律顾问、艺术品鉴赏和保管、继承人教育等"小而美"的增值服务。但私人银行的客户黏性最核心来自客户资金的沉淀，私人银行的全权委托门槛可以视为资金黏性的一个指标。全权委托模式是私人银行有别于其他财富管理机构的独特服务模式，按照事先约定的投资框架（包括投资目的、计划、范围及方式等）代理客户进行投资和资管，这一过程中客户参与度最低、个性化程度最高。根据财报披露，瑞士银行的全权委托资管规模高达 500 亿瑞郎以上，我们预计该零售型银行私人银行部的全权委托资管规模应不低于 100 亿元。

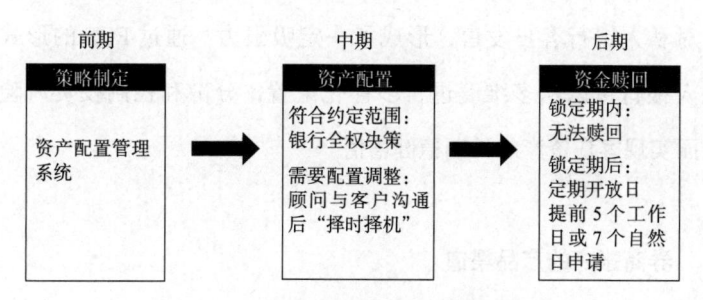

图 13-1　全权委托服务可分为策略制定、资产配置以及资金赎回三个阶段

周转率：该零售型银行私人银行产品的周转率较低。根据其官网所披露的理财产品信息，期限在 1 年以内的私人银行产品仅占所有私人银行产品的 15%，而期限为 3 年和 5 年的产品分别占所有私人银行产品的 34% 和 28%。

产品多样性：该零售型银行私人银行的产品较为丰富和全面。

根据官网披露，私人银行部根据产品的风险将理财产品划分为5个等级（R1~R5），除了风险偏好最低的等级（R1），其他等级均有私人银行产品覆盖。从产品期限来看，私人银行的产品从77天至20年以上不等，满足客户对于资产流动性的不同需求。从投资领域来看，产品包括现金管理/货币市场类产品、固定收益类产品、权益类产品、另类投资产品等，海外投资也是其着力发展的新投资领域。

考虑到较高的资金黏性，很多金融机构都会把比较优质的资管计划或者私募基金放在私人银行募集资金，而这些优质的产品只对私人银行客户发售，形成了一定吸引力。通过FOF的形式，私人银行可以从多维度进行多样化配置，分散和控制投资风险，从而实现客户资产的长期稳健增值。

券商账户的产品渠道

证券业务表现为"资金在银行、证券在登记公司、撮合在交易所"，券商提供的服务面临边缘化的风险。从券商经纪业务的发展经验来看，由于产品高度同质化下渠道难以发挥作用，最终会陷入价格战下比成本的模式，缺乏定价权会导致业务收入收缩。解决的机会在于寻找差异化的产品形式和服务手段。目前证券公司无论机构销售业务的创新还是零售财富管理变现模式的拓展，均着眼于相关路径。

表 13-1 证券公司经纪业务模式被迫调整

	收入模式	业务地位
传统模式	交易量 × 佣金率	变现方式
未来模式	融资规模 × 利差 + 资管规模 × 销售费率	流量入口

下面以某头部券商的财富管理渠道为例。相对于其他券商,某头部券商通过互联网渠道基金导流,意图将线下客户导入线上,一方面通过低廉的价格实现了高市场占有率,另一方面改变了与客户的交流方式,这种交流方式实现了数据积累,进而实现了对客户的大数据画像、客户分层和个性化低成本的财富管理业务。我们重点结合该头部券商零售账户的情况进行说明。

规模:截至 2018 年 6 月末,该头部券商代销产品规模为 1.52 万亿元,同比下降 3%。从规模扩张潜力来看,券商的经纪业务是吸引个人客户流量的主力,该头部券商自 2014 年起股基交易市场份额连续第一,2017 年年末市场份额为 7.86%。然而通过经纪业务吸引的客户一般跟随市场周期,波动性较大,因此由经纪业务引入新增流量扩张规模的空间有限。

黏性:该头部券商的黏性主要靠"低佣金水平 + 优质体验"实现,在同业中有优势,获得了最高的业务份额。该头部券商在行业内较早布局移动互联网,完成了第一步的流量积累。2009 年,该头部券商开始制定并实施互联网战略,2013—2014 年率先提出"网上开户万三"的价格战战略,并推出全新改版 App 吸引用户,在 2014—2015 年这一轮牛市中完成了第一波客户积累。在随后低迷的证券市场中,一方面,对客户分层管理,高净值客户由专门的财富管理团队进行维护;另一方面,维护 App 移动端流量入口,引入多样理财产品的销售,将经纪业务客户向资管业务客户迁移,保持客户黏性。该头部券商财富管理 App 保持行业前列的客户流量。2018 年 6 月,月活跃客户数 621 万人,在券商自营 App 中排行第一,在证券类 App 分类中仅次于东方财富、同花顺。

但整体看,证券账户主要依托于高波动的权益类产品,受市场周期影响大,虽然该头部券商的客户黏性高于券商同业,但不如银行账户。

表13-2 该头部券商于2009年全面推进互联网化

年度	战略布局
2007	与全球知名数据库管理公司甲骨文合作上线 CRM(客户管理系统)
2009	制定并实施以移动互联网为主要发展方向的全面互联网化战略
2013	率先开展网上低佣金开户活动,吸引流量并导入
2014	改版推出涨乐财富通 App
2016	收购 AseetMark
2017	专业智能平台 Matic 上线

第四篇
资管展望

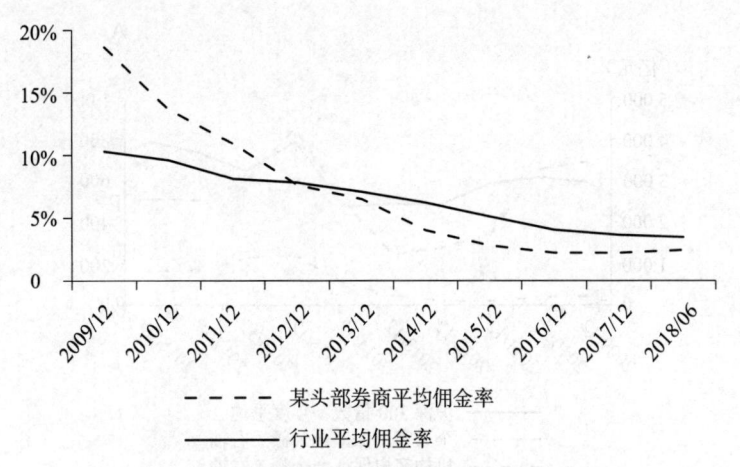

图 13-2　该头部券商平均佣金率低于行业均值

资料来源：万得。

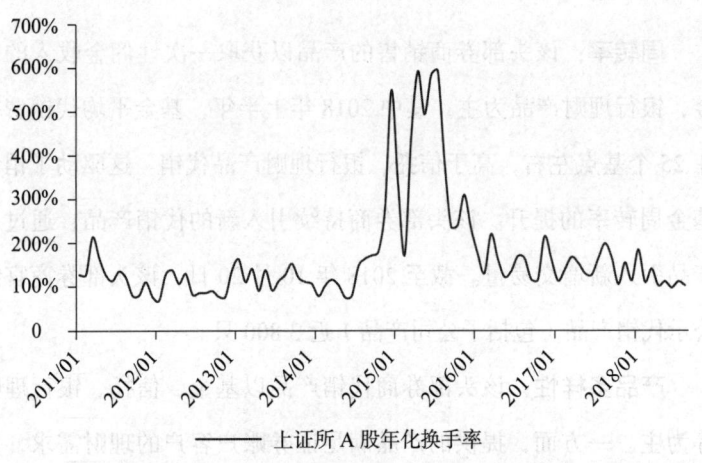

图 13-3　近 5 年来换手率年化水平约 200%

资料来源：万得。
注：年化换手率 =12 × 月度成交量 / 上证所股票流通总股本。

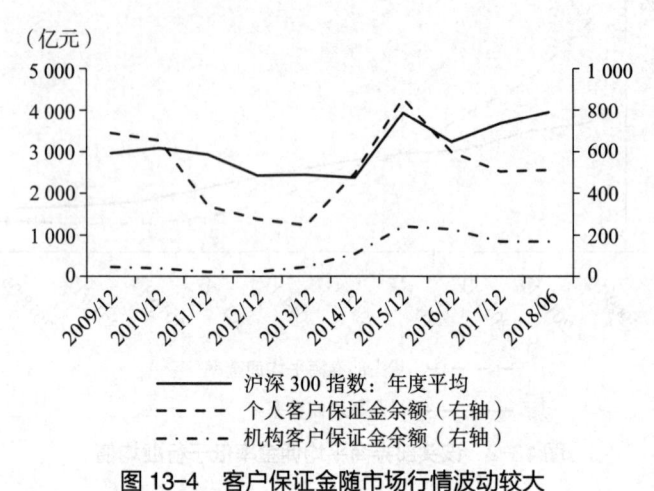

图 13-4 客户保证金随市场行情波动较大

资料来源：公司年报、万得。

周转率：该头部券商销售的产品以获取一次性佣金收入的基金、银行理财产品为主。其中 2018 年上半年，基金平均代销费率在 25 个基点左右，高于信托、银行理财产品代销。这驱动了销售基金周转率的提升。该头部券商持续引入新的代销产品，通过新产品引入新增交易量。截至 2018 年 10 月 20 日，该头部券商官网公示代销产品（包括子公司产品）近 3 800 只。

产品多样性：该头部券商代销产品以基金、信托、银行理财等为主。一方面，提供的产品满足证券账户客户的理财需求，如场内货币基金，2018 年 6 月末场内货币基金规模为 337.67 亿元；另一方面，提供多元理财产品服务，既包括其资管、公募基金子公司等发布的产品,也包括易方达、富国、上投摩根等知名基金公司的产品,产品类型上有货币基金、指数型基金、债券基金、混合基金、FOF、QDII。

第三方财富管理的销售渠道

海外市场中,第三方财富管理公司亦是工作繁忙、缺乏理财经验或时间的客群首选的理财顾问机构,成熟市场的第三方财富管理公司承担了跨区域、跨资产类别进行财富管理的职责。我们重点以某第三方财富销售机构为例进行说明。

规模:该第三方财富销售机构于2010年在美股上市,目前是国内第三方财富管理领域的龙头企业。2017年年末,该第三方财富销售机构资管规模为1 483亿元,同比增长23%,财富管理业务规模(产品累计销售额)为1 174亿元,同比增加16%。根据贝恩估计,中国个人可投资产规模在1 000万以上的人群以约18%的年复合增长率增加,2017年年末该人群达187万,而同期该第三方财富销售机构活跃客户仅1.27万人,市场占有率仅0.68%,第三方资管机构的客户增长潜力仍比较大。该第三方财富管理机构客户的保有规模不大,但从业务份额看,后续有较高增长潜力。

黏性:该第三方财富销售机构活跃客户数量及平均交易量近年保持较稳定。2017年年末,该第三方财富销售机构活跃客户数量为1.27万人，较上年略增加6%，活跃客户平均交易规模920万元，同比增加约10%。这得益于该第三方财富销售机构注重对客户关系维护的投入，一方面，在线下通过专业理财人员建立点对点式对接服务，2018年6月末，理财师人数1 495人，队伍留存率88.2%，保证了客户关系的稳定；另一方面，建立综合财富服务平台，满足高净值客户在家族财富管理、教育、慈善，保险、海外资产配置等多方面的诉求。

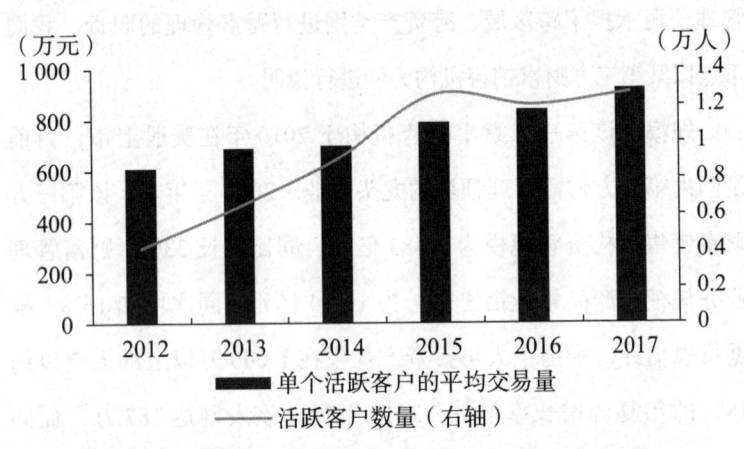

图13-5 该第三方财富销售机构活跃客户数及平均交易量

资料来源：公司年报。

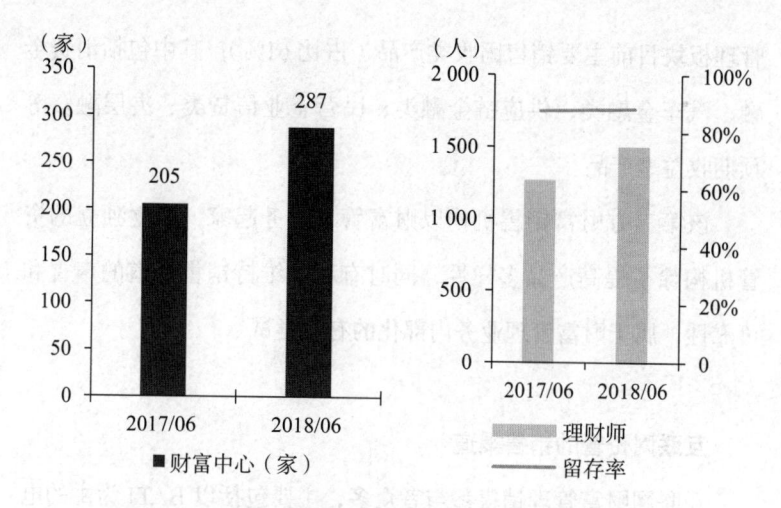

图13-6 该第三方财富销售机构理财师团队留存率88.2%

资料来源：开放日材料。

周转能力：该第三方财富销售机构的财富管理板块产品的周转率较低，销售产品以固收类为主，占比约61%，期限在0.5~5年之间不等。整体看该第三方财富销售机构的产品周转低于券商账户，但与私人银行的周转率水平类似。

产品多样性：该第三方财富销售机构资管板块目前主要提供私募股权产品（占比58%）、固定收益类产品（占比27%），其中私募股权类产品久期较长，最长在8~10年。私募股权类产品主要包括FOF类、S基金、行业直投等基金。产品布局遍布全球，并与KKR、橡树资本、凯雷、黑石等全球知名机构开展合作。财富管理板块目前主要销售固收类产品（占比61%），其中包括消费金融、汽车金融类、供应链金融类、民营企业信贷类、夹层融资等预期收益型产品。

该第三方财富销售机构以财富管理业务起家，设立独立的资管机构除了提高产品多样性，同时有利于维持销售渠道的声誉和可靠性，属于财富管理业务内部化的有益尝试。

互联网资管的销售渠道

互联网财富管理销售参与者众多，主要包括以BATJ为主的电商平台，也有传统金融机构的O2O模式探索（如建行的善融商务平台与手机银行结合），亦包括拥有金融从业基因的机构自建的资管销售平台（如天天基金网、陆金所等）。互联网资管渠道的核心在于场景，即获取流量后，利用客户在移动端、线上端的时间沉淀、数据分析等获得产品的购买机会，资管产品销售是线上流量的变现手段之一。我们以某在线基金销售平台和某线上金融生态体系的互联网渠道进行分析。

该在线基金销售平台从门户网站的广告服务及金融数据服务进行客户流量导入，通过快速且齐全的咨询售卖累积流量。长期的流量积累和客户黏性两个优势使得其逐步向综合金融服务平台发展。

规模：在基金代销业务中，该在线基金销售平台拥有明显优势。截至2018年6月，其代销额（交易总规模）为3 025亿元，平台代销基金4 003只，代销基金公司125家，数量方面占有率达75.1%，在独立代销机构中排名第一。从未来增长潜力来看，其网站平均月度覆盖人数在6 000万~7 000万人次的稳定区间内，在财经资讯网站中排名第三位，处于上游稳定阶段，未来继续扩张新增流量的空间较有限。

黏性：该在线基金销售平台期初从财经资讯网站、股吧等网站吸引流量，通过便捷的购买方式及优惠的申购费用将用户导入证券经纪或基金销售业务，形成看资讯—股吧讨论—申购股票/基金的链条。但浏览财经资讯网站以及降低销售费率的措施易受周期波动及行业竞争冲击。该在线基金销售平台每次访问平均时长由前三年的3分钟逐渐下降至近一年的1分钟左右。基金代销市场方面，受互联网第三方代销机构的价格冲击，销售率下降，申购费率由标准费率的4折降至1折。

周转率：该在线基金销售平台代销基金产品的收入以一次性销售收入为主，这驱动了周转率的提升。一方面，降低申购门槛并保证交易的便捷，该在线基金销售平台平均基金销售金额较小（约0.96万元）；另一方面，持续引入新的代销产品吸引新流量。截至2018年10月30日，其代销产品近4 132只，市场占有率近80%。2018年6月末，该在线基金销售平台的基金代销交易次数约3 100万笔。

产品多样性：该在线基金销售平台以代销基金为主。从代销整体规模来看，其在独立销售机构中排名第一，2018年10月末，代销基金数为4 132只，代销基金公司125家，在产品数量上保持领先优势。从代销产品类型来看，主要产品有混合型、股票型、货币型等，类型较齐全，市场占有率分别约为88%、80%、77%。

某线上金融生态体系

作为国内头部综合性互联网平台，该线上金融生态体系经过不断的架构摸索，确立以移动支付作为核心的超级入口，形成支付、理财、融资、多元金融和数据征信五大业务板块，定位为小微企业和个人用户提供综合金融服务。

规模：2018年第三季度数据显示，其核心产品之一的线上理财规模为1.3万亿元，下降近10%。从规模增长潜力来看，线上理财以移动支付为销售渠道的流量入口，目前该移动支付在中国第三方移动支付市场的份额较稳定（约54%）。同时，中国第三方移动支付市场的交易总规模已达39万亿，增速逐步放缓，2018年第二季度出现了近三年来的首次下降。因此继续从移动支付端吸收新增流量的空间有限，但将存量客户引入其他战略板块仍有较大空间。

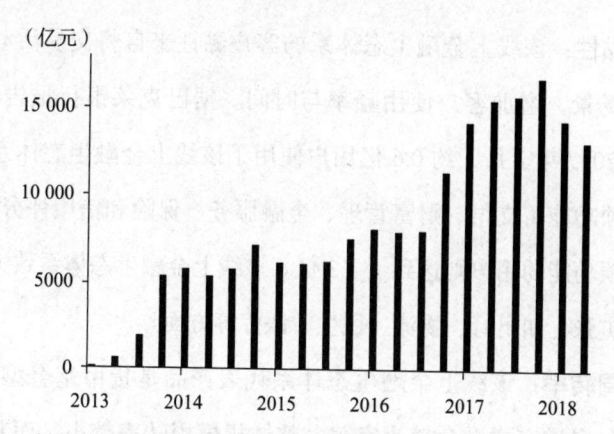

图 13-7 某线上金融生态体系的线上理财规模自 2018 年二季度以来下滑

资料来源：万得。

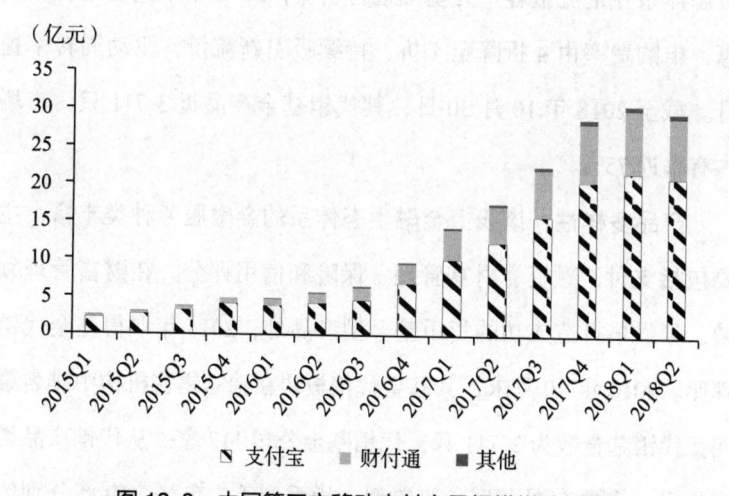

图 13-8 中国第三方移动支付交易规模增速放缓

资料来源：易观。

黏性：该线上金融生态体系的客户黏性来自将交易活动嵌入各类场景，增加客户使用频率与时间。据巴克莱银行报告统计，截至2017年3月，约0.6亿用户使用了该线上金融生态体系的所有5项功能（支付、财富管理、金融服务、保险和信用评分），使用2项功能的用户则达到了4.3亿。该线上金融生态体系致力于场景的扩张，如出行、物流、民生、医疗等方面。

周转率：该线上金融生态体系代表产品是货币基金型产品，与支付渠道交媾融合较为完善，整体规模周转率较小。而其代销的基金主要是以获取一次性佣金收入为主的基金，以该线上金融生态体系存量流量客户为基础进行引流，2016年率先发起价格优惠，申购费率由4折降至1折，持续吸引新流量，驱动周转率提升。截至2018年10月30日，其代销基金产品近3 711只，市场占有率近75%。

产品多样性：该线上金融生态体系的金融服务种类丰富，主要包括支付、融资、财富管理、保险和信用评分。在财富管理领域，除最早打造成功的货币基金型产品外，2015年取得基金代销牌照。2018年10月末，其基金代销板块在独立销售机构中排名第四，代销基金数为3 711只，代销基金公司117家。从代销产品类型来看，主要有混合型、股票型、货币型等，市场占有率分别约为80%、79%、60%。

现有渠道评价总结

我们分析了商业银行私人银行部、证券账户、第三方财富管理机构和互联网资管的渠道价值，总结如下。

评分：我们基于资产规模、账户黏性、周转率、产品多样性对各渠道进行评价打分，考虑调整项后，商业私人银行部得分16分，证券账户得分13分，第三方财富管理机构得分15分，互联网资管分别得分15分（金融机构基因）和16分（互联网基因）。整体看商业银行私人银行部和互联网资管（互联网基因）得分较高，某零售型银行私人银行部和某线上金融生态体系是较好的资管销售渠道。

调整：基于长期与短期的权衡，我们针对个别机构进行了调整，整体看券商账户的周转率最高，这与客户对权益型产品的高偏好有关，但考虑到中国资本市场的周期性特征，过高的周转率会损害客户的利益，所以短期的佣金费用必须要与长期的客户保有量权衡，基于此我们对券商账户向下调整一个单位；而对于互联网渠道，考虑到后续客户的迁徙习惯和自身产品的迭代能力，相关客户的资产规模仍有向上跃迁的潜力，基于此我们对互联网资管账户向上调整一个单位。

成长与局限：事实上每个资管渠道均有其成长性和局限性。如私人银行成长机会在于继续加大资产全权委托能力，获取客户保有量；第三方财富管理机构需进一步提高另类投资等高佣金资产比例，特别是在产品刚性兑付打破后，长期来看私人银行和独立财富管理机构要解决客户信任的问题。除此之外，互联网渠道面临内部（电商系、银行系、非银系）的激烈竞争和阶段性的监管压力。

基于ASTP体系评价银行的理财渠道变迁

金融机构中，银行凭借物理网点和客户口碑具有最强的渠道价值，但长期以来银行的产品建立在简单粗暴的价格比较上，即传统银行理财是预定收益、固定期限、刚性兑付的产品。我们基于ASTP体系对资管新规前的银行理财渠道进行评估。

规模：银行理财面向中等净值客户和长尾客户，无论存量的客户资产规模（考虑保本理财后规模约29万亿元）还是新增客户的需求，相关产品均有较高市场份额。事实上，目前银行理财在资管机构中规模第一，高于第二名信托资管规模近20%。

黏性：由于产品刚性兑付，资金黏性最高。

周转率：产品维度单一，比如客户购买6个月的理财，一年重复购买两次即可。

产品多样性：传统理财产品基本分为保本理财和非保本理财两类，但实际中银行理财至今还没有客户亏损的案例，故产品结构单一。

根据我们的评估体系，传统银行理财渠道具有高资产规模保有量、高资金黏性，低周转率、低产品多样性的特征。资管新规后的理财渠道形态也在发生变化，特别是产品净值波动和刚性兑付的打破，理财渠道的资金黏性会降低，为保持甚至提升渠道的价值，提高资管产品的周转率和产品多样性就显得非常有必要。特别是针对理财子公司的管理办法相较于理财新规，对银行理财子公司的渠道放开更宽松，这意味着在资管子公司方面，银行理财具有可与公募基金竞争的赛道。

理财新规下，银行理财，特别是理财子公司的渠道如何重新搭建？根据框架，我们认为核心是增加客户资金黏性和产品多元性。根据之前的评估，我们建议应学习商业银行私人银行部和某线上金融生态体系等线上资管销售机构的经验，构建了解客户（包括资产规模、风险偏好等）—财富分析（包括流动性、保障性等投资需求等）—财富管理—营销方案的完整计划。

具体建议，在风险偏好方面，传统银行理财产品主要是保本和非保本产品，两类产品本质上都是刚性兑付属性的产品，这种情况下均衡收益水平会低于其他类型的资管产品，多用于客户管理中短期流动性，故银行理财很难被风险偏好更高的客群接受。资管新规后，我们预计银行理财会延伸自身的产品线，特别是后续类债券基金、类混合、年金型等产品的推出实际上提升了银行理财的风险偏好，这有利于高净值客户和长期限投资者的资产配置。

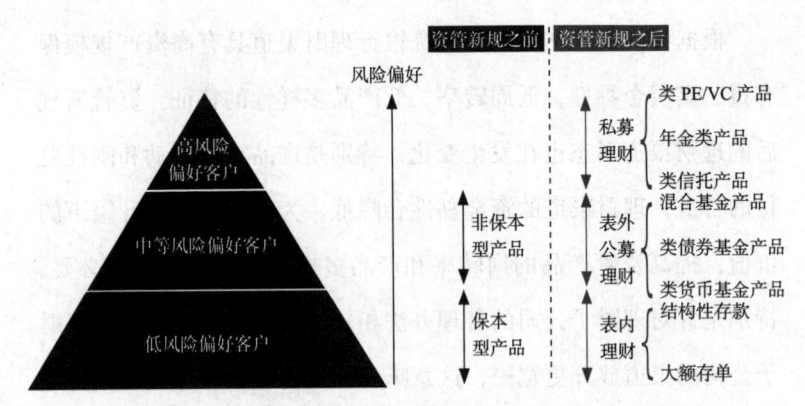

图 13-9 资管新规后预计银行理财会延伸自身的产品线

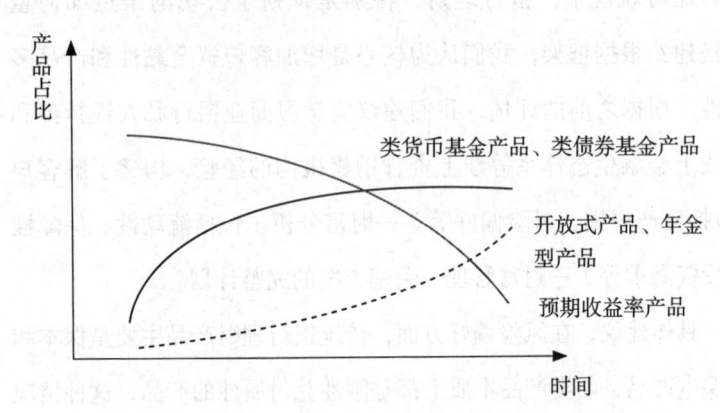

图 13-10 类债券基金、类货币基金等产品占比提升

在交易场景方面，某线上金融生态体系的成功本质是解决了 C2C 交易中双方信任的问题，继而带动了理财产品规模的提升，所以解决痛点—掌控场景—沉淀资金成为互联网渠道的长胜策略。

相比线上资管机构账户，银行账户的场景和数据积累并不逊色，根据用户行为和资金的停留和积累，从流量和数据中挖掘产品需求，为后续产品渠道提供可能的解决方案。资管新规后相关渠道的产品供给方案将更加丰富。

表13-3　未来银行理财产品的需求场景和解决方案会更丰富

判断条件	产品推荐（新规前）	产品推荐（新规后）
1万元以上活期，信用卡关联还款，网上银行使用频率高，女性	保本理财	结构性存款、类货币基金公募理财
1万元以上活期，定期存款，女性，中年	保本理财	类货币基金公募理财、类债券基金公募理财、类信托公募理财
信用卡关联还款，基金定投，男性	非保本理财	类货币基金公募理财、年金型公募理财

在资产委托方面，全权委托已经在银行的私人银行渠道中开始了尝试。我们认为中等净值客户的理财需求和高净值客户类似，所以也可以尝试全权或对部分资产委托管理，这样可以进一步提高资金黏性。但资产委托除了建立客户信任外，资管产品的高管理成本也是业务发展的痛点，我们建议考虑资产配置建议—被动组合实施的解决方案，这样可以通过高流动市场的有效性降低管理成本。从海外资管机构贝莱德的发展经验看，被动投资可以成为对低成本资产配置的有效渠道。截至2018年年初，该机构资产

规模近6.5万亿美元，80%以上是流动性良好的权益和固收类产品，其中大部分通过指数类产品和ETF产品销售，产品成本在50个基点以内，管理费用不到主动管理类产品的1/3。

在牌照方面，尽管新规实施后，银行理财渠道会提升产品的风险偏好，但与券商账户（优势在于交易）、公募基金（优势在于权益类）、PE/VC（优势在于另类投资）等非银资管机构相比仍有差距。一方面，我们预计现有发行理财的中小银行（主要是区域农商行）一半以上会转为代销他行理财产品；另一方面，权益类公募基金、保障类保险、信托等结构化融资产品仍将是银行资管渠道代销的重要产品类型。这种情况下，如何为客户提供理财解决方案，并协调各个产品的供给，将是各家银行理财渠道重视的问题。对于金融控股集团，该问题会成为"甜蜜的苦恼"，伴随不同账户中客户迁徙的全过程。

表13-4　不同金融业务牌照在解决资管渠道中扮演的角色有差异

项目	证券	信托	基金	保险	线上
客户	交易客户	高净值客户	理财客户	理财客户和保障客户	长尾客户
渠道	代销券商资管和基金产品	代销信托	代销基金	代销保险	代销综合产品
服务	投行、股票质押、市值管理等	结构化投资融资			信用融资

最后，资管销售渠道的核心价值是财富管理能力和产品判断能力，无论是推介产品还是为客户配置产品，都需要对各类金融产品进行相关数据的研究和整理。除了银行理财部门外，还应搭建包括资产配置和产品遴选的研究体系，从这一角度看，未来银行资管对研究的需求并不会低于非银资管机构。

第十四章

资管牌照的长期整合

本章将基于更综合化的视角,探讨资管牌照的可能整合策略。随着资管、银行理财、理财子公司新规接连落地,资管业将在投资方向、产品形式,乃至销售渠道上产生较大变化。相关监管规定在净值型管理、打破刚性兑付、消除多层嵌套和通道、第三方独立托管等方面进行了严格限定。除公募基金外,资管机构主要通过滚动发行、集合运作、分离定价特征的资金池方式开展业务,本次新规要求净值型管理,同时要求打破刚性兑付,未来资金池的操作模式将让位于净值型产品的管理模式。

下表具体分析了银行理财、信托、公募基金、券商资管4类机构资管新规前后在产品、投资和渠道端的变化情况。目前银行理财相关规定已相对明晰,而券商资管、信托等机构在资管新规后的转型安排仍有细节需要明确。

表14-1 各类资管机构在资管新规前的情况

项目	产品	投资	渠道
银行理财	预期收益型产品	非标投资、协议存款、信用债为主	本行销售为主

（续表）

项目	产品	投资	渠道
信托	预期收益型产品	非标投资为主	直销和银行代销
公募基金	净值化产品	标准化的股票、债券及协议存款	线上和通过银行等线下渠道代销
券商资管	预期收益产品为主	定向资管以通道业务为主，而集合资管以债券和货币市场工具等标准化金融工具为主	营业部和少量线上渠道

表14-2　各类资管机构在资管新规后的变化

项目	产品	投资	渠道
银行理财	统一为净值型产品，但允许符合条件下使用摊余成本法计量	非标资产配置将减少，相关产品将通过资产证券化转标，或转到信用债投资，延伸净值型产品线	对子公司而言，门槛显著降低，渠道将拓展到他行和非银金融机构，而资管事业部相对维持之前对渠道的要求
信托		非标投资将大幅减少，增加标准化债券投资	等待新规要求
公募基金		基本维持现有投资结构，但货币类产品和债券类产品受到影响较大	等待新规要求
券商资管		通道类业务大幅缩减，增加标准化债券投资	等待新规要求

资管展望

资管牌照的整合是影响到中国金融体系安全的大问题。前中国人民银行副行长吴晓灵于2019年11月在中国财富管理50人论坛上,对中国资管市场的统一监管提出了建议:

一是正本清源,回归金融本质。中国转轨经济的特点模糊了部分金融概念,监管机构的"地盘意识"助推了跨界经营。中国金融业相关概念屡辩不明的症结既有理论认识问题,也有利益之争、本位主义,从而导致资管市场中相同性质的产品、相同功能的机构由不同监管者监管,适用不同规则。建议监管机构正本清源,回归金融本质,在注重实质性的基础上实现统一监管。明确资金集合的资管产品的本质是证券,应归于证监会统一监管。

二是在差异化监管基础上明确中介机构责任、资管机构信义义务。中介机构在不同融资过程中功能不同,其监管原则不能一概而论。对间接融资中的中介机构要实行审慎监管,尤其对于吸收公众存款的中介机构要绝对严牌照、严监管。对直接融资中的中介机构不需要那么高的资本金要求,重在诚实信用和信息披露监管。明确资管机构对投资者的信义义务,通过相关规则和司法判例逐步细化信义义务的要求和标准。

三是加强资管市场的法治建设。金融市场的本质是法治市场。一方面,应通过法律界定清楚各方主体的责任,特别是明确管理人和投资人的权责。针对当前资管市场上位法缺位,《信托法》《证券法》等对法律关系规定不明的现象,建议对《信托法》和《证券法》进行修改,梳理资管相关法律法规,明确法律依据。另一方面,在司法实践中培养和建设法治市场,在诉讼中学习法治、建设法治,通过成立更多的金融法庭处理复杂金融案件,降低案件直接受理难度。

四是树立大局意识,共同面对国际化挑战。资管业的发展应树立大局意识,从国家整体发展需要出发,统一协调安排。建议厘清资管市场各方关系,通过立法修法,打破原有利益格局,树立国家利益最高原则。在金融业对外开放的大背景下,更是要承认国际通行规则,按国际规则办事,以国际规则促进中国资管市场的持续完善。

资管新规对商业银行和非银金融机构的影响有差异。商业银行资管业务将有先破后立的发展机会:一方面,传统银行理财主要通过配置非标资产(穿透后主要是以房地产、融资平台为主的信贷受益权)增厚收益。随着资金池模式被打破,长久期的非标资产配置越发困难;另一方面,居民可投资资产快速增长。按照波士顿咨询公司的预测,到2021年,预计中国居民可投资资产规模将达到220万亿元,年化复合增速达12%,较2018年净增加60万亿元。

商业银行具有最广泛的渠道优势。净值型产品线体系的建立满足了客户从短期现金管理到长期增值保值的差异化需求。因此产品规模进一步壮大成为可能。预计转型后商业银行的资管规模仍会保持细分行业第一的地位，同时净值产品条线会更加丰富，从现有的现金管理型产品，延伸至债券、项目债权、权益等产品。

非银金融机构的资管业务可以基于牌照优势发挥其本源职能，把握细分领域机会。未来借助通道和嵌套业务扩充规模越发困难，同时非银金融机构在渠道端先天弱于银行，故未来非银资管机构将很难获取长尾的资管份额。非银资管机构，尤其是公募基金是净值型产品设计的先行者，同时在包括现金和股权等激励方面已有经验积累。

对于公募基金、券商资管，在理财面签放松和起购点下调后，预计传统货币基金等充规模的产品的生存空间将显著压缩。权益、类固收（如EB、CB）、衍生对冲、投顾服务将成为优势领域，也是实现多元策略、收益增厚的主要手段。而对于信托机构，通道业务将逐步萎缩，信托机构应发挥财富管理的本源作用，实现风险隔离功能，为高净值客户提供一揽子资管解决方案。

对于一个拥有银行、证券、基金、信托、不良资产处置等牌照的金融控股集团，牌照整合具有现实意义。对于新类型资产，特别是含权益资产，出于规避波动风险、减少资本计提的需要，建议通过表外理财子公司，对于包括保险、基金、信托、证券在内的非银金融牌照进行配置。作为独立资管机构，信托可以对接各种类型的大类资产，既包括标准权益债券资产，也包括股权、各类型融资计划等非标资产。在资管和理财新规下，基于表14-3所示，我们建议从资产配置和负债期限两个核心角度为各资管机构定位，建议战略重视银行理财子公司、信托、公募基金三大资管牌照。

表14-3　净值型理财产品的差异化定位

资产类型	风险收益特征	配置方式	对接牌照
可转债	高收益、高波动，有债底	分散配置、交易	公募基金、理财子公司等
高收益债	高收益、高波动，有本金大幅损失的可能性	分散配置、交易	公募基金专户、信托私募
股票	高收益、高波动，有股息回报	分散配置、交易	公募基金、理财子公司
债转股	多发生在周期困境的公司	配置	银行子公司
PE/VC投资	高收益、高风险，有本金大幅损失的可能性	配置、FOF投资	投资子公司

针对这个问题，前人民银行副行长吴晓灵在2019年10月《关于资管市场对外开放问题的思考》一文中提出了以下建议：

> 1. 按照功能监管的原则，新成立的合资资管公司最好不称为理财公司，即使沿用理财公司的称谓也应该由证监会统

一监管,以实现功能监管并与监管国际接轨。

金融产品的属性应遵循实质重于形式的原则。集合投资计划在国际上均视为证券,由证监会监管。目前银行非保本的理财产品、保险非保本的资管产品、信托的集合信托计划、证券公司的大集合资管产品和公募私募基金都有以下共同特征:(1)按份额筹集资金;(2)交由第三方管理和托管;(3)投资人(份额认购人)享受收益并承担风险;(4)管理人承担信义责任,收取管理费。这些特征符合证券的实质和信托的特质。

统一对资管产品的金融属性认识是规范资管市场的基础。

2. 银行理财子公司应是银行理财产品平稳转型、统一中国资管市场的过渡性安排。目前,银行理财产品大多是规避监管而产生的影子银行业务,在刚性兑付的预期下隐藏了许多风险。让银行成立理财子公司发行净值型产品规范运作,由银行资管部门逐步消化不规范的理财产品,完成银行理财业务的规范化是实事求是的安排。在过渡期由于规范理财产品时母行和理财子公司有许多关系要探讨,由银保监会制定理财子公司管理办法和监管有其合理性。但目标应是银行理财子公司与基金管理公司规则合一、监管合一,否则会出现相同业务不同规则与监管的问题。

3. 外资与银行理财子公司和保险公司的子公司合资成立

理财公司（实质是资管公司），若让银保监会监管将会割裂中国的资管市场，且会影响资本市场的发展。

理财子公司与基金管理公司（资管公司）做同样业务若规则同一，则无须做两个规定；若规则不一，则会有监管套利或不公平竞争。外资进入中国面对复杂的局面也会手足无措。

为了切实落实以开放促改革的方针，以国际规则促进中国资管市场的完善，实现中国金融业的功能监管，建议在实施时明确所有合资和独资的资管公司均由证监会监管。银保监会监管的银行理财子公司在银行理财产品非规范产品过渡期结束时也移交证监会监管。

银行理财子公司

银行理财子公司应定位于金控集团内规模最大的资管产品创设机构，以固收产品为主，服务于最广泛的零售端客户。具体建议包括：持续扩充表外资管规模。这在壮大银行资管规模的同时，也有利于提高社会融资规模，符合对宽信用和提升直接融资比例的要求。

积极获取理财子公司牌照。目前与理财事业部相比，子公司在渠道建设（如取消了现场录音录像限制，除本行外，可以在他行和持牌非银金融机构销售)、资产投放(如摆脱了表内统一授信限制,可以直接购买股票、可以设计结构化分级产品等)方面拥有更多制度红利。

按照不同职能对理财产品的差异化定位,逐步通过扩充定期开放债券型、项目类产品增加中收。目前净值型产品主要为现金管理型产品,该类产品有较好的引流效应,但中收收益有限,建议未来进一步发行债券基金、债权项目类产品,在消化表外非标的同时,通过较高的管理费和收益分成水平获取中收。

加快理财产品零售化进度。推动理财产品的零售化有利于减少银行表外负债成本波动,稳定中收。

目前银行理财产品的期限主要集中在3~12个月,一年以上的产品较少。中长期限的产品较少与目前产品对风险类资产参与不足有关,银行理财机构可以争取年金管理等长期负债管理人资格,相关产品以股债混合型产品为主,利用私人银行渠道尝试销售部分股权投资型产品。

信托

定位于集团结构化融资和高净值客户服务的资管平台,在压缩传统银信合作等通道类业务的同时,拓展私募融资业务,为高净值客户提供一体化解决方案。具体来看,可能包括以下一些方面。

加快房地产等传统优势业务领域转型，推动融资结构创新。在房地产领域，信托公司在以往开发贷、前端融资等业务基础上，应进一步延伸房地产投融资链条。在运用方式上向真实股权投资、ABS、REITs等方向转型，在基础资产上由住宅向商业地产、存量房产、城市更新等领域拓展。在工商企业领域，应发挥信托综合金融服务优势，通过投贷联动、债转股等多种转型创新方式，满足企业投融资需求。

加快资产证券化等业务发展，促进资产流转。开展资产证券化、财产权信托业务，可以充分发挥信托制度优势，有效盘活各类资产存量，符合资管新规要求。对于资产证券化业务，一方面信托公司要积极拓展基础资产来源，提高基础资产领域的专业水平和产品设计能力，提升自身价值；另一方面要拓展证券化市场、丰富证券化产品类型，全面提升银行间市场、交易所市场资产证券化业务能力。

提升面向高净值客户的财富管理业务水平。信托公司开展财富管理业务，一方面可以满足自身产品发行的资金需求，另一方面可以满足高净值人士或机构的财富管理需要。资管新规对信托公司的机构和个人客户标准提出了新要求，对产品发行进行了进一步规范，未来信托公司将更加重视提升财富管理业务水平。在产品发行方面，加大个人客户和非金融机构客户的开拓力度，提升公司财富管理品牌影响力和知名度，搭建类型和数量较为丰富的产品体系，提供更多现金管理、资产配置、保险金信托等服务，满足更多高端客户需求，形成资金端和资产端的有效协同。

推动家族信托、慈善信托等创新也是对本源业务的探索。尽管现阶段家族信托、慈善信托难以形成信托公司重要的利润贡献来源，但着眼未来，家族信托、慈善信托是信托行业的本源业务，是信托业回归信托本源、提升发展质量的重要体现。特别在家族信托领域，部分信托公司将不断加大发展力度，推出全权委托、家族传承等一系列产品，家族信托客户数量未来将有显著增长。

公募基金

定位于对现有公募理财在产品端有效补充的平台，以固收产品为主，落实"固收+"策略，积极增厚收益，与银行理财子公司产品实现互补。具体建议包括：充分利用但不依附股东资源。尽管银行系基金公司整体具有较大优势，但是目前各家基金公司的发展水平差异较大。银行系基金公司中，目前管理公募基金规模最大的是工银瑞信，约6 000亿元，最小的是恒生前海基金（恒生银行控股约70%），约5亿元，规模相差千余倍，这主要是因为股东背景和股东支持力度差异。未来银行旗下将有若干资管平台，如理财子公司、基金公司、券商资管（有公募基金牌照）、以不良资产处置为主的资管公司、以债转股为主的投资管理公司，银行系基金公司应找到自身正确的定位，发挥标准化金融资产和主动管理的能力。

以增厚收益为主要目的，实现与母行其他资管平台的错位竞争。对于公募基金机构业务来讲，尽管在监管趋严的态势下，银行委外规模面临缩减的压力，但未来银行参与金融市场业务的力度将增加。在银行理财和自营资金总量增加的前提下，银行端委外仍然会有较大需求。目前基金委外需求一部分来自资管产品的避税需求，另一部分来自利用非银金融机构在权益、衍生品、另类固收产品（如可转债、可交债等）的优势，增厚投资收益。预计随着政策变动，避税优势存在较大不确定性，银行系基金的机会更在于后者。特别是未来银行资产配置将以固收为主，权益、衍生品和其他另类投资为辅。如何利用标准化金融资产的投研优势深耕细分市场，利用"固收+"策略增厚收益，将是下一步银行系基金公司的发展方向。

固收产品重视同业渠道，权益产品重视零售渠道。从长期基金产品结构的发展经验看，短久期的固收产品需求主要来自利率市场化下零售客户需求和机构避税需求，长久期固收产品需求主要来自银行资产配置需要，权益产品需求来自零售客户需求。

不只局限于委外，夯实满足银行客户需求的产品线。目前各家银行系基金公司产品的同质化现象非常严重，特别是在牛市后期一窝蜂发行权益产品，最终导致众多基金面临清盘线，同时损害了客户利益。未来银行理财子公司定位于固收类产品,其中大多数产品为现金管理型产品。考虑到自身渠道和交易结算的劣势,我们建议基金公司逐步退出或减少相关产品发行(如货币基金),而应在有优势的领域(如权益、量化、税收递延、年金型产品等领域)发展精品型资管产品。

券商资管及其他投资平台

券商资管产品包括集合资管、定向资管和专项资管三类。目前定向资管占比最大,但主要是通道业务,专项资管以 ABS 业务为主,相关业务与信托等牌照有较大重合性,且费率低于信托,对集团业绩贡献相对有限,建议应整合到信托牌照完成相关业务。

我们认为券商资管未来的较大机会在于集合资管业务。按照募集人数差异,目前集合资管产品分为大集合(200 人以上募集人数、单个客户参与规模一般在 5 万元左右)和小集合(即限额特定理财产品,客户数量在 200 人以内、产品存续期规模在 10 亿元以下、单个客户参与规模一般不少于 10 万元)。大集合转型方向在于公募基金化运作。2018 年 11 月,证监会发布《证券公司大集合资管业务适用操作指引》,对大集合产品进一步对标公募基金、实现规范发展的标准与程序进行细化明确,并给予了两年的过渡期。经规范后,大集合公募化转型,我们认为核心经营决策在于是否在券商层面保留一张公募资管牌照。而未来小集合资管产品主要是面向高净值客户的私募产品，策略相对灵活。预计相关产品以券商客户保证金交易为主要场景，拓展债券和权益精品策略。证券交易场景＋私募资管将是券商资管的发展机会。

此外，金融控股公司也有类似于不良资产处置子公司、债转股子公司牌照。中国目前银行不良贷款存量规模在2万亿元以上，这为相关资管业务提供了较多参与机会。但该类业务处置周期长，业务高度非标准化，不同项目收益方差大，很难容纳大资金，故一般采取自有资金＋私募资管的形式参与。我们建议相关资管平台以自有资金与外部高净值客户募集资金相结合，争取募集到三年以上长期限资金为主，探索灵活的处置方案。

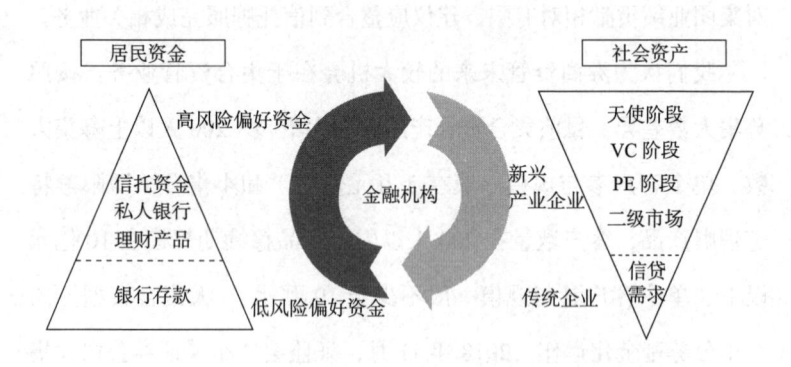

图14-1 金融机构实现不同维度资产和资金对接

表14-4 金控体系下不同金融牌照的定位

牌照	资产形式	企业融资阶段	资金匹配	牌照定位
理财子公司	以标准固收产品为主，增加权益配置，适当匹配一定比例的另类投资	企业成熟阶段	最广泛居民资金，风险偏好较低	以固收类产品为主，金控集团规模最大的资管产品创设机构
公募基金	以标准权益、债券和货币市场工具为主	企业发展阶段	最广泛居民资金，风险偏好提高	针对公募理财产品有效补充，增厚收益，满足客户长期财富增值保值需求
信托	夹层融资及股权融资	企业早期及特殊阶段	高净值客户，风险偏好较高	面向企业结构化融资平台和高净值客户的服务平台
券商资管	以标准权益、债券和货币市场工具为主	企业成熟阶段	券商账户沉淀	通道业务萎缩，融资职能逐步让位于信托，定位沉淀和运作证券客户保证金的精品资管平台
另类投资	不良资产、股权投资、债转股等另类资产	企业特殊阶段	部分高净值客户，风险偏好最高	另类投资的资管平台，与自有资金投资形成必要补充